昂仁年鉴

ངམ་རིང་གི་ལོ་རིམ་མེ་ལོང་།

2021

（总第5卷）

中共昂仁县委办公室　编

图书在版编目（CIP）数据

昂仁年鉴. 2021 / 中共昂仁县委办公室编. -- 北京:
方志出版社, 2021. 10

ISBN 978-7-5144-4906-8

Ⅰ. ①昂…　Ⅱ. ①中…　Ⅲ. ①昂仁县－2021－年鉴
Ⅳ. ①Z527.54

中国版本图书馆CIP数据核字（2021）第274525号

昂仁年鉴（2021）

编　　者：中共昂仁县委办公室

责任编辑：王　娜

出 版 者：方志出版社

地址　北京市朝阳区潘家园东里9号（国家方志馆4层）

邮编　100021

网址　http://www.zgfzcb.cn

发　　行：方志出版社图书营销中心

电话（010）67110500

经　　销：各地新华书店

印　　刷：河南金宝丽印刷科技有限公司

开　　本：889mm × 1194mm　　1/16

印　　张：14.25

字　　数：502千字

版　　次：2021年10月第1版　　2021年10月第1次印刷

印　　数：001 ~ 500册

ISBN　978-7-5144-4906-8　　定价：350.00元

《昂仁年鉴》编纂委员会

《昂仁年鉴》编辑部

编辑说明

一、《昂仁年鉴（2021）》坚持以马克思列宁主义、毛泽东思想、邓小平理论、“三个代表”重要思想、科学发展观、习近平新时代中国特色社会主义思想为指导，坚持辩证唯物主义和历史唯物主义的立场、观点和方法，坚持围绕县委、县政府中心工作，全面客观地反映各级党委、政府的主要工作和各部门、各行业所取得的重大成就。务求做到框架科学、资料翔实、记述准确、编写规范、特色鲜明，突出时效性，讲求实用性。

二、《昂仁年鉴（2021）》旨在较全面系统、翔实地介绍昂仁县自然、政治、经济、文化、社会诸方面的基本面貌和在改革开放、发展社会主义市场经济中的新情况、新变化，为广大读者了解和研究昂仁县提供基本资料，为续修地方志储备资料，也是宣传昂仁的阵地和了解昂仁的窗口。

三、《昂仁年鉴（2021）》主要收录2020年度发生在昂仁县境内的大事要闻，突出反映昂仁的优势、特点和各部门深化改革、扩大开放、科学发展的新举措、新经验。内容时限为2020年1月1日至2020年12月31日。为保持资料的连续性，有些资料适当上溯。

四、《昂仁年鉴（2021）》分为正文与专题图片两部分。正文采取分类编辑法，条目为主要记事单元，个别包含多方面资料的条目，则在段落间加插楷体标题提示，方便读者查阅全书。本书载录昂仁县2020年经济社会发展的基本资料，设有特载、大事记、概览、党政机构名称及负责人、政党　政务、人民团体、军事、法治、综合经济管理、应急管理、商贸服务业、农牧林水电、交通　通信、城建　环保、教育　文化　科技、卫生健康、社会生活、民族宗教事务、乡（镇）概况、荣誉榜、附录等内容。

五、《昂仁年鉴（2021）》入鉴文字和图片资料均由各撰稿单位提供，并经主要负责人审核。全书稿件主要由县直各部门、各企事业单位、各乡镇提供，经各级领导审核。本卷年鉴有关的综合性数据均以县统计局公布的数据为准，个别供稿单位因统计口径不同等原因，有的数据在不同条目中不尽一致，以县统计局公布的数据为准；统计部门未涉及的均用部门或单位提供的数据。大事记篇同一日期发生的大事，第一条后的日期用“是日”表示；内文农田土地面积沿用“亩”为计量单位。

土地面积：3.96万平方千米

全县总人口：60669人

地区生产总值：12.15亿元

第一产业：3.08亿元

第二产业：3.83亿元

第三产业：5.24亿元

全社会固定资产投资总额：11.23亿元

地方一般公共财政预算收入：3028万元

社会消费品零售总额：3.17亿元

地方公共财政预算收入：2840.74万元

招商引资到位资金：1.4亿元

农牧民人均可支配收入：10856元

昂仁县城全景图

经济建设

2020年4月13日，日喀则市政协副主席、昂仁县委书记李有平（左二），县委副书记、县长普布多吉（右二）到农区乡（镇）调研指导藏鸡养殖合作社

2020年7月30日，日喀则市政协副主席、昂仁县委书记李有平（中），县委副书记、县长普布多吉（左一）一行到秋窝乡参观霍尔巴羊养殖基地

2020年9月10日，区、市、县三级种植业验收组一行到昂仁县秋窝乡桑珠村开展二级种子田验收

①2020年7月10日，昂仁县农业农村局相关工作人员到桑桑镇达仓村调研半舍饲养情况

②2020年8月15日，桑桑镇空列村养殖合作社社员为绵羊修剪羊毛

③2020年12月23日，桑桑镇居仓坚巴自然村合作社举行分红仪式

城市建设

昂仁县公园内景

昂仁县城公园一角

昂仁县街道

唐东杰布文化广场

社会生活

2020年6月16日，昂仁县应急管理局联合县自然资源局、水利局到卡嘎镇果玉村开展防汛暨地质灾害应急预案演练

2020年12月18日，昂仁县水利局相关工作人员到切热乡检查冬季供水工程运行情况及冬季供水情况

2020年8月19日，山东省淄博市举行援藏“书香传万里·爱心献教育”图书捐赠活动，共计2.8万余册

2020年5月31日，昂仁县开展“六一·大手拉小手”活动

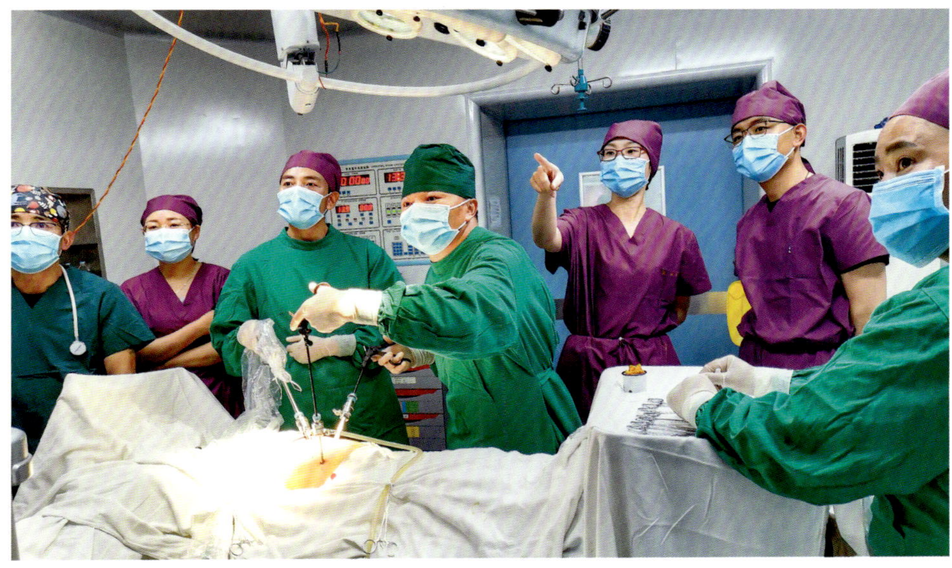

2020年9月11日，山东省淄博市中心医院援藏医疗队外科医师指导昂仁县人民医院开展腔镜下隐性水肿期阑尾手术

2020年7月25日，山东省淄博市中心医院援藏医疗队指导昂仁县人民医院医务人员气管插管培训

2020年5月13日，昂仁县卫健委组织在易地搬迁点开展免费居民体检暨义诊活动

三弦琴手工业

拉堆羌民族乐器制作技艺

藏拉堆金银加工

日吾其迥巴藏戏

2020年6月19日，昂仁县卡嘎镇江嘎村开展“我心向党”文艺演出活动

2020年8月16日，昂仁县桑桑镇第十六届赛马文化节暨第五届酥油品鉴会开幕

2020年9月5—6日，昂仁县举办第二届“唐东杯”农牧民运动会

①
②
③

①②③ 2020年9月10日，康萨谐钦在康萨村展演舞蹈《喜瓦桑布》

脱贫攻坚

①

②

③ ④

①2020年3月4日，昂仁县召开2020年脱贫攻坚动员部署会

②2020年4月12日，日喀则市政协副主席、昂仁县委书记、县脱贫攻坚小组组长李有平（中）主持召开昂仁县脱贫攻坚领导小组2020年第五次会议

③2020年3月10日，昂仁县开展脱贫攻坚自查自纠工作

④2020年3月13日，昂仁县脱贫攻坚指挥部开展“送教上门暖人心、教育帮扶促脱贫”

疫情防控

2020年3月1日，卡嘎镇卫生院开展新冠疫情防控工作

2020年2月22日，昂仁县新冠疫情防控工作人员对公共场所开展消杀

2020年2月23日，昂仁县新冠疫情防控工作人员对发热门诊留观人员开展流调

① ②
③
④

①2020年3月8日，昂仁县疫情防控工作人员在重点场所开展健康教育宣传

②2020年2月16日，昂仁县组织卫健委、疾控中心、教育局、县各学校等相关负责人安排部署学校疫情防控工作

③2020年2月11日，昂仁县疾控中心组织对乡镇级医护人员开展疫情防控工作培训

④2020年2月24日，昂仁县疾控中心对乡镇卫生院医护人员开展消杀药配制及防护服穿脱现场演练

昂仁县行政区划图

图例
拉萨市 省级行政中心
城关区 地(市)级行政中心
尼木县 县级行政中心
纳金 乡级行政中心
次角林 行政村
东嘎 自然村
国界
地区界
省级界
地级界
县级界
乡级界
铁路
高速公路
国道
省道
县道
乡道
湖泊
河流
比例尺 1:1 310 000
0
13.1
26.2km
昂仁
卡嘎镇
桑桑镇
日吾其
多白
秋窝
达居
亚木
雄巴
达若
措迈
贡久布
孔隆
查孜
阿木雄
如萨
切热
尼果
措勤县
申扎县
尼玛县
谢通门县
拉孜县
萨迦县
定日县
聂拉木县
吉隆县
萨嘎县
措勤县
属尼玛县
念青唐古拉山
谢通门
拉孜
达吉岭
甲谷
达果
卓瓦
吉瓦
切琼
美巴切勤
达木夏
措布西
列巴
纳当
通门
彭措林
扎西宗
曲玛
拉孜镇
锡钦
芒普
热萨
柳乡
差那
旦嘎
夏如
曲洛
盆吉
G219
G318
S205
S206
西藏自治区测绘院编制
审图号：藏S（2018）022号

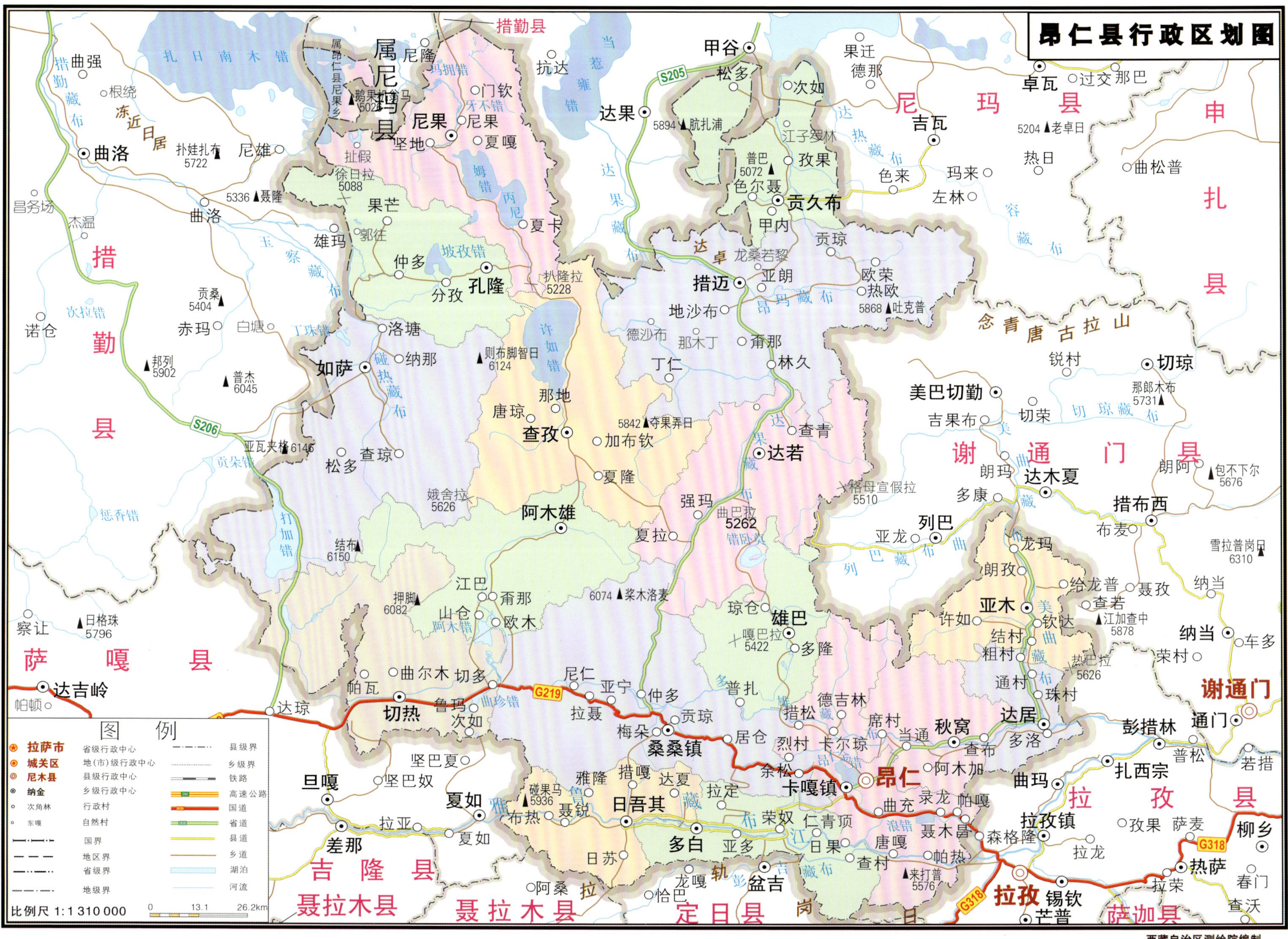

目　　录

特　　载

大事记

概　　览

党政机构名称及负责人

政党　政务

中共昂仁县委员会

县委办公室工作

中共昂仁县纪律检查委员会　昂仁县监察委员会

巡察工作

对口援藏

人民团体

昂仁县总工会

中国共产主义青年团昂仁县委员会

昂仁县妇女联合会

军　事

人民武装

退役军人事务

法　治

政法委及综治

公安

检察

法院

司法行政

综合经济管理

综述

自然资源管理

财政

农牧林水电

农业农村

林业和草原管理

水利

电力供应

交通　通信

交通运输管理

邮政

电信

移动

联通

城建 环保

住房和城乡规划

城市管理

生态环境保护

教育 文化 科技

教育管理

文化

藏语言及编译工作

科学技术

卫生健康

综述

疾病防控

藏医藏药

卫生服务中心

医疗保障

社会生活

人力资源和社会保障

民政工作

扶贫开发

民族宗教事务

民族事务

宗教事务管理

曲德寺管理委员会

乡（镇）概况

卡嘎镇

桑桑镇

切热乡

秋窝乡

达局乡

贡久布乡

亚木乡

达若乡

措迈乡

宁果乡

孔隆乡

如萨乡

阿木雄乡

查孜乡

日吾其乡

多白乡

雄巴乡

荣誉榜

附　录

特 载

在中国共产党昂仁县第九届委员会第十次全体会议暨县委经济工作会议上的讲话(节选)

日喀则市政协副主席、昂仁县委书记 李有平

(2021 年 3 月 15 日)

一、坚定信心、众志成城、奋勇争先,矢志不渝推动各项事业取得新成效

过去 2020 年是极不平凡的一年,面对突如其来的新冠肺炎疫情,面对严峻复杂的“五期叠加”形势,面对艰巨繁重的稳定发展任务,我们坚持以习近平新时代中国特色社会主义思想为指导,坚决贯彻落实中央大政方针政策和区、市党委政府重大决策部署以及县委工作要求,团结依靠全县干部群众化危为机、笃定前行,步履铿锵、砥砺自强,一场硬仗接着一场硬仗地打,一个山头接着一个山头地攻,统筹推进疫情防控和经济社会发展取得重大成果,全面建成小康社会取得历史性成就,“十三五”圆满收官,在长治久安和高质量发展道路上迈出了更加铿锵、更有底气的坚定步伐。一是维护稳定有法度有硬度。深入推进市域社会化治理,大力推进“雪亮工程”“智慧公安”等重点项目,深入开展扫黑除恶“六清”行动,全面发挥“红袖标”“四护队”群防群治队伍作用,紧盯重点地区、重点部位、重要场所管控,排查整治安全隐患 610 余起、社会治安重点地区 180 余处,破获刑事犯罪案件 6 起 13 人、查处赌博案件 4 起 22 人。全力做好各类矛盾纠纷、群访隐患特别是“双拖欠”问题的排查化解工作,信访案件办结率达 99%。严密防范和打击各种分裂破坏活动,宗教治理持续加强,“三个不增加”底线牢牢守住,村规民约、寺规僧约成为全县治理的“一剂良药”,民族团结进步创建工作形式多样丰富、效果持续向好,“三个离不开”“五个认同”深入人心,中华民族共同体意识更加牢固。二是经济发展有速度有亮度。经济实力和多项指标企稳回暖,2020 年全县完成生产总值 12.15 亿元,同比增长 8.0%;地方财政一般公共预算收入 3028 万元,同比增长 5.2%;全社会固定资产投资完成 11.23 亿元,同比下降 27.5%;社会销售品零售总额 3.17 亿元,同比增长 14.8%;各项税收完成 2279.86 万元,同比下降 28.53%;农村居民人均可支配收入 11513.12 元,同比增长 19.8%;城镇登记失业率控制在 3% 以内。地方优势产业发展加快升级,青稞增产增效,深入实施“藏粮于地、藏粮于技”战略,完成春播面积 9.05 万亩,青稞年产量实现 2.28 万吨。大力发展“母畜经济”“羔羊经济”,牛羊存栏 65.63 万头

（只）、适龄母畜 19.38 万头（只），新生仔畜 18.98 万头（只、匹）、成活率达 93.58%，牲畜出栏 1.54 万头（只），收入达 3658.42 万元。深入开展农牧民合作社规范提升行动，创建 6 家自治区级示范社，申报 28 家市级示范社，90 家合作社实现分红 2358.14 万余元。改革活力持续释放，商事、财税体制改革持续深化，推进落实"一网一门一次""证照分离""照后减证"，"互联网 + 政务服务"和"一次办到底"让企业、群众办事更便利，开放窗口 20 个、日均办件量达 238 件，企业开办时间缩至 0.5 个工作日，新增市场主体 480 户、注册资金达 9.8 亿元；减税降费工作深入推进，共为 58 家企业（包含小微企业）减税降费 515 万元，企业和人民群众的获得感更加充实。对口支援成果丰硕，2020 年 9 个援建项目成功落地、4568 万元资金开花结果，为县域经济发展增添了强劲活力。三是生态保护有力度有强度。严守生态环境底线，认真执行环境影响评价和"三同时"制度，对不符合环保要求的坚决执行"五不批"；深入开展环境监察执法，严格落实"双随机、一公开"，全面排查排污单位，消除环境风险隐患。打好蓝天碧水净土保卫战，县域空气质量优良天数比例达到 98%，主要河流、湖泊、饮用水源地水质均优于Ⅲ类标准，土壤环境质量总体保持稳定。打造绿色美丽家园，扎实开展"四清两改"村庄清洁行动，完成 619 户厕所整村推进改造任务，"脏乱差"现象基本得到消除；巩固无树户、无树村消除成果，积极开展全民义务植树，完成造林 523 亩、植树 3.89 万棵；统筹创建资金 138.72 万元，申报创建自治区生态村 64 个。四是民生改善有温度有厚度。脱贫摘帽成果有效巩固，严格落实"四个不摘""四个只增不减"的要求，对标国家脱贫攻坚普查指标和"20 个紧盯"，以"村村走到、户户遍访"查摆梳理出问题短板 791 个，以扎实整改的具体成效顺利通过了国家脱贫攻坚普查验收。完成极高海拔生态搬迁第一批次 553 户 2159 人搬迁入住萨迦扯休工作。30 个"十三五"产业扶贫项目已竣工并投入运营 29 个，惠及 5581 名建档立卡贫困群众、人均年分红 1000 元左右。疫情防控取得胜利，坚决阻击疫情输入，加强重点人员、重点场所管理，普及健康防疫知识，多措并举筹措防疫物资，全力保障"米袋子""菜篮子"等生活必需品供应，构建了联防联控、群防群治的严密体系，实现新冠肺炎疫情"零确诊""零感染""零传播""零输入"；总投资 625 万元的新冠肺炎核酸检测实验室建设项目已完工并投入使用。就业创业成绩喜人，依法依规将 400 万以下工程项目交给本地施工企业和专合组织实施，有领导、有组织地转移输出劳动力 1.57 万人、创收 1.48 亿元（其中建档立卡贫困劳动力 6485 人、创收 4177 万元，同比增长 138%、248%），超额完成目标任务；严格落实"4321"大学生就业结对帮扶机制，220 名未就业高校毕业生就业 218 人、就业率达 99.1%。民生事业进步明显，优先发展教育事业，聚焦"培养什么人、怎样培养人、为谁培养人"，全力巩固"五个 100%"成果，义务教育巩固率达到 99% 以上，20 所中小学实现"三通两平台"目标。持续改善医疗服务，全力推进"医联体""医共体"建设，全县 204 家基层医疗服务机构全部实现"三个一""三合格""三条线"要求；妇幼健康事业实现"两降一升"。全面加强社会保障，积极构建覆盖全民、城乡统筹、权责清晰、保障适度、可持续的多层次社会保障体系，城乡低保实现应保尽保，困难群体实现应养尽养，困难群众基本生活保障全面落实，基本民生底线兜底兜牢。五是思想文化有广度有深度。意识形态凝心聚力，坚持党管意识形态，层层压紧压实意识形态工作责任制，全面落实"一个高举两个巩固三个建设"的根本任务，广泛弘扬社会主义核心价值观，意识形态的思想领空、舆论领地、文化领土、网络领海捍卫筑牢，意识形态工作领导权牢牢掌握在党的手中。坚持要"管肚子"更要"管脑子"，以新时代文明实践中心全国试点建设为契机，以"八有"同步建设乡村（所、站），组建"8+"志愿服务队 13 支、村文艺演出队 186 支，巩固延伸在群众层面开展的"四讲四爱"、寺庙僧尼层面开展的"四标"活动、学生层面的开展爱国主义教育，并自下而上开展农牧民运动会、产业发展大赛、"五比"竞赛等群众性活动 2900 余场，在服务群众、凝聚群众、引导群众中不断增强"五个认同"。提档升级乡镇综合文化活动中心，添加台球、乒乓球、跑步机等设备，县电影院运行良好,广大农牧民群众日益增长的精神文化需求得到很大程度满足。六是党的建设有高度有纯度。旗帜鲜明讲政治,坚持把深入学习贯彻习近平新时代中国特色社会主义思想和党的十九届五中全会精神以及中央第七次西藏工作座谈会精神作为铸魂之本、实践之基、动力之源,全年召开县委常委会会议 45 次、理论学习中心组学习会议 19 次并视频到乡镇,谋划开展“政治标准要更高、党性要求要更严、组织纪律性要更强”专题教育,以“关键少数”带动“绝大多数”对国之大者做到心中有数,不断提高政治判断力、政治领悟力、政治执行力。着力夯实基层党组织战斗堡垒,持续加强基层党组织“六个基本”建设,安排 18 名县级领导对 19 个软弱涣散村提级督导下沉抓好思想、班子、机制整顿并实现达标销号,推动 32 个易地扶贫搬迁安置点党组织实现全覆盖,104 个村级组织活动场所全部建成达标并投入使用,圆满完成村“两委”换届,964 名村“两委”班子成员实现年龄学历“一降一升”,推动基层党组织全面进步、全面过硬。坚持各领域党建齐发力,深化驻寺党组织标准化建设,抓实“四标”等驻寺领域实践活动,推广扎西吉培寺僧人综合评价机制,推动寺庙由“管得住”向“管得好”转变;巩固“办满意教育,为党旗增辉”党建品牌创建成果把立德树人根本任务落到实处;选派 8 名党建指导员点对点推动“两新”组织党组织覆盖率达45.8%。落实党员“三包”机制,聚焦党员“三包”七项内容,全县 29 名县级领导干部带头,引领 6000 余名党员包片包户包人,制定帮扶措施 344 条,帮助贫困群众转移就业 911 人、增加现金收入 15.6 万元,党同人民群众联系更加密切,党在昂仁执政的群众基础更加牢固。正风肃纪从严从紧,研究制定《昂仁县委落实全面从严治党主体责任明细表》,督促班子成员和下级党组书记照单履责,推动“四责协同”贯通到底;全力做好以案释德、以案释纪、以案释法警示教育,一体推进“三不”纠治“四风”,深化运用监督执纪“四种形态”,今年以来共受理各类问题线索 44 件、立案 10 件、办结 8 件、给予党纪政务处分 8 人,其中运用第一种形态批评教育帮助 18 人次,切实释放了越往后执纪越严的强烈信号。彰显巡察利剑作用,2020 年县委穿插使用“回头看”巡察、常规巡察的方式开展第 9 轮、第 10 轮巡察,发现问题 280 件,移交问题线索 6 件 3 人。

耕耘成就梦想,奋斗收获幸福。这些成绩的取得,最根本在于习近平总书记作为党中央的核心、全党的核心领航掌舵,在于习近平新时代中国特色社会主义思想,特别是总书记关于西藏工作重要论述的科学指引,彰显着习近平总书记的特殊厚爱和党中央的特殊关怀,得益于区市党委、政府的坚强领导,得益于淄博援藏的无私援助,饱含着社会各界的关心支持,凝聚着各族干部群众的心血汗水。在此,我代表县委,向县四大班子成员及其他县级领导干部,向长期奋战在各条战线特别是维护稳定、脱贫攻坚一线的广大党员干部群众,表示衷心的感谢和崇高的敬意!

在肯定成绩的同时,我们必须清醒地认识到,工作中或多或少还存在一些差距和不足。随着“五期叠加”的形势更加严峻复杂,经济社会发展的不确定性、不稳定性因素增多,全县产业发展不快、项目带动不够、创新能力不强、市场培育不足等问题集中显现出来,加快增长动力转换、提高发展质量效益,成为摆在我们面前的重大课题、紧迫任务;群众增收致富的门路少、渠道窄,增加群众收入形势严峻、任务很重;部分党员干部抓经济建设的能力与高质量发展的新形势还不相适应,工作水平亟待提高。我们一定要增强危机感、紧迫感、责任感,以更大的决心、更强的力度、更实的举措、更硬的作风,推进昂仁“弯道超车”、加速发展,不断满足各族群众日益增长的美好生活需要。

二、科学谋划、精准施策、锐意进取,锲而不舍推动高质量发展实现新突破

2021 年是“十四五”开局之年,是乘势而上开启全面建设社会主义现代化国家新征程、向第二个百年奋斗目标进军的关键之年,也是建党 100 周年、西藏和平解放 70 周年。2021 年工作的总体要求是:坚持以马克思列宁主义、毛泽东思想、邓小平理论、“三个代表”重要思想、科学发展观、习近平新时代中国特色社会主义思想为指导,深入贯彻党的十九大和十九届历次全会及中央经济工作会议、中央第

七次西藏工作座谈会精神，全面贯彻总书记关于西藏工作的重要论述和新时代党的治藏方略，认真贯彻落实中央、区党委、市委决策部署，立足中华民族伟大复兴战略全局和世界百年未有之大变局，心怀"国之大者"，坚持统筹推进"五位一体"总体布局、协调推进"四个全面"战略布局，坚持党要管党、全面从严治党，坚持稳中求进工作总基调，坚持系统观念，以正确处理好"十三对"关系为工作方法，精准把握"统筹谋划、解放思想、精准施策、奋勇争先、真抓实干"五项原则，在推进"四件大事"、实现"四个确保"中担当作为，全力确保"十四五"开好局起好步，以优异成绩向建党100周年和西藏和平解放70周年献礼。

同志们，征途漫漫，唯有奋斗。让我们高举习近平新时代中国特色社会主义思想伟大旗帜，更加紧密地团结在以习近平同志为核心的党中央周围，在自治区党委和市委的坚强领导下，充分发扬为民服务孺子牛、创新发展拓荒牛、艰苦奋斗老黄牛的精神，坚定信心决心，守正创新抓住机遇，锐意进取开辟新局，着力推动昂仁长治久安和高质量发展，为"十四五"开好局起好步、全面建设团结富裕文明和谐美丽的社会主义现代化新昂仁做出新的更大贡献，以优异成绩庆祝建党100周年和西藏和平解放70周年。

政府工作报告（节选）

——在昂仁县第十三届人民代表大会第八次会议上

昂仁县人民政府县长　普布多吉

（2021 年 3 月 16 日）

2020 年政府工作回顾

2020 年，是“十三五”规划收官之年，也是全面建成小康社会的决胜之年。面对突如其来的新冠肺炎疫情，在市委、市政府和县委的坚强领导下，县人民政府坚持以习近平新时代中国特色社会主义思想为指导，正确处理好“十三对关系”为工作方法，认真贯彻落实党的十九大和十九届二中、三中、四中、五中全会精神及中央第七次西藏工作座谈会精神，按照县委工作部署要求，扎实做好“六稳”工作，全面落实“六保”任务，统筹疫情防控和经济社会发展，全面推进基础设施建设和民生改善工作，做到疫情防控和经济社会发展“两手抓、两手硬”，主动适应社会经济发展新常态，自我加压、负重爬坡、砥砺奋进，解决了一个又一个发展难题。2020 年，全县实现生产总值 12.15 亿元，同比增长 8.0%（其中，第一产业增加值 3.08 亿元，同比增长 6.735%；第二产业增加值 3.83 亿元，同比增长 13.0%；第三产业增加值 5.24 亿元，同比增长 4.1%）；完成县级固定资产投资 5.57 亿元，完成年初计划的 109.86%，较去年同比下降 7.3%；完成社会消费品零售总额 3.17 亿元，同比增长 14.8%；完成地方财政收入 3028 万元，同比增长 5.2%；农村居民人均可支配收入达 10856 元，同比增长 12.9%。

一年来，我们凝心聚力、以人为本，疫情防控成效显著。坚持“人民至上、生命至上”原则，将新冠肺炎疫情防控工作作为重大工作来抓，县乡村干部群众及各界人士团结一心、众志成城、英勇奋战，全力以赴参与疫情防控，实现零确诊。参加一线疫情防控工作的乡村医务人员共计 598 人，累计培训 1176 人次；本级累计筹备物资达 46.3 万元；接收社会各界爱心人士和企业捐赠达 30 余万元；共投入资金 625 万元建成了县卫生服务中心核酸检测实验楼，全县日检测能力可达到 720 人次，截至目前，共检测了 411 个标本；共选派 39 名精干医务人员赴聂拉木、吉隆、定日 3 县，全力参与日喀则边境疫情防控工作，为全市坚决打赢疫情防控阻击战做出了应有的贡献。

一年来，我们聚合优势，优化产业，群众收入持续增加。始终坚持高质量发展路径，持续协调推进稳增长、调结构，巩固和发展特色优势产业，加快推动新型产业升级，持续增加农牧民收入。产业发展不断壮大。2020 年，实施农作物播种面积 7.91 万亩，粮经饲比例调整为 85∶8∶7；落实高标准农田项目建设任务 0.28 万亩，青稞播种面积 6.54 万亩，粮食总产量实现 2316.59 万公斤，牲畜存栏达 42.07 万头（只、匹），适龄母畜 31.25 万只，适龄母畜比例达到 74.28%，新生仔畜 20.36 万头（只、匹），成活数 19.36 万头（只、匹），成活率达 95.1%，牲畜出栏 27.96 万头（只），肉产量 7518.09 吨，奶产量 8032.75 吨，牧业纯收入达 1.53 亿元。落实农机购置政策补贴 561.22 万元，1585 户群众受益。经营体系着力完善。发展和培育绵羊、牦牛短期育肥示范基地 2 家，经济合作社 189 家，建设养殖（牛、羊）专业合作社棚圈423座。其中189家合作社实现总收入4371.11万元,分红2358.14万元。以“合作社+农户”的发展模式,培育藏鸡养殖专业合作社25家,引进鸡苗1.28万羽,投入资金111.94万元,发展6个人工种草基地,人工种植饲草基地2.83万亩,饲草产量达4900吨。旅游效益有所迟缓。受新冠肺炎疫情影响,2020年实现旅游接待7.3万人次,同比下降71.9%,实现旅游收入2792.64万元,同比下降87.1%。

一年来,我们抢抓机遇、夯实基础,城乡面貌焕然一新。坚持民生优先、普惠共享,全面抓好基础设施建设,进一步改善全县基础设施条件,增强经济社会发展保障能力,不断提升人民群众生产生活水平。项目建设持续有力。2020年,计划建设项目103个,计划完成投资任务17.82亿元(其中:续建项目45个,完成投资任务10.65亿元;新建项目58个,完成投资任务7.17亿元),以县政府为法人单位的项目81个,完成投资任务5.57亿元。水利设施继续完善。农村饮水工程总投资2730.28万元,共实施了305个工程点,工程类型有截潜流、机井、保暖井、光伏小微机井等,有效解决180个村(含自然村、易地搬迁点、草组)2312户11491人的饮水安全问题。网络通信覆盖面广。为54个县直部门、5个乡(镇)、25个行政村引入电子政务专线及百兆宽带电子政务外网,全县4G网络信号基本实现全覆盖。道路交通发展迅速。实现100%的乡(镇)和98.37%的建制村通沥青(水泥)路(除极高海拔易地搬迁、水利大型库区以外)。建成了县城客运场站和桑桑等3个乡(镇)综合交通运输服务站,为群众出行提供便利。

一年来,我们执政为民、情暖人心,民生福祉不断增进。始终坚持以人民为中心的根本思想,打好打赢了脱贫攻坚战,让人民群众的获得感更充实、幸福感更真实、安全感更踏实。脱贫攻坚不断巩固。整合脱贫攻坚资金总规模达3.07亿元,2020年计划整合资金规模1.74亿元,已整合资金规模1.74亿元,集中用于精准扶贫精准脱贫;用好用活用足金融扶贫小额贴息贷款政策,通过财政贴息累计为1836户次放贷8357.11万元;充分发挥产业项目带贫益贫作用,通过产业项目分红和安排就业等方式,带动建档立卡贫困户327人就业,实现分红734.92万元;发展畜牧养殖专业合作社135家,入股6124户25985人,经济收入达3299.49万元;实现极高海拔贫困群众553户2159人喜迁新居;建档立卡贫困户人均可支配收入达9427元,同比增长16.75%,脱贫攻坚成果得到有效提升,脱贫攻坚普查满意度达98%以上。转移就业成果颇丰。实现劳务输出15714人,完成年初目标任务的112.24%,实现劳务总创收14509.98万元(其中建档立卡贫困户创收4568.59万元),完成年初目标任务的119.98%,实现区外就业100人,完成年初目标任务的142.86%。实现大学生就业213人,就业率达98.61%。教育事业不断发展。幼儿园、小学、初中毛入学率分别达到88.48%、100%、123.35%,比上学年分别提升18.27%、0.21%、13.41%,义务教育巩固率达99.47%;落实“三包”经费2166.97万元、惠及“三包”生10391人,落实营改资金322.5万元、惠及学生8273人;积极发挥育才教育基金作用,对我县籍今年考入大学342名学生落实奖励资金62.1万元,其中建档立卡大学生84人,兑现教学质量奖励等资金15余万元。“健康昂仁”有序推进。面向全县农牧民群众、在编僧尼、在校学生进行免费健康体检21656人,建档立卡贫困户体检率达95%;累计接种免疫规划疫苗31642余针次,接种率达95%以上;对全县47个农村饮水点和市政供水点进行水质安全监测采样工作,监测覆盖率达100%,录入率达100%、水质合格率达100%;落实2019年补助资金140.964万元,其中“奖励扶助”共647人,落实资金62.11万元,“特别扶助”共156人,落实资金82.68万元;住院分娩人数725人,住院分娩率达到98.1%以上,孕产妇死亡率控制在十万分之七十六以内;出生活产婴儿727人,婴儿死亡率控制在千分之十一以内。社会保障更加全面。城乡居民医疗保险参保56145人,参保率达97.9%,建档立卡贫困户参保率达到100%。落实城乡低保资金204.52万元(其中城镇低保资金10.195万元,农村低保资金194.325万元);在17个乡(镇)建立了临时救助资金备用金制度,下达资金83万元;因灾、因病等原因造成生活上困难的群众1239人，解决临时救助资金19.96万元；集中安置救助5户33人流浪乞讨人员，并统一送到市救助站开展集中培训；落实残疾人无障碍改造项目资金6.3万元；落实残疾人创业资金7万元；落实五保户生活补助资金42.72万元、困难群众补贴42.06万元。精神文明逐步彰显。完成185个行政村文艺演出队组建工作，县民间艺术团创作12个新节目，结合“四讲四爱”、“脱贫攻坚”、“我心向党”和“五下乡”等主题开展文艺巡演共63场次，观看群众达2.88万人次，成功举办昂仁县“唐东杯”农牧民运动会；完成县综合文化活动中心改造升级，添置了台球、乒乓球、跑步机等文化活动健身设备；完成广播电视提升数字化改造工程，广播、电视覆盖率分别为99.6%和100%，进一步丰富群众精神文化生活，提振了精气神。

一年来，我们倡导绿色、注重保护，美丽昂仁逐步显现。坚持方向不变、力度不减，突出精准治污、科学治污、依法治污，纵深推进污染防治攻坚战，不断提升生态文明建设水平。环境治理成果明显。严格落实《中华人民共和国环境保护法》《中华人民共和国环境影响评价法》《建设项目环境保护管理条例》等环保法律法规，对项目建设进行严格审查，对不符合国家产业政策的项目，一律不予审批，登记表备案项目83个，环评执行率达到100%；14条河流、13个湖泊设立了河（湖）长，县城垃圾得到有效整治，主要河流、湖泊、饮用水水源地水质稳定在Ⅲ类标准以上，空气质量优良达到（GB 3095—2012）一级标准；实施生态文明示范村创建57个，生态村提档5个，积极为群众创造生态、宜居、美好的生活环境。生态平衡行之有效。科学划定并严守生态红线，保证生态红线调整生态功能不降低、性质不改变，面积不减少，根据最新调整初步方案我县生态保护红线面积为1868.51平方千米，占县域国土面积比例为6.62%；认真落实耕地保护和占一补一要求，投入199.97万元在亚木乡支荣村开垦了520亩耕地。植树造林立竿见影。投入25.3万元，对全县易地搬迁集中安置点无树村、无树户进行消除，造林面积达86亩，造林株数达6545颗，造林成活率均保持在85%以上。通过营造林促进农牧民群众增收，在秋窝乡康萨村等地投入106.1万元，开展植树造林，面积达439亩、造林株数达32598颗，务工人数2300余人次，带动群众创收90余万元。退牧还草有序实施。投入960万元实施了昂仁县天然草原退牧还草工程；兑现了中央森林生态补偿效益基金管护补助355.26万元和草原生态保护补助奖励资金6502.57万元，生态环境得到有效保护。

一年来，我们转变职能、深化改革，发展劲头光芒四射。深入践行改革发展，持续推进和深化“放管服”改革，不断完善“互联网＋政务服务”体系建设，全力提升服务效能、创新服务模式、优化服务质量，为全县经济社会发展增添了活力。营商环境更加优化。商事制度改革不断深化，减税降费措施全面落实，共为58家企业减税降费515万元。完成招商引资项目6个，招商引资到位资金1.4亿元，年度目标任务完成率达70%，为全县经济社会发展注入了新鲜的血液。政务服务更加便利。全县共有839项政务服务事项，二级以上办理深度达到100%，三级以上办理深度达到91.42%，四级以上办理深度达到51.13%，在“减时间”方面平均承诺时间全面压缩50.16%，平均申报材料缩减至4.46个，政务服务质效显著提升。市场主体更加活跃。全面落实“窗口登记人员受理审核合一”制度，开设“延时服务”“错时服务”“预约服务”制度绿色畅通，网上办事平台“全天候服务不打烊”，全力激发市场主体活力。2020年新注册私营企业56户，新发展个体工商户408户，新发展农民专业合作社16家。各类市场主体发展到4324户，注册资本达36.13亿元，同比增长10.22%、27.08%。乡村改革更加坚定。把“增减挂钩”作为助力脱贫攻坚、乡村振兴、加快转型发展的突破口，完成了措迈乡等8个乡（镇）、地热村等10个村的建设用地增减挂钩项目区实施规划，总规模达320.65亩，资金总计9619.5万元；积极开展农村土地历史遗留问题专项整治，共排查出71宗违法用地，自行整改58宗，行政执法拆除11宗，未整改到位2宗，涉及行政处罚金有13宗地，共计处罚金31651.2元，已上缴处罚金11982.3元，未整改到位两宗地已申请县人民法院强制执行；完成了17个乡(镇)、185个行政村的农村集体资产清产核资工作,农村集体资产总额达1.15亿元(其中流动资产2139.10万元、农业资产104.35万元、固定资产9330.94万元);资产清查共计1.15亿元(其中经营性资产共计2015.95万元,非经营性资产共计9558.46万元);资源清查共计11.09万亩(其中,耕地面积7.21万亩,草地1.52万亩,建设用地2.35万亩)。

一年来,我们内忧外患、防范风险,和谐局面更加稳固。坚持稳定压倒一切,深入推进扫黑除恶、打非治乱专项斗争,认真抓好民族宗教工作,确保了全县社会持续长期稳定。社会治理成效突出。严厉打击各类违法犯罪活动,坚持主动出击,稳步推进"扫黑除恶、打非治乱""打击防范电信网络诈骗""云剑2020专项行动""三打击一整治"等专项行动,对影响群众安全感和满意度的刑事犯罪露头就打、毫不姑息,共办结扫黑案件5起,依法处理8人;立刑事案件15起,破获7起,破获率达46.6%;受理治安件11起,办结11起,依法处理13人,查处率达100%。安全生产取得实效。把安全生产作为促和谐、保稳定的头等大事来抓,全年共检查次数58次,下发执法文书114份,排查安全隐患227项、已整改218项,正在整改9项,整改率达96%,安全生产事故总数量、较大事故、重特大事故实现"三个持续下降"。民族团结更加巩固。全力贯彻落实党的民族政策,以民族团结"七进"活动为重要抓手,深入推进民族团结进步创建活动,全县各族干部群众的中华民族共同体意识不断加强。宗教佛事更加和顺。积极做好寺庙僧尼思想教育工作,深入开展"遵行四条标准、争做先进僧尼"教育活动,严格执行"三个不增加"政策法规和自治区宗教工作"七个意见",寺庙和谐稳定的基础不断夯实,宗教领域稳定有序。群众诉求更加合理。不断创新"八化"工作机制,有效将矛盾化解在基层、化解在萌芽状态,真正做到矛盾不上交,共受理群众来信来访事项59件,58已办结,信访办结率为98.3%,基本实现县域问题自行解决,越级问题协助调解,涉法问题引导诉讼,解决了一大批群众切身利益问题。

一年来,我们依法执政、从严治党,党风政风持续好转。全面加强政府系统党的建设、廉政和法治建设,深化政府职能转变,不断提升政府形象。政治建设稳步推进。深入学习贯彻党的十九大,十九届二中、三中、四中、五中全会精神和中央第七次西藏工作座谈会精神,并结合中央召开的重要会议、出台的重要文件、习近平总书记在各个场合下发表的重要讲话和中央关于打赢脱贫攻坚战、疫情防控阻击战等重要指示批示精神,及时纳入到党组理论学习计划中,确保政治理论学习符合形势发展和工作需要。全年召开县政府常务会议7次、县政府党组会议16次、县政府党组理论中心组学习12次、党风廉政建设和反腐败斗争专题会议2次。作风建设持续深化。严格落实"一岗双责"主体责任,做到"两手抓、两手硬",按照区党委、市委、县委决策部署,认真落实政府党组引领政府发展的要求,严肃党内政治生活、强化党性修养,在抓好经济发展、民生改善和社会稳定的同时,始终警惕"四风"回潮,全力巩固反"四风"成果,全面落实中央"八项规定"和自治区"约法十章""九项要求"。严格落实政府法律顾问制度,聘请法律顾问1人。廉政建设不断加强。调整充实了县政府党组党风廉政建设和反腐败工作领导小组,并制定了《昂仁县人民政府领导班子成员2020年党风廉政建设和反腐败工作任务分解方案》,切实把党风廉政建设和反腐败工作落到实处;自觉依法接受人大法律监督政协民主监督,高质量办好人大代表建议和政协委员提案。全年共办理人大建议91件,政协提案12件,同时承办市政协提案2件,办复率达100%;坚持厉行节约、反对铺张浪费,全年"三公"经费支出累计完成787万元,同期减少5.6%;严格按照《中共昂仁县委关于区党委第四巡视组巡视反馈意见的整改方案》要求,全力抓好涉及县政府层面9个问题的整改落实任务,整改完成率达100%。

各位代表! 2020年以来取得的成绩,是以习近平同志为核心的党中央特殊关怀、无比厚爱的结果,是自治区党委、政府,市委、市政府坚强领导和重视关心的结果,是山东省淄博市无私援助、倾心奉献的结果，是县委统揽全局、科学决策的结果，是县人大、县政协依法监督、鼎力支持的结果，更是全县各族干部群众勠力同心、奋力拼搏的结果。在此，我代表县人民政府，向淄博市援藏工作组，向全县各族干部群众，向人大代表、政协委员，向驻昂仁县军（警）官兵和公安干警，向为昂仁发展献计出力的老领导、老同志，向关心昂仁县发展的社会各界人士，表示衷心的感谢，并致以崇高的敬意！

在看到成绩的同时，我们清醒地认识到，昂仁县在发展进程中，质量提升还存在诸多困难和短板。主要表现在：经济实力较弱，产业水平不高、结构单一，产业转型升级任务艰巨；县域内经济发展不平衡，农牧区发展不协调；基层基础设施不够完善，教育水平和质量不高；民生领域还有不少薄弱环节，营商环境还需进一步改善；政府工作还有不少需要改进的地方。对此，我们一定高度重视，采取有效措施，凝聚力量，加以解决，全力以赴做好政府工作，决不辜负全县人民的期望和重托。

大事记

1月

15日 中共昂仁县委理论学习中心组2020年第一次学习会议召开，传达学习《习近平总书记在“不忘初心、牢记使命”主题教育总结大会上的讲话》《西藏自治区2020年政府工作报告》等，在岗县级领导、县直各单位主要负责人参加会议，会议由日喀则市政协副主席、昂仁县委书记李有平主持。

26日 县委副书记、县长普布多吉主持召开昂仁县防控新型冠状病毒感染的肺炎疫情工作部署电视电话会议。全面安排部署昂仁县防控新型冠状病毒感染的肺炎疫情各项工作。

28日 县委副书记、县长、县疫情防控工作领导小组常务副组长普布多吉带队，副县长索朗次仁协同，组织县政府办、疾控中心等相关部门到全县17个乡（镇）就贯彻落实习近平总书记关于打赢疫情防控阻击战重要指示精神，中央、自治区、市决策部署等情况进行全面细致督导检查。

30日 日喀则市政协副主席、昂仁县委书记李有平主持召开县国安指挥部会议，传达学习贯彻习近平总书记关于疫情防控重要指示批示精神和中央、自治区、市应对新型冠状病毒感染的肺炎疫情工作领导小组会议精神，贯彻落实自治区、市国安指挥部视频会议精神，对昂仁县维护社会稳定、做好疫情防控工作进行再安排、再部署。县“四大班子”在岗领导、县国安指挥部成员单位、县新型冠状病毒感染的肺炎疫情联防联控工作领导小组成员参加会议。

2月

7日 日喀则市政协副主席、昂仁县委书记、县脱贫攻坚领导小组组长李有平主持召开昂仁县脱贫攻坚领导小组2020年第1次会议，会议以视频会议形式召开，县“四大班子”在岗领导、县脱贫攻坚领导小组成员单位在县主会场参会，各乡镇党政主要负责人、扶贫专干在各乡镇分会场参加会议。

13日 日喀则市政协副主席、昂仁县委书记、县疫情防控工作领导小组组长李有平到卡嘎镇和桑桑镇，实地调研指导疫情防控和脱贫攻坚工作，听取相关工作情况汇报，并就疫情防控、维护稳定、巩固脱贫攻坚成果等工作进行安排部署。

14日 西藏自治区公安厅党委委员、副厅长柯磊到昂仁县拘留所检查指导监所新冠疫情防控工作。

3月

8日 西藏自治区副主席、日喀则市委书记张延清到昂仁县，实地调研指导脱贫攻坚、疫情防控、维护稳定等工作，看望慰问基层干部群众。

12日　日喀则市发改委一行工作组到昂仁县对项目复工复产工作情况进行督导检查，重点围绕项目资金管理、论证储备、前期工作等方面，规范项目审批手续、招投标程序及建设管理等内容。

25日　西藏自治区政协副主席、自治区工商联主席阿沛·晋源一行到昂仁县达局乡谢如村调研。

31日　西藏自治区林业和草原局局长吴维一行到昂仁县检查生态修复工作及森林督察整改工作落实情况。

4月

1日　昂仁县召开农牧民专业合作社规范提升工作推进会，县委副书记、县人大常委会主任、昂仁县专合领导小组常务副组长旦木真主持会议并讲话，县政府副县长、三级调研员、昂仁县专合领导小组副组长旺拉，县委组织部、县扶贫办、县人社局、县农业农村局、县市场监督管理局、县统计局等部门负责人参加会议。

7日　县委九届八次全会暨县委经济工作会议召开。全会坚持以习近平新时代中国特色社会主义思想为指导，深入贯彻落实中共十九大和十九届二中、三中、四中全会精神，贯彻中央经济工作会议精神、区党委九届七次全会暨区党委经济工作会议精神，回顾总结2019年工作，全面部署2020年工作。

是日　昂仁县纪委监委召开中国共产党第九届昂仁县纪律检查委员会第五次全体会议第三次全体会议（闭幕会）。参加此次会议的有11名县纪委委员，列席会议的有17名乡镇纪委书记，全体县纪检监察、巡察部门干部。会议由县委常委、纪委书记、监委主任屈小刚主持并讲话。

8日　政协第二届昂仁县委员会第六次会议开幕。县政协副主席、桑桑镇党委书记扎西旺堆主持会议，县委、人大、政府主要领导及全体二届政协委员出席会议。政协第二届昂仁县委员会第六次会议应到委员102人，因事因病请假8人，实到94人，符合《中国人民政治协商会议章程》规定。

22日　西藏自治区高级人民法院党组书记、院长索达一行到昂仁县人民法院调研。

5月

10日　山东省淄博市委副书记、市长于海田率领淄博市党政代表团到日喀则市对口支援的西藏自治区昂仁县走访调研，并看望慰问日喀则市第九批援藏干部人才，推动对口支援工作落地落实。

14日　昂仁县委常委班子脱贫攻坚专项巡视“回头看”反馈意见整改专题民主生活会召开。日喀则市政协副主席、昂仁县委书记李有平主持会议并作总结讲话，在岗县委常委班子成员参加会议，受市委组织部、市纪委机关委派，市委组织部离退休干部管理科科长普顿、拉孜县监委委员普布扎西到会指导。县纪委监委、县委办、县人大办、县政府办、县政协办、县委组织部、县委巡察办有关人员以及“两代表一委员”代表、老干部代表列席会议。

27日　昂仁县政务服务中心举行挂牌仪式。日喀则市政协副主席、昂仁县委书记李有平，县委副书记、县长普布多吉，县政协主席吕世瑞，县人大常委会副主任索朗旺堆出席挂牌仪式，副县长格桑旦增主持挂牌仪式，昂仁县政府相关部门及政务服务中心全体工作人员到场参加仪式。

6月

9日　县委常委、副县长达次，县发改委和住建局负责人一行工作组对达局乡15个村督导检查村级组织活动场所标准化建设情况，项目负责人、监理及达局乡负责人陪同。

11日　日喀则市西藏合众实业有限公司等单位联合出资为多白乡2所小学捐赠电脑、书包、笔记本、计算器等学习用具，价值30余万元。

12日　昂仁县首个“非遗扶贫就业工坊”揭牌仪式在拉堆羌传统乐器文化发展合作社正式举行。拉堆羌传统乐器文化发展合作社成立于2016年4月，位于昂仁县卡嘎镇雪村多雄路村，注册资金30

万元，有技术人员12名（皆属于建档立卡贫困户），合作社年售额预计可达80万元，净利润约35万元。

13日 邀请老藏医专家朗嘉（享受国务院特殊津贴专家），到藏医院为群众开展为期4天的坐诊，服务群众100余人，并组织17名乡镇卫生院骨干医务人员，集中开展藏医药知识技能培训，有力提升乡镇卫生院整体医疗服务水平。

22日 昂仁县第十三届人民代表大会常务委员会第二十八次会议召开。县委副书记、县人大常委会主任旦木真主持会议并讲话。县人大常委会副主任索朗旺堆、顿珠、唐丽出席会议。政府副县长次琼、县人民法院院长米玛旦增列席会议。

24日 淄博市第九批援藏工作组召开2020年援藏项目建设推进调度会。淄博市第九批援藏工作组领队、昂仁县委常务副书记毕宝锋出席会议并讲话，县委常委、副县长马宁主持会议。

29日 由西藏自治区林业调查规划研究院和日喀则市林业和草原局组成的检查验收组，对昂仁县2017年度、2018年度、2019年度集体林权制度改革工作进行检查验收，并对抽中的6个小班的树种成活率给予很高的评价。

7月

2日 解放军西藏军区总医院援藏医疗队、市卫生健康委员会医疗专家及县卫健委、镇卫生院等12名人员组成医疗队，到桑桑镇开展健康扶贫义诊活动，期间诊疗群众200余人次，提供健康咨询100余人次，免费发放医疗药品，价值2000余元。

9日 日喀则市政协副主席、昂仁县委书记李有平主持召开昂仁县脱贫攻坚普查工作推进会，学习有关通知精神，听取近期工作开展情况汇报，安排部署下一步工作。

22日 西藏自治区副主席、日喀则市委书记张延清到昂仁县，就脱贫攻坚普查工作开展情况进行调研。张延清先后到昂仁县秋窝乡龙木齐村、多白乡赤嘎村、日吾其乡普夏村，与基层干部交流交谈，详细了解脱贫攻坚普查工作开展情况。

23日 自治区藏语委办（编译局）党组副书记、主任（局长）洛布带领调研组检查县域主街道所在的党政机关、窗口行业、路识标牌、商户门牌藏语和汉语使用情况。

8月

6日 日喀则市卫健委、市红十字会组织8名眼科专家到昂仁县，对全县范围内的农牧民群众开展白内障筛查工作，并在县卫生服务中心的全力配合下，对符合手术条件的病人免费开展白内障手术，此次白内障筛查及复明手术是落实健康扶贫“三个一批”——大病集中救治一批的一项重要内容，在优先考虑建档立卡贫困户的基础上对全县342名老年人进行白内障筛查工作，对122名符合手术条件的白内障患者实施手术。

14日 中国人民政治协商会议第二届昂仁县委员会第七次会议第一次全体会议召开。来自全县各条战线、各个界别的政协委员，共同选举第二届昂仁县政协新增副主席。

19日 山东省淄博市援藏“书香传万里·爱心献教育”图书捐赠仪式举行。

25日 昂仁县召开农牧民专业合作社规范化提升培训会，此次培训邀请县委副书记、人大常委会主任旦木真授课，授课对象为185个行政村村干部和合作社理事长。

是日 召开昂仁县农村集体产权制度改革工作推进会，会议由日喀则市政协副主席、昂仁县委书记李有平主持，县委副书记、县长普布多吉，副县长旺拉，县直各成员单位、17个乡镇参加会议。

是日 在昂仁县迥巴藏戏国家级非物质文化遗产保护中心（传习所）举行新时代文明实践中心青年志愿者服务队授旗仪式。由县委副书记、人大常委会主任旦木真主持仪式，日喀市政协副主席、昂仁县委书记李有平，县政协主席吕世瑞，县委常委、宣传部部长孙晓锋出席仪式；各乡镇志愿服务队、中学等志愿服务队代表、县直机关在家所有干部等350余人参加。

9月

5—6 日 昂仁县举办第二届“唐东杯”农牧民运动会。

29 日 昂仁县召开首届卫生健康工作“盯紧服务流程、提升服务质量、坚定服务理念、坚决规范管理”现场会。

10月

3 日 日喀则市委统战部副部长多拉一行宣讲组到昂仁县吕龙寺宣传中央第七次西藏工作座谈会精神。昂仁县亚木乡境内的寺庙僧尼，宗教界代表人士，吕龙寺管委会驻寺干部、统战部在岗干部等共 40 余人参加会议。

20 日 共青团昂仁县委员会 2020 年青年农牧民技能培训开班仪式在西藏昂卓仁木民族文化发展有限公司举行。卡嘎镇党委书记迟鹏先、团县委四级主任科员央琼、培训机构负责人洛桑平措以及 30 名学员参加开班典礼。

是日 昂仁县召开第二批“组团式”援藏医疗队工作总结暨表彰大会。会议由县委副书记、人大常委会主任旦木真主持，县委副书记、县长普布多吉，县委常委、副县长杨洋，副县长旺拉，县直各单位负责人及卫生系统全体成员参加。

30 日 由县委副书记、县长普布多吉，县委常委、副县长达次，县高海拔生态搬迁组、切热乡政府等有关负责人组成的护送队，安全地将高寒、缺氧极高海拔地区群众护送到萨迦县扯休乡搬迁安置点，昂仁县 2020 年极高海拔地区生态搬迁工作正式启动。

11月

2 日 召开全县宗教领域中央第七次西藏工作座谈会精神宣讲会。僧尼代表、各驻寺机构负责人及统战民宗在家干部共计 172 人参加会议。

3 日 县委副书记、县长普布多吉以“党的光辉照边疆、边疆人民心向党”为主题，在迥巴藏戏传习所向县(中、区)直各部门党员干部共计 200 余人，开展中央第七次西藏工作座谈会精神宣讲。县委常务副书记毕宝峰，县委常委、政法委书记求琼，县委常委、纪委书记屈小刚，县委常委、县委组织部部长张正操，县人民检察院检察长巴桑次仁出席宣讲会。

9 日 日喀则市公安局党委委员、政治部主任王军一行到昂仁县公安局开展中央第七次西藏工作座谈会精神宣讲。公安局党委副书记、政委达瓦扎西主持，在岗局党委班子成员及局属各部门、便民警务站、乡镇派出所、公安检查站在岗全体民辅警共 260 余人参加宣讲会议。

15 日 西藏自治区副主席、日喀则市委书记张延清到联系寺庙昂仁县曲德寺，向广大僧人面对面宣讲中共十九届五中全会精神和中央第七次西藏工作座谈会精神。

12月

1 日 昂仁县召开 2020 年脱贫攻坚指挥部第 11 次会议暨迎接 2020 年脱贫攻坚成效考核工作动员部署会议，会议由县委副书记、人大常委会主任、脱贫攻坚指挥部副指挥长旦木真主持，全县在岗县级领导及县直单位主要负责人、脱贫攻坚指挥部全体工作人员参加主会场会议，各乡镇主要领导、扶贫分管领导、扶贫专干及驻村工作队参加分会场会议。

11 日 学习贯彻中共十九届五中全会精神宣讲会在乡乡通视频会议室召开。日喀则市政协副主席、昂仁县委书记李有平宣讲中共十九届五中全会精神。在岗县级领导干部、县直部门主要负责同志在县主会场参会，各乡镇在岗干部职工在各乡镇分会场参会。

13 日 县卫生服务中心邀请市卫健委组织的专家组，对核酸检测实验室进行审核评估，经专家组了解基本情况、查阅文件资料，现场审核评估后顺利通过验收，并于 12 月 19 日正式启用，对昂仁县 28 名“两代表一委员”进行成功检测，保证新冠肺炎疫情防控常态化落到实处。

概 览

【历史沿革】“昂仁”二字在藏语中意为“长沟”,不同时期的历史文献中也称之为昂忍、昂木仁、昂仁孜、傲不仁、阿木林、章阿木林、绛阿木林等。昂仁有着悠久的发展历史,早在细石器时代就有原始先民在这里繁衍生息。古老的历史孕育了灿烂的文明。县内分布有众多的遗址遗迹、人文名胜,记录时代的发展、文明的进步。这里还是一世班禅克珠杰·格勒巴桑的故里、汤东杰布的家乡、迥巴藏戏的诞生地。1959 年民主改革之后,国家为便于行政管理,成立日喀则专区,改“宗”为县。1964 年,对部分地区进行调整后,成立日喀则地区行政公署,昂仁县为日喀则行署所辖。2014 年 7 月,日喀则撤地设市,昂仁县为日喀则市所辖,建置沿袭至今。

【地理位置】昂仁县行政隶属日喀则市,地处日喀则市西部。全县总面积 3.96 万平方千米,占日喀则市总面积的 21%。昂仁县域介于北纬 29° ~ 31° 、东经 85.76° ~ 87.75° 之间,位于日喀则西北部,雅鲁藏布江上游,冈底斯山脉中脊线上,“一江两河”(即雅鲁藏布江,多雄河、梅曲河)流经县域南部。东邻谢通门和拉孜两县,西接措勤和萨嘎两县,南靠聂拉木和定日两县,北依那曲地区尼玛县,县城距日喀则市驻地 217 千米。县内平均海拔 4513 米,县城驻地海拔 4380 米,年降雨量 400 毫米左右,年平均气温 4.5℃。昂仁县地势由东向西逐渐抬升,山脉约占据全县总面积的 3/5,海拔 4500—6300 米的山呈红、黄、蓝、白、紫等色;海拔 4400—4600 米,山脉阳坡生长着爬地柏或少量草,阴坡则大面积覆盖着草科植被,河谷平原地多为草场,是昂仁县的牧业基地,大型草场如贡久布草原、措迈草坝、桑桑草坝等;海拔 4400 米以下,主要为昂仁县农业生产基地,即 6 个农业乡所在地。因冈底斯山脉东西横贯,所以县域地势中部较高,南北部稍低,南部平均海拔 4000 米。

【气候特征】昂仁县属高原温带半干旱季风气候区,日照强,干湿季分明,夏季多雨,无霜期短。年无霜期约 60 天。年降水量 220 毫米左右。常见的自然灾害有风灾、沙灾、旱灾、雪灾、霜灾、虫灾等。独特的地理位置形成两大气候带:东南河谷地带(1 个镇 5 个农业乡)为温暖、少风、半干旱气候,平均气温 6.5℃,最热月(7 月)平均温度 12℃,年降水量 400 毫米;西北高山地带(1 个镇 10 个牧业乡)为多风寒冷、半干旱气候,平均气温在 4℃,降水量 300 毫米左右。

【水文状况】昂仁县的水资源来源于地表水资源、地下水资源、冰川水资源和大气降水。昂仁县境内河流密布,主要河流 10 余条,水面面积近万平方千米,河流总长度近 1000 千米。雅鲁藏布江及其支流多雄藏布、美曲藏布属印度洋水系,其余大小河流均流入境内或境外湖泊中,属内陆河。雅鲁藏布江横贯县域南部,流经日吾其、多白、卡嘎 3 个乡(镇),境内总长为 120 千米,河床平均宽 1 千米,年均流量为 155.5 立方米 / 秒。其他主要河流有多雄河、美曲河。全县湖泊水域面积为 1505.04 万亩,湖泊储水量约为 21 亿立方米。畜如错面积最大,为208平方千米。冰川水资源主要分布于查孜、宁果乡，以高海拔冰川为主（宁果：北面打果山脉，查孜：污卡拉地），另外，在与萨嘎、吉隆交界区域分布着以高山为主的冰川山脉。

【自然资源】 昂仁县共落实农作物播种面积7.91万亩，其中粮食作物播种面积6.76万亩、经济作物播种面积0.6万亩、饲草饲料作物面积0.55万亩；草场面积2863.58万亩，其中可利用草场2754.59万亩。牲畜总存栏42.07万头（只、匹），新生仔畜成活率为95.1%，成畜死亡率控制在1.65%，出栏率达55.87%，同比增长1.96%。矿产资源丰富，昂仁县已探明有矿产20多种，其中有色金属有金、银、铜、铅、锌等8种，黑色金属有铁、铬等3种，非金属有砷、硫、硼、盐类等9种，另外还储藏有大理石、煤、地热等。昂仁县发现有哺乳动物53种，鸟类200余种，爬行动物6种，两栖类1种。野生动物主要有岩羊、羚羊、獐、狼、狐狸、豹、野兔、旱獭、水獭、融鼠、斑头雁、野鸭、角雉、秃鹫及野牦牛、野驴、黑颈鹤等。家养动物主要有牦牛、犏牛、马、驴、山羊、绵羊、猪、鸡等。这些动物大多是原始品种，长期以来自然选择起主导作用，适应高原环境。昂仁常见的主要树种有爬地松、桓树、杨树等，药材有贝母、党参、雪莲花、胡黄连、当归、车前子、紫菀等50种，这些药材产量高，既是常用的中草药，同时也是藏药的重要成分。

【人文资源】 昂仁县是第一世班禅克珠杰·格勒巴桑（1385—1438）的故里、汤东杰布的家乡、迥巴藏戏的诞生地。昂仁县内分布着众多的遗址遗迹、人文名胜，记录了时代的发展、文明的进步，如日吾其金塔、铁索桥，亚洲最大的间歇性高温喷泉达格架。底蕴深厚的民族传统文化犹如一座宝库，散发出耀眼的光芒。独特的高原文化散发着永恒的魅力。湛蓝的天空，苍茫的草原，神山圣湖，绵延雪峰，无不向世人昭示着她不老的魅力；独特的民族文化，博大精深的藏传佛教，无不给世人一份无尽的向往。勤劳、勇敢、智慧的昂仁人民世代守候的这片热土地上，悠扬粗犷的牧歌、燃烧不熄的篝火、香气四溢的酥油茶、充满活力的迥巴藏戏，传承着昂仁县古老的文明。日吾其迥巴藏戏属西藏藏戏蓝面具四大流派之一，被列为国家级非物质文化遗产。达局乡“林恩摩崖石刻”，被列为国家级文物保护单位。

【行政区划】 昂仁县下辖2个镇15个乡，其中农业乡镇6个，即卡嘎镇、多白乡、日吾其乡、亚木乡、达局乡、秋窝乡；牧业乡镇11个，即桑桑镇、阿木雄乡、切热乡、如萨乡、孔隆乡、宁果乡、查孜乡、贡久布乡、措迈乡、达若乡、雄巴乡。全县共有186个行政村，485个自然村。

【特色产业】 昂仁县是自治区较大的畜牧业养殖县之一，拥有农区畜牧业和传统民族手工业等支柱产业。昂仁县农作物主要有青稞、豌豆、小麦、油菜等；畜牧养殖主要有牦牛、绵羊等；工业进一步发展，主要有西藏昂卓仁木民族文化发展有限公司、西藏昂仁县朵堆康萨农产品发展有限公司、昂仁县达夏村百姓手工业专业合作社、西藏朵堆母牛养殖有限责任公司等基本实现“一村一合”发展目标。昂仁县民族手工业种类众多，有纺织、编织、缝纫、木工、绘画等。

【经济现状】 2020年，全县实现生产总值12.15亿元，同比增长8.0%，其中，第一产业增加值3.08亿元，同比增长6.735%；第二产业增加值3.83亿元，同比增长13.0%；第三产业增加值5.24亿元，同比增长4.1%。完成县级固定资产投资5.57亿元，完成年初计划的109.86%，较2019年同比下降7.3%；完成社会消费品零售总额3.17亿元，同比增长21.9%；完成地方财政收入3028万元，同比增长5.2%；农牧民人均可支配收入达10856元，同比增长12.9%。

（付芪秋）

党政机构名称及负责人

中共昂仁县委员会

书　记　李有平

常务副书记

毕宝锋（山东援藏）

副书记　普布多吉（藏族）

旦木真（藏族）

常　委　求　琼（藏族）

达　次（藏族）

屈小刚

孙晓锋

尼玛平措（藏族）

杨　洋

张正操

马　宁（山东援藏）

中共昂仁县委办公室

主　任　王崇礼

副主任　熊　丽（女）

加央巴姆（女，藏族）

张　龙（8月任）

机要局局长

加央巴姆（女，藏族）

县人大常委会

主　任　旦木真（藏族）

副主任　索朗旺堆（藏族）

顿　珠（藏族）

唐　丽（女）

县人大常委会办公室

主　任　索朗片多（女，藏族，8月任）

副主任　旦巴次仁（藏族）

县人民政府

县　长　普布多吉（藏族）

副县长　达　次（藏族）

杨　洋（苗族，6月任）

马　宁（山东援藏）

司昆强（4月免）

次　琼（女，藏族）

格桑旦增（藏族）

旺　拉（藏族）

索朗次仁（藏族）

卜朝志（3月任）

县人民政府办公室

主　任　次　旺（藏族）

副主任　米玛顿珠（藏族）

李永兵

后勤服务中心副主任

索朗琼达（藏族）

巴桑次仁（藏族）

次仁德吉（女，藏族）

政协第二届昂仁县委员会

主　席　吕世瑞（10月免）

主席候选人

多布杰（藏族，11月任）

副主席 洛桑索巴(藏族)
次仁群培(藏族)
扎西旺堆(藏族)
扎西格桑(藏族)

政协第二届昂仁县委员会办公室

主　任 达　吉(女,藏族)
副主任 德庆拉姆(女,藏族,7月任县提案经济法制委员会副主任)

县纪律检查委员会

书　记 屈小刚
副书记 黄增顺(苗族,9月任)
常　委 嘎松永西(女,藏族,9月免)
黄增顺(苗族,9月免)

县监察委员会

主　任 屈小刚
副主任 黄增顺(苗族,9月任)
委　员 嘎松永西(女,藏族,9月免)
黄增顺(苗族,9月免)

县委组织部

部　长 张正操
常务副部长
热布旦(藏族)
副部长 洛桑旦增(藏族)
王一跃(8月免)
白玛拉宗(女,藏族)
编办主任
洛桑旦增(藏族)
县委党校校长
张正操
县委党校副校长(正科级)
德　吉(女,藏族)

县委宣传部

部　长 孙晓锋
常务副部长
边　巴(藏族)
副部长、广电局局长
米培元(回族,3月免)
王一跃(10月任)
副部长、网信办副主
达娃曲珍(女,藏族)
网评中心主任
何　军
电视台副台长
贡　嘎(藏族)

县委统战部

部　长 尼玛平措(藏族)
副部长 白　珍(女,藏族)
格桑达娃(藏族)
旦增玉珍(女,藏族,8月任)

县委巡察工作领导小组办公室

主　任 普　琼(藏族)
副主任 刘　警
县委巡察一组组长
普　觉(藏族)
县委巡察二组组长
何继光

县信访局

局　长 次旺久美(藏族)
副局长 卓玛次仁(女,藏族)

县民政局

局　长 边　加(藏族)
副局长 索朗曲宗(女,藏族)
旦增曲觉(藏族,5月任)
特困供养服务中心主任
边　珍(女,藏族)

县人力资源和社会保障局(公务员局)

局　长 尼玛吉拉(女,藏族)
副局长 索朗卓拉(女,藏族)
社保中心主任
德庆旺姆(女,藏族,8月免)

县行政审批和便民服务局

局　长　格桑曲珍（女，藏族）
副局长　米玛卓玛（女，藏族）

县退役军人事务局

局　长　朗　　杰
副局长　拉巴卓玛（女，藏族）
　　　　王志伟

县扶贫开发办公室

主　任　次　　琼（女，藏族）
副主任　旦增卓玛（女，藏族）
　　　　桑旦扎西（藏族）

县藏语委办（编译局）

局　长　白玛仁增（藏族）

县总工会

主　席　米玛旺堆（藏族）
副主席　央　　吉（女，藏族）

中国共产主义青年团昂仁县委员会

书　记　虎梦玲（女，回族）

县妇女联合会

主　席　拉巴卓玛（女，藏族）

县消防救援大队

大队长　贾永录（8月免）
　　　　西热曲觉（8月任）
教导员　吴　　祥（8月任）
参　谋　朱吉宽（江苏援藏，8月任）

县委政法委

书　记　求　　琼（藏族）
常务副书记
　　　　王玉峰
副书记　德吉央宗（女，藏族）

县公安局

局　长　求　　琼（藏族）
政　委　达瓦扎西（藏族）
副局长、金塔路便民警务站站长
　　　　达　　桑（藏族）
特警大队大队长
　　　　旦　　增（藏族）
伟色路便民警务站教导员
　　　　索　　朗（藏族）
委　员　索朗多吉（藏族）

县人民检察院

检察长　巴桑次仁（藏族）
副检察长
　　　　洛桑坚增（藏族）
　　　　拉巴次仁（藏族）

县人民法院

院　长　米玛旦增（藏族）
副院长　次旦平措（藏族）
　　　　李　　斌
　　　　梅　　拉（女，藏族）
办公室主任
　　　　侯治先
立案庭庭长
　　　　尼玛桑珠（藏族）

县司法局

局　长　普　　布（藏族）
副局长　次　　仁（藏族）

县发展和改革委员会

主　任　戚　　星（侗族）
副主任、主任科员
　　　　冯小辉（3月免）
副主任　尼　　多（藏族）
　　　　旺　　姆（女，藏族）
　　　　达娃次仁（藏族，6月任）

县统计局

局　长　格　　旦（藏族）
副局长　塔　　杰（藏族）

县自然资源局

局　长　索　　多（夏尔巴族）
副局长　普　　珠（藏族）

县审计局

局　长　边　　巴（女，藏族）
副局长　拉姆央拉（女，藏族）

县应急管理局

局　长　米玛顿珠（藏族）
副局长　格桑曲珍（女，藏族，二级主任科员）
　　　　次仁顿珠（藏族，二级主任科员）
应急救援中心主任
　　　　尼玛卓嘎（女，藏族）

县市场监督管理局

局　长　巴　　罗（藏族）
副局长　张万瑛
　　　　卓玛曲增（女，藏族）

县商务局

局　长　达娃罗布（藏族）
副局长　参决卓拉（女，藏族）
　　　　旺　　姆（女，藏族）

县文化和旅游局

局　长　旦增南加（藏族）
副局长　边　　珍（女，藏族）
　　　　次旦扎西（藏族，8 月任）
　　　　杜佳林（6 月任，11 月免）
　　　　常　　宁（女，8 月任）

县农业农村局

局　长　米玛次仁（藏族）
副局长　旦　　增（藏族）
　　　　姜　　龙

农牧综合服务中心副主任
　　　　桑珠罗布（藏族）
　　　　格　　桑（藏族）

县林业和草原局

局　长　普　　琼（藏族）
副局长　次　　吉（女，藏族）
　　　　罗光振

县水利局

局　长　次仁顿珠（藏族）
副局长　次旦卓嘎（女，藏族）

县供电有限公司

经　理　普　　琼（藏族）
副经理　达瓦扎西（藏族）
综合部主任
　　　　达瓦次仁（藏族）

县交通运输局

局　长　谭　　明（6 月免）
副局长（二级主任科员）
　　　　拉　　平（藏族）
副局长　吴　　欣（7 月任）

中国邮政集团公司西藏自治区昂仁县分公司

经　理　拉巴次仁（藏族）

中国电信集团公司日喀则分公司昂仁县电信局

局　长　欧珠次仁（藏族，5 月免）
　　　　旦增旺扎（藏族，5 月任）
副局长　旦增旺扎（藏族，5 月免）

中国移动通信集团西藏有限公司昂仁县分公司

经　理　拉巴平措（藏族）

中国联合网络通信有限公司日喀则市分公司昂仁县营业部

经　理　格桑曲珍（女，藏族）

县住房和城乡建设局

局　长　南飞宇

副局长　旦增伦珠(藏族)

　　　　李　涛

　　　　陈文珂(山东援藏)

县城市管理和综合执法局

局　长　多　吉(藏族)

副局长　央　珍(女,藏族)

日喀则市生态环境局昂仁县分局

局　长　王维杰

副局长　次成江措(藏族)

环境监测站站长

　　　　益西群宗(女,藏族)

县财政局

局　长　达　娃(藏族)

副局长　南加旺姆(女,藏族)

国家税务总局昂仁县税务局

局　长　石达扎西(藏族)

纪检组长

　　　　江　晔(4月免)

中国农业银行股份有限公司昂仁县支行

党支部书记、行长

　　　　扎西普拉(藏族)

纪检委员

　　　　郭　帅

副行长　格桑加措(藏族,1月任)

县教育局党委

书　记　索朗次仁(藏族)

副书记　吴　琼(藏族)

委　员　索朗曲珍(女,藏族)

　　　　西热加措(藏族)

　　　　达瓦扎西(藏族)

县教育局

局　长　吴　琼(藏族)

副局长　索朗曲珍(女,藏族)

　　　　西热加措(藏族)

县科学技术局

局　长　普布次仁(藏族)

县医疗保障局

局　长　卓玛普尺(女,藏族)

副局长　米玛旦增(藏族,8月任)

　　　　普　珍(女,藏族)

县卫生健康委员会

主　任　晋　巴(藏族)

副主任　拉巴仓决(女,藏族)

县藏医院

党支部书记、院长

　　　　扎西顿珠(藏族)

党支部副书记、副院长

　　　　普　琼(藏族)

县卫生服务中心

主　任　边　巴(藏族)

副主任　曲　宗(女,藏族)

　　　　达　增(藏族)

　　　　王丽萍(女)

县民族宗教事务局

局　长　旺　堆(藏族)

副局长　次　仁(藏族)

　　　　琼　吉(女,藏族)

县曲德寺管理委员会

第一主任

　　　　罗桑索巴(藏族)

主　任　旺　加(藏族)

副主任　扎　西(藏族)

警务室警长
达　　仓（女，藏族）
办公室主任
央　　玛（女，藏族）
宗教事务科科长
努　　布（藏族）
宣传教育科科长
边　　巴（藏族）
治安管理科科长
琼　　珠（藏族）

卡嘎镇

书　记　迟鹏先
副书记　洛桑尼玛（藏族）
多　　吉（藏族，9 月任）
镇　长　洛桑尼玛（藏族）
副镇长　次　　央（女，藏族，9 月任）
王维寿
琼　　达（女，藏族）
扎西次仁（藏族，9 月任）
人大主席
巴　　桑（藏族）
统战委员
次　　央（女，藏族，9 月任）
纪委书记
达瓦曲珍（女，藏族）
政法委员、派出所所长
尼玛扎西（藏族）

桑桑镇

书　记　扎西旺堆（藏族）
副书记　樊明聚
普　　布（藏族，12 月免）
镇　长　樊明聚
副镇长　扎西拉姆（女，藏族）
喻德平
李　　波
纪委书记
次仁德吉（女，藏族）
组织委员、宣传委员
付　　勇
政法委员、统战委员
欧珠次仁（藏族）
派出所副所长
李　　波

切热乡

书　记　次仁旺堆（藏族）
副书记　韩　　辉
旦增尺列（藏族）
乡　长　韩　　辉
副乡长　桑珠群培（藏族）
格桑卓拉（女，藏族）
郭德能（9 月任）
人大主席
拉巴次仁（藏族）
宣传委员、统战委员
拉巴珍拉（女，藏族）
纪委书记
巴桑仓木决（女，藏族）
组织委员
贡桑吉巴（女，藏族）
政法委员
旦增曲觉（藏族）

秋窝乡

书　记　顿　　珠（藏族）
副书记　费牛来
巴桑卓玛（女，藏族）
乡　长　费牛来
副乡长　陈　　豪
普布卓嘎（女，藏族）
巴桑桑珠（藏族，8 月任）
人大主席
多布杰（藏族）
纪委书记、监察室主任
旦　　增（藏族）

组织委员、宣传委员
扎　　罗(藏族)
政法委员、统战委员
边巴卓玛(女,藏族)

达局乡

书　记　唐　　丽(女)
副书记　格　　桑(藏族)
旦增赤来(藏族)
乡　长　格　　桑(藏族)
副乡长　索朗次仁(藏族)
索朗次仁(藏族)
人大主席
米玛罗布(藏族)
政法委员、宣传委员
格桑达瓦(藏族)
统战委员
仁增旺姆(女,藏族)
纪委书记、监察室主任
杨宗志
组织委员
罗　　杰

贡久布乡

书　记　格　　桑(藏族)
副书记　谭茂勇
扎西多吉(藏族)
乡　长　谭茂勇
副乡长　尼玛卓嘎(女,藏族)
达瓦平措(藏族)
胡　　维
人大主席
旦巴次仁(藏族)
组织委员
旦　　珍(女,藏族)
政法委员、统战委员
罗桑卓玛(女,藏族)
宣传委员
达瓦平措(藏族)
派出所所长
胡　　维

亚木乡

书　记　米玛论珠(藏族)
副书记　张永超
顿　　珠(藏族)
杰　　珠(女,藏族,5月免)
乡　长　张永超
副乡长　扎西多吉(藏族)
罗布石确(藏族)
达瓦次仁(藏族)
人大主席
顿　　珠(藏族)
纪委书记
刘海波
政法委员、统战委员
加　　措(藏族)
组织委员、宣传委员
刘　　香

达若乡

书　记　云　　旦(藏族)
副书记　罗　　迪
周施旭
乡　长　罗　　迪
副乡长　拉姆次仁(女,藏族)
陈　　航
人大主席
旦　　增(藏族)
组织委员、宣传委员
德　　吉(女,藏族)
纪委书记
洛桑顿珠(藏族)

措迈乡

书　记　尼玛次仁(藏族)
副书记　蒋开发
边巴普赤(女,藏族)

乡　长　蒋开发
副乡长　巴桑顿珠(藏族)
　　　　卢国荣(壮族)
人大主席
　　　　加　措(藏族)
纪委书记
　　　　李忠林(9月免)
　　　　李余深(9月任)
政法委员、统战委员
　　　　尼玛次仁(藏族)
组织委员
　　　　卢国荣(壮族)
宣传委员
　　　　巴桑顿珠(藏族)

宁果乡

书　记　边巴扎西(藏族)
副书记　胡　洪
　　　　文佳星
乡　长　胡　洪
副乡长　嘎玛赤列(藏族)
　　　　拉巴普次(女,藏族)
　　　　杨　波(8月任)
人大主席
　　　　琼　扎(藏族)
纪委书记
　　　　向兴林
组织委员、宣传委员
　　　　次旦央金(女,藏族)
统战委员
　　　　嘎玛赤列(藏族)
政法委员
　　　　拉巴普次(女,藏族)

孔隆乡

书　记　王　斌
副书记　格桑旺堆(藏族)
　　　　多吉次仁(藏族)
乡　长　格桑旺堆(藏族)
副乡长　普　布(女,藏族)
　　　　王　仁
人大主席
　　　　果　杰(藏族)
纪委书记
　　　　扎西尼玛(藏族)
组织委员、宣传委员
　　　　廖龙俊
政法委员、统战委员
　　　　普　布(女,藏族)

如萨乡

书　记　唐　桥
副书记　多　吉(藏族)
　　　　王胜孔
乡　长　多　吉(藏族)
副乡长　德庆卓嘎(女,藏族)
　　　　蒋慧明
人大主席
　　　　索朗片多(女,藏族,7月免)
纪委书记
　　　　李进举
组织委员、宣传委员
　　　　嘎玛曲扎(藏族)
统战委员、政法委员
　　　　德庆卓嘎(女,藏族,7月免)
　　　　格桑群培(藏族,7月任)

阿木雄乡

书　记　扎西次仁(藏族)
副书记　唐　雄
　　　　巴桑次仁(藏族)
乡　长　唐　雄
副乡长　巴　桑(藏族)
　　　　李世凯(8月任)
人大主席
　　　　米玛顿珠(藏族)
纪委书记
　　　　尼玛片多(女,藏族)

政法委员

黄美鑫(女)

统战委员

白玛央宗(女,藏族)

组织委员、宣传委员

曲　珍(女,藏族)

查孜乡

书　记　巴旦罗布(藏族)

副书记　张革命

达　瓦(藏族)

乡　长　张革命

副乡长　张光海

罗珠尼玛(藏族)

格桑多吉(藏族)

仁增南加(藏族,1月免)

人大主席

边巴次仁(藏族)

纪委书记

徐杰伟

组织、宣传委员

巴桑拉珍(女,藏族)

统战委员

张光海

政法委员、派出所所长

普布扎西(藏族)

日吾其乡

书　记　杨继光(白族)

副书记　巴桑顿珠(藏族)

次仁吉宗(女,藏族)

乡　长　巴桑顿珠(藏族)

副乡长　德吉卓嘎(女,藏族)

高　锋(8月任)

人大主席

洛桑亚培(藏族)

纪委书记

何　凯

统战委员

旦增南木加(藏族,8月任)

组织委员

卓嘎宗巴(女,藏族)

多白乡

书　记　扎西格桑(藏族)

副书记　令彩霞(女)

米玛卓玛(女,藏族)

乡　长　令彩霞(女)

副乡长　德吉卓嘎(女,藏族)

副乡长、拉定村党支部书记

次仁麦拉(藏族)

副乡长、仁青顶村党支部书记

加央尼玛(藏族)

人大主席

平措桑布(藏族)

纪委书记

高小强

组织委员、宣传委员

韩亚军

政法委员、统战委员

措　拉(女,藏族)

雄巴乡

副书记　普　布(藏族)

唐自民

乡　长　普　布(藏族)

副乡长　达瓦朗杰(藏族)

次旺白珍(女,藏族)

普　赤(女,藏族,8月免)

谢壮志(8月任)

人大主席

伦　珠(藏族)

纪委书记

拉　珍(女,藏族)

政法委员、统战委员

普　赤(女,藏族)

组织委员、宣传委员

扎西次仁(藏族)

政党 政务

中共昂仁县委员会

【概况】 年内，中国共产党昂仁县委员会有委员23名，候补委员4名；常委12名，其中书记1名、常务副书记1名、副书记2名。

【昂仁县第九届委员会第十次全体会议】 3月15日，中国共产党昂仁县第九届委员会第十次全体会议召开。会议回顾总结2020年工作，全面部署2021年工作，日喀则市政协副主席、昂仁县委书记李有平主持会议并代表县委常委会作工作报告和2020年度干部选拔任用工作报告。会议应到县委委员23人，实到20人；应到候补委员4人，实到4人，符合规定人数。县委委员、候补委员出席会议，县纪委委员、乡镇和县（区、中）直单位有关人员等110余人列席会议。

2020年5月13日，日喀则市政协副书记、昂仁县委书记李有平（左三）到查孜乡调研

【常委会议】 九届昂仁县委第150次常委会会议 2月14日，日喀则市政协副主席、昂仁县委书记李有平主持召开九届昂仁县委第150次常委会会议，传达学习习近平总书记在北京调研指导新型冠状病毒肺炎疫情防控工作的重要讲话精神、习近平总书记在中央全面依法治国委员会第三次会议上的重要讲话精神，安排部署2020年各项工作，研究《关于昂仁县2019年度村“两委”班子争先进位考核结果名单的请示》。

九届昂仁县委第177次常委会会议 10月23日，日喀则市政协副主席、昂仁县委书记李有平主持召开九届昂仁县委第177次常委会会议，传达学习张延清副主席在市委一届十二次全会上的报告、《中共日喀则市委员会关于贯彻落实中央第七次西藏工作座谈会精神 进一步推进日喀则长治久安和高质量发展的实施意见》《关于〈中共日喀则市委员会关于贯彻落实中央第七次西藏工作座谈会精神 进一步推进日喀则长治久安和高质量发展的实施意见〉

重要举措分工方案》，研究部署学习宣传贯彻工作。

九届昂仁县委第184次常委会会议 11月25日，日喀则市政协副主席、昂仁县委书记李有平主持召开九届昂仁县委第184次常委会会议，传达学习中国共产党第十九届中央委员会第五次全体会议重要精神（公报），习近平总书记对《中共中央关于制定国民经济和社会发展第十四个五年规划和二〇三五年远景目标的建议》的说明，中共中央关于制定国民经济和社会发展第十四个五年规划和二〇三五年远景目标的建议，安排部署相关工作。

九届昂仁县委第187次常委会会议 11月29日，日喀则市政协副主席、昂仁县委书记李有平主持召开九届昂仁县委第187次常委会会议，传达学习《中国共产党基层组织选举工作条例》，西藏自治区"两委"换届工作领导小组办公室印发《关于在村（社区）"两委"换届选举中贯彻好一肩挑有关政策要求的通知》，关于市委组织部转发《关于做好村（社区）"两委"换届前期准备工作的通知》的通知，听取2020年基层党建工作情况汇报，安排部署相关工作。

【县委农村工作会议上讲话（摘要）】 1月17日、3月26日先后召开的区党委农村工作会议、市委农村工作会议，认真贯彻落实党中央部署和要求，对标对表全面建成小康社会和打赢脱贫攻坚战两大目标任务，全面梳理"三农"领域突出短板，并就加强领导、完善举措、强化保障，扎实推进乡村振兴，加快形成农牧区良性发展机制，坚决补上全面小康"三农"领域短板，切实发挥好"三农"压舱石作用做出工作部署、提出明确要求。强调一定要深入学习领会精神实质，准确把握核心要义，深刻认识做好"三农"工作的特殊重要性，自觉站在增强"四个意识"、坚定"四个自信"、做到"两个维护"的高度，坚持以习近平新时代中国特色社会主义思想为指导，坚决贯彻落实习近平总书记关于"三农"工作的重要指示精神以及中央农村工作会议、自治区党委农村工作会议、市委农村工作会议精神，聚焦巩固提升脱贫攻坚成果和补上全面小康"三农"短板两大重点任务，坚持以人民为中心的发展思想，坚持新发展理念，坚持改善民生、凝聚人心，把大力实施以"神圣国土守护者，幸福家园建设者"为主题的乡村振兴战略作为总抓手，把农牧业供给侧结构性改革作为主线，把农村居民人均可支配收入增长18%作为核心指标，把市委提出的"增收十条"（以奖代补、以工代赈增加收入，深化劳动力转移培训增加收入，精准中介转移劳动力增加收入，推动特色产业提质增效增加收入，密切扶贫产业利益联结增加收入，促进大学生就业增加收入，发展规范专合组织增加收入，激发群众内生动力增加收入，引导群众减少宗教消费增加收入，强化农畜产品产销对接增加收入）作为具体抓手，着力抓重点、补短板、强弱项，落实"巩固、增强、提升、畅通"的方针，正确处理好"十三对关系"，深入落实"6677"总体工作思路，全面推进农业农村优先发展，努力提升农牧民群众获得感、幸福感、安全感，确保全面建成小康社会和"十三五"规划收官。

以自查自纠为抓手，巩固提升脱贫成果。2020年是脱贫攻坚

2020年3月19日，日喀则市政协副主席、昂仁县委书记李有平（左四）到阿木雄乡欧木村调研合作社发展情况

的交账年、收官年，当前距离国家脱贫攻坚普查“大考”不到3个月时间，全县各级各部门和广大党员干部要坚定执行“四个不摘、四个只增不减”，全力以赴做好巩固提升各项工作，坚决确保脱贫攻坚质量绝对过硬。要扎实开展自查自纠，聚焦“两不愁三保障”是否全面实现、“三精准”“三落实”是否到位，按照自查自纠工作分“找问题、改问题、销问题”三个阶段开展和“20个紧盯”的工作要求，不漏一户、不落一人地查摆梳理问题，分解到点到人，精准对标整改，做到存在问题一个不落整改解决、短板漏洞一项不差补齐补强，为迎接国家脱贫攻坚普查打下坚实基础。要持续加大产业脱贫力度，全面梳理产业项目建设运营和效益发挥情况，注重效益导向，针对不同情况，加强项目运营管理，强化科技人才支撑，促进产业结构优化，规范发展专合组织，健全完善利益联结机制，推动产业提质增效，带动贫困群众持续稳定增收，切实发挥产业项目对巩固脱贫成果和防止返贫的根本性作用，确保脱贫成果质量高、成色足、可持续。要建立健全监测预警机制，总结推广各级各部门的好经验好做法，建立健全脱贫户、边缘户返贫致贫监测预警机制，加强对不稳定脱贫户、边缘户的动态监测，将返贫人口和新发生贫困人口及时纳入帮扶名单，为巩固脱贫成果提供制度保障，同时要研究制定解决相对贫困的长效机制，将解决相对贫困问题纳入乡村振兴战略统筹安排，推动减贫战略和工作体系平稳转型。要在激发群众内生动力上再加力，用好脱贫攻坚生动教材，结合“四讲四爱”群众教育实践活动，全面展示全县脱贫攻坚的历史性成就、全县各族人民拼搏奋斗的精神风貌、社会主义制度的无比优越，进一步引导各族群众感党恩听党话跟党走，依靠勤劳双手过好今生幸福生活。

2020年4月5日，日喀则市政协副主席、昂仁县委书记李有平（主席台右一）到卡嘎小学开展“四讲四爱”宣讲

*以产业发展为支撑，培育乡村发展动能。*产业是发展的根基，只有产业兴旺，才能实现农牧区高质量发展、农牧民收入持续稳定增长。全县各级各部门一定要持之以恒、常抓不懈，继续在有资源基础、有发展基础、有群众基础的优势产业上下功夫，全力壮大“服水土”、有优势的地方产业，不断增强产业的发展活力和带动能力，确保群众持续增收、稳定脱贫。要抓好青稞种植，深入实施藏粮于地、藏粮于技战略，大力示范推广青稞良种及其标准化种植技术，积极开展“千亩千斤”“百亩千斤”青稞高产栽培示范，大力推进高标准农田建设，确保粮食安全，实现增产增效增收。要壮大牛羊养殖，以企业为依托、基地为载体、合作社为纽带，通过企业抓基地、基地带合作社、合作社连农牧户，在抓好全县人工饲草种植保障饲草供给的基础上，发挥好牛羊养殖专业合作社桥梁纽带作用，积极发展“母畜经济”“羔羊经济”，加快调整畜群结构，持续提高母畜比例，大力推广舍饲、半舍饲养殖，推行牧繁农育，缩短养殖周期，加快牛羊出栏，提高群众收益。要积极发展藏鸡养殖，学习借鉴拉孜、萨迦等兄弟县规模化藏鸡养殖的经验，在有条件、有基础的村加快组建养殖合作社、建设鸡舍、引进鸡苗，突出养殖技能培训、能人带动，着力发展养鸡大户、养鸡大村、养鸡大乡，推动藏鸡养殖向规模化方向发展助农增收。要规范发展专合组织，坚

持高质高效、联农带农，用好用活用足国家政策，按照“入社自愿、退社自由、持股入社、到期分红”，将产业扶持资金以购买实物的形式变成群众入股合作社的股份，推行保底分红、按股分红、二次返利等多种利益分配形式，加大宣传引导力度，打消群众顾虑，确保村“两委”成员、村党员、脱贫户和边缘户、残疾人群众全部入社；严格落实《日喀则市农牧民专合组织以奖代补扶持管理办法》，扎实开展“明星示范社”“优佳示范社”行动，积极创建国家、自治区、市、县四级示范合作社，确保每个村至少有一个基础条件好、发展前景大、带动效益强的专业合作社，真正将群众融入产业链、富在产业链。

以生态宜居为关键，加快建设美丽乡村。坚持尊重自然、顺应自然、保护自然，着力实施农村生态环境整治工程，让乡村环境更干净更整洁更美丽。要改善农牧区人居环境，深入开展“三整治三提升”（整治陈年垃圾、白色污染、人居环境，提升垃圾分类工作、环境卫生治理力量、环境卫生治理模式）行动，抓住“四清两改”（清理农村垃圾、村内塘沟、畜禽粪污、饲草料乱堆乱放，改变影响农村人居环境的不良习惯、人畜混居）重点任务，广泛动员各方面力量，抓好白色污染治理、垃圾治理、污水处理、村庄清洁、家庭卫生等工作，促进清洁行动常态化；大力推进“厕所革命”，注重结合地域习俗、考虑高海拔实际，实现农牧区户用厕所普及率达到50%；积极推进自治区级生态村、乡镇创建，进一步提高广大群众爱护环境、保护环境的积极性和参与度，让生态文明理念更加深入人心。要推进村庄规划编制，全面完成除涉及极高海拔生态搬迁、帕孜和桑德库区移民村以外的村庄布局规划编制，有条件有需求的村编制“多规合一”实用性规划。要加强农业面源污染治理，严格落实“一控两减三基本”要求，积极推动化肥减量增效，大力使用有机肥料、生物肥料，广泛推广测土配方施肥技术，确保化肥减量10%，规模养殖场粪污综合利用率达到78%以上。要统筹山水林田湖一体化保护修复，深入开展全民植树种草绿化国土行动，扩大退耕还林、退牧还草范围，巩固消除“无树户”“无树村”成果，严格落实河（湖）长制，探索建立林（草）长制，大力开展湿地保护、河道整治，加快推进雅江等流域土地沙漠化、荒漠化治理，发挥好生态补偿岗位作用，建立健全生态合作社常态化管护机制，确保各类生态系统结构整体稳定，生态质量稳定向好。

【县委党的建设会议上讲话（摘要）】 年内，县委在接茬推进市委基层党建“十二件实事”的基础上，聚力市委基层党建“十二项任务”，以分级认领机制、“四大提升工程”等为依托，系统谋划部署、精准精确发力、科学谋划解题、示范推动破题。全县各级党组织自觉把基层党建工作放在全县大局中把方向、谋思路、定政策、促改革，创造力、凝聚力、战斗力有了明显提高。

在肯定成绩的同时，更应该清醒地认识到，当前全县党建工作仍然存在着不足之处和薄弱环节。有的党组织和党组织主要负责人还没有把党建作为最大的责任来抓，没有完全把管党治党的责任扛在肩上、抓在手上，对抓党建工作重视不够、研究不多，对抓党建的硬招实招较少，仍然存在“只挂帅不出征”“只要业务不要党务”的现象。“两新”领域党的组织和工作覆盖率还不够高。学校党建工作力度和党组织发挥作用情况存在层层递减现象。机关、驻寺机构党建工作抓手不多、创新不够、成效还不够显著。有的党组织对《中国共产党支部工作条例（试行）》《中国共产党农村基层组织工作条例》不熟悉、不掌握，对“三会一课”、主题党日、组织生活会等基本制度、规定动作不了解、不清楚，对如何开、怎么开没有思路，甚至是搞形式主义、官僚主义，弄虚作假、敷衍了事，搞一些围在一起拍张照，事后再说补材料的行为，导致制度落实浮在表面，活动开展没有发挥应有的作用。

以上问题都是阻碍全县基层党建工作提质增效的“拦路虎”“绊脚石”，不容忽视、不能小觑。发现问题就是进步，解决问题就是进步。大家要正视问题，不漠视、回避问题，瞄准关键领域，抓住薄弱环节，分类施策、精准发力，推动基层党建工作全面进步、全面过硬。

党的政治建设是党的根本性

建设，政治方向是党生存发展第一位的问题，事关党的前途命运和事业兴衰成败。全县上下各级党组织必须坚定不移抓紧抓好党的政治建设，旗帜鲜明地突出基层党组织的“政治属性”和党员干部的“政治标准”，不断提高党组织的创造力、凝聚力、战斗力。

基层党组织是贯彻落实党中央决策部署的“最后一公里”，要坚持大抓基层的鲜明导向，严格按照不设比例、不定指标、应整尽整的原则，认真落实推动整顿软弱涣散基层党组织常态化、长效化的要求，像经常打扫卫生一样持续整顿软弱涣散基层党组织，全力确保全县31个软弱涣散基层党组织实现转化升级。

党员队伍是组织体系建设的主体。全县各级党组织要提高发展党员和党员教育管理质量，把各方面先进分子和优秀人才吸收进来、组织起来，推动党内组织生活和党员教育管理严起来、实起来，使广大党员在改革发展稳定中充分发挥先锋模范作用。

基础不牢，地动山摇。要坚持把抓基层打基础作为长远之计和固本之举，以增强基层党组织的内生动力为重要抓手，继续推动人往基层走、钱往基层投、政策往基层倾斜，使每个基层党组织都成为坚强战斗堡垒，着力夯实基层基础。

习近平总书记强调，严密的组织体系，是马克思主义政党的优势所在、力量所在。要强化系统思维、坚持一体推进，既重视抓好组织设置、组织覆盖，又重视完善组织运行机制、组织管理制度，着力构建上下贯通、执行有力的严密组织体系，使党的各级组织都健全、都过硬，使党的领导“如身使臂，如臂使指”。

要充分发挥党建引领作用，推动基层党建工作有机融入落实“六稳”、“六保”、疫情防控和乡村振兴、巩固提升脱贫攻坚等重大任务，融入本乡镇、本部门、本单位主责主业，充分发挥基层党组织战斗堡垒作用和党员先锋模范作用，切实以党的政治优势、组织优势、密切联系群众优势，推动全县改革发展稳定各项事业。

党建工作抓得好不好，关键在于责任扛得牢不牢。全县各级党组织和广大党员要牢固树立“抓好党建是本职、不抓党建是失职、抓不好党建是不称职”的责任意识，树立“把抓好党建作为最大政绩”的政绩观，强化守土有责、守土担责、守土尽责的政治担当，从严从实推进“四个责任”的落实，切实推动全县党的建设工作再上新台阶。

（姚　蒙）

县委办公室工作

【办文办会】 年内，紧紧围绕县委中心工作，对涉及全县重大举措、重要活动、重点工作等全局性的重大问题进行研究，为县委科学决策提出建议、预案等。做好办文工作，邮政机要交通来文610件，同比增加23%；共处理机要电报4539件，其中收文3496件、上报1043件，分别同比增加27.03%、减少23.53%；共起草讲话稿330余份；起草、校核并印发红头文件134式10184余份，发文量同比减少31.15%。做好办会工作，根据会议性质、紧急程度以及领导要求，合理制订办会方案，做到提前谋划、快速反应，全年保障130余场会议的顺利召开，保障3次重大活动的顺利举行。

2020年7月21日，中共昂仁县党群系统总支第二支部委员会召开党员大会

【信息工作】 年内，向市委信息科报送昂仁信息720期，综合类采用6篇，单条采用32条。

【机要保密】 年内，以“零差错、零延误、零错情”为办报准则，共办理各类电报4539件，其中收文3496件、上报1043件。根据安排，县保密局共开展保密检查3次，对涉密计算机、非涉密计算机进行检查，未发现违规事项，并发放“涉密计算机”和“非涉密计算机”标签贴纸217份；针对检查中发现的涉密文件和非涉密文件共同存放在保险柜的情况，已当场进行整改，全年未发生泄密事件。

【地方志工作】 年内，顺利完成《昂仁年鉴2020》出版工作、《昂仁县志2001—2010》完成终审，已向自治区方志办提交验收申请。

【督查工作】 年内，县委督查室针对党员三包工作、全面从严治党工作等方面共下乡督查15次，发现问题20余项，针对发现的问题提出整改意见建议4条，均整改完毕。共办理市级督办单19份，未出现任何差错。

（姚　蒙）

组织工作

【党建工作】 年内，县委组织部以深入学习《习近平谈治国理政》第三卷等为依托，开展集中学习2000余次，举办各类培训班11次，引导广大党员深学悟透笃行新思想。开展2期66名党务工作者培训班，开展1批次25人次新任职干部岗前理论测试，举办村党支部书记政治训练营1期，培训165人；举办中央第七次西藏工作座谈会精神培训班1期，培训175人，推动新思想植入灵魂融入血脉；教育转化1名信教党员，取消1名信教预备党员身份，组织党员签订“十不准”承诺书，旗帜鲜明引导党员讲政治；奔赴基层一线督查4次，列出督办整改事项115件，倒逼责任落实；结合市委基层党建“十二项任务”量化表，组织4个工作组赴全县各乡镇、行政村、县直机关、驻寺、教育系统和卫生系统开展2020年党建考核工作；以党员“三包”为抓手，组织213支党员突击队、1540支“红袖标”“四护”队围着群众转、做给群众看、带着群众干，实现疫情零确诊、零输入、零传播，保持社会大局和谐稳定。同时，5401名党员自愿捐款79.7034万元。

【干部队伍建设】 年内，县委组织部组织1批次25人的新任职干部政治理论测试，测试平均分95分；建立《昂仁县干部职工日常表现登记台账》，把干部“一贯”与“一时”的表现结合起来；2020年县委向市委推荐职级晋升和提拔的干部41人，完成试用期满人员考核15人，完成二级班子人员调整52人；推行“墩苗”“淬火”系统培养工程，建立涵盖91名“90后”副科级、69名“85后”正科级、5名“80后”副县级、38名“80后”下派优秀干部、40名适合担任乡镇党政正职的优秀年轻干部的干部后备库，为推进优秀年轻干部队伍建设打牢源头基础。

【基层组织建设】 年内，县委组织部按照“不设比例、不定指标、应整尽整”的原则，确定31个软弱涣散基层党组织、50个“巩固提升”村，制定《昂仁县“软弱涣散”基层党组织整顿工作流程图》，并

2020年5月15日，县委常委、组织部部长张正操（右二）一行到卡嘎镇江嘎村指导软弱涣散党组织整顿工作

安排18名县级领导对软弱涣散基层党组织提级督导下沉，推动全县“巩固提升”村和软弱涣散基层党组织通过市县乡三级验收。聚焦“六个基本”建设，推动32个易地扶贫搬迁安置点党组织实现全覆盖，“两新”组织党组织覆盖率达45.8%，切实将组织覆盖到“末梢神经”。

【机构编制】 年内，深化党政机构改革后，昂仁县共设置党政机构37个，党委机构8个，其中，纪检监察机关1个，工作机关7个；政府工作部门29个。组建了县财政经济农牧环资委员会、县法制民族宗教委员会、县提案经济法制委员会3个专委员会，以及交通运输综合执法队、市场监管综合行政执法大队、生态环境保护综合行政执法队、文化市场综合行政执法队、农业综合行政执法队、旅游市场综合行政执法队六大领域综合行政执法队伍。为行政审批和便民服务局配备人员3名（其中局长1名，副局长1名，科员1名）。县行政审批和便民服务局单独设立便民服务大厅，并设置29个窗口，相关工作正在有序开展。贯彻落实《事业单位登记管理暂行条例》，认真做好事业单位年检、登记、录入等工作。2020年共年检事业录入32家，年检30家单位，注销1家，机关录入80个，群团录入3个。

【老干部工作】 2020年，全县共有离退休干部290人，其中离退休党员178人，离退休党支部5个，分别为昂仁县驻拉萨市离退休党支部、昂仁县驻日喀则市离退休党支部、昂仁县城驻地离退休党支部、昂仁县驻卡嘎镇离退休党支部、昂仁县驻桑桑镇离退休党支部。年内，发放“三大节日”慰问金、慰问品共计324174元，离退休党组织活动经费45600元，离退休干部体检费156060元，离退休干部护工费234000元，支部班子成员补贴42000元；发放困难离退休干部帮扶资金以及激励关怀金26500元、1959年3月28日前参加革命工作的离退休干部慰问资金8000元、逝世离退休干部遗属慰问金10000元；发放《老干部工作文件选编》5册，上门送学习资料50余本。抓好离退休党组织建设，通过召开情况通报会、宣讲会、线上送学等形式向离退休干部传达中央、区党委、市委、县委重要会议精神、经济社会发展情况等内容13次；组织老干部开展实地调研、参观考察2批次；引导离退休党员178人签订市委统战部制定下发的《共产党员不信仰宗教、不参与宗教活动十项内容承诺书》；全年组织离退休干部学习文件、文章等50余篇，观看全国离退休干部网上专题报告会3场，积极引导离退休干部开展交流、讨论，撰写心得体会20余篇。引导离退休干部发挥余热，聚焦“四讲四爱”群众教育实践活动，组织离退休干部深入乡村开展4次集中宣讲活动，受众160余人次；组织12名离退休干部作为志愿者，参与日喀则市创建全国文明城市活动；组织离退休干部40余人次参与昂仁县治安巡逻工作。疫情发生后，共筹集86520元为抗击疫情贡献力量。

【党校教育】 年内，县委党校与县委组织部联合举办11期培训，参训人员431人，其中，村党支部书记政治训练营1期165人，中央第七次西藏工作座谈会精神培训

2020年4月7日，中共昂仁县委召开2019年度干部选拔任用工作“一报告两评议”会议

班1期175人，初任公务员培训1期25人，协助县委组织部做好聘请市委党校讲师王海涛教师在中央第七次工作座谈会作专题培训的相关工作。

【强基惠民】 年内，各驻村工作队为村“两委”班子成员开展文化课教学1350学时，上党课1332学时，上政策理论课568学时，协助村“两委”开展活动873场次，召开支部党员大会551次、党支部委员会1294次、党小组会938次、党课425次，在村级组织活动场所中开展活动2483场次。帮助健全组织生活会、民主评议党员、主题党日活动规章制度182个，党务村务财务公开制度169个，党风廉政建设等方面规章制度146个。协助村党支部发展党员182人，预备党员110人，入党积极分子176人。各级驻村工作队从各渠道争取扶贫项目15个，累计资金155.8万元，其中派驻单位帮扶项目7个，资金93.12万元；社会帮扶项目3个，资金7.5万元；其他帮扶项目5个，资金55.18万元。帮助所驻村兴办符合产业政策、市场前景好、就业带动强的集体经济实体39个，组织开展贫困群众技能培训47次，帮助贫困群众转移就业911人，增加现金收入156.27万元。协助村“两委”制定扶贫资金和项目公示制度109个。驻村工作队员包户帮扶贫困户2199户7925人，帮助贫困群众研究制定帮扶措施1079条，梳理群众生产生活方面存在的困难和问题589个，收集整理群众意见和建议268条，帮助解决困难和问题408个。通过走村入户、举办学习读书班、入户讲解方式，深入开展宣传教育工作，向群众宣传精准扶贫、精准脱贫政策、新冠肺炎疫情防控、习近平新时代中国特色社会主义思想和中共十九大精神等共6600余场次，受教人数26万余人次，开辟宣传栏347期，举办专题讲座275次，发放宣传材料4万余份。

（周　伟）

宣传工作

【意识形态领域工作】 2020年，全年召开全县宣传思想工作会议1次，召开县委常委会专题研究部署意识形态工作2次，分析研判当前意识形态态势，安排部署下阶段工作，制定意识形态工作措施4条，推动意识形态工作落地见效。按照“把关口、堵源头、查市场、清环节、治摊贩、端窝点”的原则，深入开展“清源·固边、护苗、净网、清朗、秋风”五大专项行动，进一步推进昂仁县“扫黄打非”基层站点规范化、标准化建设，打出声威、抓出成效。

【舆论引导】 年内，“网信昂仁”“昂仁发布”共发布稿件4039篇，阅读量54.52万次，点赞量8.28万次；昂仁县官方微博发布博文15篇，阅读量14.86万次。组织全县网评员主动作为，做好经济、民生、环保、反腐、招生等热点问题引导。年内，组织专兼职网评员开展网评5483次，参与人数6.1万人次，转发工作指令4.9万余条，跟帖4.3万余条，点赞7.1万余人次。

【国防教育】 5月初，制定下发《昂仁县2020年国防教育宣传教育方案》，推动国防教育进学校、进课堂、进教材、进学生头脑，引导青少年学生掌握国防知识，培

2020年12月22日，日喀则市委宣传部相关工作人员到昂仁县秋窝乡开展新时代文明实践验收工作

养青少年学生的爱国主义精神。结合“四讲四爱”群众教育实践活动，让宣讲团深入田间地头、牧区草场和寺庙僧舍等，广泛开展国防知识宣讲，并将国防教育内容列入全县各级党委（党组）理论学习中心组学习计划，纳入各类干部培训学习计划。

【思想道德建设】 年内，创新学习宣传方式，推动中央第七次西藏工作座谈会和中共十九届五中全会精神家喻户晓，人尽皆知。制订宣传方案、开展学习宣传活动。县委带头，以常委会、县委理论学习中心组为载体，深入学习贯彻中央第七次西藏工作座谈会精神和中共十九届五中全会精神，在学懂弄通上下功夫。宣讲工作有序推进，县级包乡、三级书记开展示范宣讲，农牧民宣讲员、学校思政教师、驻村驻寺干部、乡村振兴干部为基层宣传主力，开展全覆盖宣讲，用通俗易懂的语言，群众喜爱的宣讲方式，广泛开展各类学习宣传活动，开展宣讲活动1563场次，受众达7.9万余人次。年内，在县城主要街道、淄博公园围栏和公路沿线制作张贴中央第七次西藏工作座谈会和十九届五中全会精神宣传标语635条。全县LED显示屏滚动播放宣传标语3252条次。通过微信公众号、电视等平台全面宣传昂仁县各界学习贯彻情况。

【精神文明建设】 年内，广泛开展群众性精神文明创建活动，以创建文明县城、文明单位、文明村镇、文明家庭为抓手，以社会主义核心价值观为引领，坚持创建为民、创建惠民，深化内涵、拓展领域、提升成效，推动群众性精神文明创建向纵深发展。昂仁县荣获市级文明县城称号、荣获文明村镇称号8个、荣获文明单位称号3个、荣获文明家庭称号18户。经费保障，县级财政预算300万元，用于新时代文明实践中心（所、站）建设，每年县级财政预算20万元用于新时代文明实践中心活动经费，每年县级财政预算5万元用于新时代文明实践（所、站）活动经费。年内，全县组织开展“向雷锋学习”“感党恩、跟党走”“关爱空巢老人、留守儿童、困难职工、残疾人”等各类志愿服务活动200余场次，惠及群众3.8万余人次。

2020年3月28日，县委宣传部相关工作人员到多白乡赤嘎村开展“四讲四爱”集中宣讲

【新闻发布与对外宣传】 年内，在新闻宣传工作中，按照中央、区、市的决策部署和县委、县政府发展思路及重点任务，切实唱响主旋律、壮大正能量。截至年底，拍摄制作新闻150条，市台采用30条，推出专题宣传片3条，公益广告6条，昂仁新闻35期，播出公益广告3165条次。

【广播电视】 2020年，逐步推进县城数字电视整体转换工作，截至年底，县内广播电视光纤干线网总里程7公里，有线电视用户数289户。年内，维修应急广播23个，维修广播基站20余个，发放广播16个，“村村通”4000余个，同时采购100套村村通、1200套户户通设备、700套无线接收设备，县级财政每年预算40万元用于应急广播设备维护，保障农民群众享受广播电视公共文化服务需求。

（李瑞琪）

统一战线

【党外代表人士队伍建设】 年内，召开党外人士迎新春座谈会，通过参会代表按照上级要求，推荐1名爱国统战人士及1名在西藏和平解放民主改革等重大历史事件中给予无私支援、鼎力相助的群众；协助14家部门及10家民营企业完成民营经济代表人士综合评价相关工作。年内，推荐市第二届政协委员8人（农牧界3人、宗教界2人、经济界1人、教育界1人、医疗卫生界1人），切实加强党外人士参政议政能力建设。

【宗教领域】 年内，召开昂仁县年度统战民族宗教工作会议，会上传达学习区、市两级统战民族宗教工作会议精神，回顾总结2019年全县统战民族宗教工作，安排部署年内重点工作，县委书记李有平出席会议并作总结讲话。统战民宗主要领导靠前指挥，亲自部署，多次同统战民宗干部深入寺庙一线，严格按照宗教活动审批程序、审批权限和“三项要求”，指导检查寺庙“三不增加”执行情况。多渠道大力宣传清理整治旧经幡工作的重要性和必要性，以“四讲四爱”等宣讲活动为契机，由县长普布多吉带队的宣讲组到各乡镇向信教群众讲明乱搭乱挂经幡对生态环境造成的严重破坏和个别信众盲目搞宗教消费，甚至互相攀比、铺张浪费等不正之风给群众带来的经济负担，教育引导信教群众理性对待宗教，助推脱贫攻坚、破除陈规陋习，最大限度淡化宗教消极影响。

【寺庙管理】 年内，进一步完善寺庙管理工作方案预案，强化寺庙内外巡逻，全力确保各类安全不留隐患，不留死角，确保全县寺庙“三不出”“三稳定”。年内，统战民宗、驻寺机构等相关部门共开展排查行动150余场次，对发现的20余个问题限期责令整改，宣讲132场次，受教人数1300人次，开展消防演练80余次。

2020年11月2日，昂仁县宗教领域“三个一次”主题活动开幕

【宣传培训】 年内，各驻寺机构认真组织辖区寺庙僧尼深入学习上级各类政策法规，县委统战部组织驻寺干部共开展4次集中学习会，开展昂仁县宗教领域“中央第七次西藏工作座谈会”精神巡回宣讲活动，受教育人数达300余人次。

全面加强藏传佛教活佛转世管理培训宣传，围绕习近平新时代中国特色社会主义思想、中共十九届四中全会精神、政策法规等内容。年内，县委书记宣讲2场次，受教人数110余人，政府县长宣讲2场次，受教人数90余人，统战部部长宣讲11场次，受教人数500余人，民宗局局长宣讲3场次，受教人数120人，乡镇党委书记宣讲13场次，受教人数达450余人，“四条标准”巡回宣讲组及统战民宗干部宣讲19场次，受教人数达569人，各驻寺机构平均宣讲4场次，受教人数2569人次。年内，制定《昂仁县藏传佛教教职人员和驻寺干部教育培训工作的实施方案》，4名僧尼参加自治区培训，42名僧尼参加市级培训，41名僧尼参加县级培训；3名驻寺干部参加自治区培训，14名驻寺干部参加市级培训。

【“四条标准”教育实践活动】 年内，召开昂仁县2020年“遵行四条标准、争做先进僧尼”教育实践活动部署会，会议传达学习昂仁县的活动方案，安排部署全年“四条标准”活动重点工作。统战民宗部门到全县30余座寺庙开展“四条标准”教育实践活动巡回宣

2020年10月18日，昂仁县2020年第三、四期藏传佛教教职人员培训开班仪式

讲，受教僧尼500余人，各驻寺机构平均开展“四标”宣讲活动5场次，受教人数达2500余人。通过督导调研、专题研讨、自身查找、相互交流、畅通体会等形式，确保查摆问题求真务实，整改工作落实到位。年内，召开专题推进会4次，开展谈体会找问题活动中，撰写心得体会589篇，通过认真剖析，列入问题清单共643条，经梳理共27条，其中立行立改20条，已整改并长期坚持7条。

【驻寺党建工作】 年内，先后4次组织19个寺管会负责人，召开驻寺党建工作推进会，会议对前期工作作了总结分析，并就下一步工作作了具体安排部署；以建好用好管好驻寺活动场所为关键，推荐党建活动室规范化建设，实现有固定活动场所，并达到有标识、有党旗、有领袖像等“九有”标准。年内，争取84万元的经费，配备驻寺机构办公设施设备；争取12万元，相继新建14座驻寺机构升旗台，切实解决驻寺机构党建标准化建设不规范问题。

【凝心聚力】 年内，对全县13个寺管会和15座生产生活较为困难的偏远寺庙进行走访慰问活动，向寺庙和寺管会送去价值1.66万元的慰问物资。结合前期寺庙饮水工程调研成果，请示县政府投入47万余元，逐一对8座用水困难寺庙饮水工程进行维修。

【境外藏胞接待管理服务】 年内，按照“区别对待、因人制宜、个案解决”原则，形成县委统战部、县国保大队、所属乡（镇）和村、户逐级管、协调管、层层管的管理模式，加强对回国藏胞的服务管理，特别是加强个别滞留藏胞的劝返管理工作。年内，完成759人信息录入工作，分2次对10名贫困藏胞家属和长期住院藏胞进行慰问活动，送去慰问金7000元。

【参政议政】 年内，昂仁县会员企业中担任日喀则市政协委员1名、县政协委员5名，进一步加强非公经济人士民主监督和参政议政能力。

【“百企帮百村”】 年内，32家会员企业参与“百企帮百村”、“十三五”期间社会扶贫捐赠行动，对结对帮扶对象投入物资折合人民币181.415万元，全力助推贫困村脱贫进程，精准高效地推进扶贫攻坚工作，引导非公有制经济“爱国、守法、诚信、贡献”，打牢非公经济人士共同体思想基础。

（格桑达娃）

昂仁县人民代表大会

【概况】 2020年，召开2次县人民代表大会，6次人大常委会议，1次人大代表意见建议交办会，1次评议政府部门工作会议，1次人大代表意见建议办理情况座谈会。开展“一府两院”部分单位工作述职评议3次，组织代表考察学习2次，开展专题调研5次，人大代表及乡镇人大主席、人大专干培训1场次，指导联系乡镇人大工作30次，任免国家机关工作人员22名，办理代表意见建议91件。

【县人民代表大会】 4月9—10日，昂仁县第十三届人民代表大会第六次会议召开。县十三届人大六次会议应到代表128人，实际出席会议代表123人，符合法定人数。会议听取和审议县人民政府工作报告；审议县人民政府2019年国民经济和社会发展计划执行情况与2020年国民经济和社会发展计划（草案）的报告；审议县人民政府2019年财政预算执行情况与2020年财政预算（草案）的报告；听取和审议县人大常委会工作报告；听取和审议县人民法院工作报告；听取和审议县人民检察院工作报告；并对上述报告做出决议。

12月19日，召开昂仁县第十三届人民代表大会第七次会议。县十三届人大七次会议应到代表127人，实际出席会议代表95人，符合法定人数。会议选举产生16名昂仁县出席日喀则市第二届人民代表大会的代表。

【县人大常委会议】 3月31日，昂仁县第十三届人大常委会第二十六次会议召开。县委副书记、县人大常委会党组书记、主任旦木真主持会议。县人大常委会副主任索朗旺堆、顿珠和委员16人出席会议。县人民政府、县监察委员会、县人民法院、县人民检察院、县财政局负责同志及部分县人大代表列席会议。会议听取和审议昂仁县人民政府关于提请卜朝志任职议案报告；听取和审议昂仁县财政局关于昂仁县2019年财政预算执行情况和2020年财政预算草案报告；听取和审议昂仁县人大常委会2019年工作报告；听取和审议昂仁县人大常委会2020年重点工作要点；听取昂仁县第十三届人民代表大会第六次会议筹备工作情况汇报；并通过相应的决议；表决通过有关人事任免事项，颁发任命书，举行宪法宣誓仪式。

5月9日，昂仁县第十三届人大常委会第二十七次会议召开。县人大常委会副主任索朗旺堆主持会议。县人大常委会副主任顿珠、唐丽和委员14人出席会议。县监察委员会、县人民法院、县人民检察院、县财政局负责同志及部分县人大代表列席会议。会议听取和审议昂仁县财政局《关于2020年第一批盘活存量资金使用的请示》；听取和审议昂仁县财政局《关于2020年第二批盘活存量资金使用的请示》；听取和审议《昂仁县十三届人大六次会议代表提出意见建议督办分工明细表》；听取和审议昂仁《昂仁县2020年财政收支预算报告说明》；并通过相应的各项决议。

6月22日，昂仁县第十三届人大常委会第二十八次会议召开。县委副书记、县人大常委会主任旦木真主持会议。县人大常委会副主任索朗旺堆、顿珠、唐丽出席会议。副县长次琼，县人民法院院长米玛旦增及部分县人大代表列席会议。会议听取和审议昂仁县人大常委会调研组关于全县脱贫攻坚自查自纠工作情况的调研报告；听取和审议昂仁县人民政府关于全县脱贫攻坚产业发展工作情况报告；听取和审议昂仁县人民政府关于国有资产管理情况专项工作报告；听取和审议昂仁县人民法院关于建立昂仁县多元化解决纠纷机制实施方案的请示；表决通过以上报告，通过相应的决议。会议以联组会议的形式对全县脱贫攻坚产业发展工作进行专题询问。

8月19日，昂仁县第十三届人大常委会第二十九次会议召开。县委副书记、县人大常委会主任旦木真主持会议。县人大常委会副主任索朗旺堆、顿珠和委员17人出席会议。县委常委、政

2020年6月2日，日喀则市人大常委会法制委相关工作人员到昂仁县调研

府党组成员杨洋,县人民法院院长米玛旦增,县纪委监委、县政府办、县发改委负责同志及部分县人大代表列席会议。会议听取和审议关于接受司昆强辞去昂仁县人民政府副县长职务的报告;听取和审议昂仁县人民政府关于杨洋任职议案的请示;听取和审议昂仁县人民法院关于米玛片多任职议案的请示;审议昂仁县人民政府关于申请对<昂仁县国民经济与社会发展第十四个五年规划纲要>审查的请示;审议通过昂仁县人大常委会组成人员联系县人大代表办法;审议通过昂仁县人大代表联系人民群众工作的办法;表决通过有关人事任免议案,颁发任命书,举行宪法宣誓仪式。

9月11日,昂仁县第十三届人大常委会第三十次会议召开。县委副书记、县人大常委会主任旦木真主持会议。县人大常委会副主任索朗旺堆、顿珠、唐丽和委员17人出席会议。县监委、县政府办、县人民法院、县人民检察院、县财政局、县发改委负责同志,桑桑镇、达局乡、查孜乡、切热乡、如萨乡、措迈乡人大专干及部分县人大代表列席会议。会议审议通过昂仁县人民政府关于2020年年中预算调整的报告;听取县人大财经委关于2020年年中财政预算调整的审查报告;审议通过县人民政府关于昂仁县国民经济与社会发展第十四五规划纲要的请示报告;听取昂仁县人大财经委关于昂仁县国民经济与社会发展第十四个五年规划纲要的审查报告;听取讨论乡镇人大工作情况调研视察报告;并通过相应的决议;表决通过有关人事任免议案,颁发任命书,举行宪法宣誓仪式。

12月18日,昂仁县第十三届人大常委会第三十一次会议召开。县委副书记、县人大常委会主任旦木真主持会议。县人大常委会副主任索朗旺堆、顿珠和委员17人出席会议。县监委、县人民法院、县人民检察院、县财政局、县教体局负责同志,各乡镇人大专干部分县人大代表列席会议。会议审议通过昂仁县人民政府提交的关于2020年第三批盘活存量资金使用的请示;听取昂仁县人大财经委关于2020年第三批盘活存量资金使用的请示的审查报告;听取昂仁县人大常委会关于乡镇人大工作情况的调研报告;听取昂仁到山东淄博市考察学习的报告;听取昂仁到山南市林芝市考察学习的报告;并表决通过以上报告;决定有关人事任免事项,颁发任命书,举行宪法宣誓仪式。

【人大代表意见建议交办会】 5月9日,昂仁县第十三届人大六次会议代表意见建议交办会召开。县人大常委会副主任索朗旺堆、顿珠、唐丽,县政府副县长格桑旦增出席会议,各承办单位主要负责人参加会议。会议回顾总结2019年度意见建议办理情况,印发《关于认真办理昂仁县第十三届人民代表大会第六次会议代表意见建议的通知》,对2020年代表意见建议办理工作了安排部署。格桑旦增代表县政府及承办单位就做好2020年代表意见建议办理工作作了表态发言。

【评议政府部门工作会议】 10月23日,昂仁县第十三届人大常委会对县审计局、县城管局、县民宗局工作情况进行评议。县委副书记、县人大常委会主任旦木真主

2020年9月12日,县委副书记、人大常委会主任旦木真(中)主持召开昂仁县第十七期"人大讲堂"

持会议。县人大常委会副主任顿珠、唐丽和委员出席会议。县审计局、县城管局、县民宗局主要负责同志和部分县级人大代表列席会议。三个部门分别作了工作报告，县人大常委会对三个部门相关工作进行审议。会议以无记名的方式对县审计局、县城管局、县民宗局的相关工作进行满意度测评，测评结果均"满意"。

【人大代表意见建议办理情况座谈会】 10月26日，昂仁县第十三届人大六次会议代表意见建议办理情况座谈会召开。县委副书记、县人大常委会主任旦木真主持会议。县人大常委会副主任、秋窝乡党委书记顿珠，常委会委员及部分县人大代表出席会议。座谈会上，县水利局、县交运局、县教体局、县公安局、县移动公司5个单位汇报代表意见建议办理情况。常委会组成人员和群众代表对县政府系统办理代表意见建议工作进行评价，提出意见和建议。

【重大事项决定】 年内，严格法律程序，正确处理县委决策、人大决定和县政府执行的关系，依法对县人民政府工作报告等重大事项做出15项决定，切实把党的主张转换为人民的意志，保证人大工作与县委的决策部署同心、同向、同步。

【人事任免】 年内，坚持党管干部与人大依法任免相结合的原则，依法行使人事任免权。2020年昂仁县人大常委会共任免国家机关工作人员22人次，县第十三届人民代表大会第七次会议依法选举产生昂仁县出席日喀则市第二届人民代表大会代表16名，顺利完成市级人大代表换届选举工作任务。

【监督工作】 2020年，听取并审议专项工作报告和开展评议部门工作。完成对县审计局、县城管局、县民宗局等7个部门的工作评议、测评，帮助有关部门查找自身工作中存在的问题，提出整改建议。听取并审议县人民法院切实解决"执行难"专项工作报告和县人民检察院公益诉讼专项工作报告及县监察委员会专项工作报告。审议县财政局2020年全县国有资产管理工作情况的报告，做到依法履职，管好用好全县国有资产。

【调研视察】 年内，共组织调研视察、专题询问、监督检查等共计10次，并形成视察报告3份、调研报告7份。组织70多名县级人大代表深入县建材市场、县扶贫商业街以及农区6个乡镇25个村，对全县重点扶贫产业项目发展情况进行专题调研。深入进行专项监督检查与调研，常委会领导带队，深入17个乡（镇）50余个村，走访70余户群众，围绕脱贫攻坚"20个紧盯"工作要求，开展脱贫攻坚自查自纠工作专题调研。截至年底，完成对重点扶贫领域的大型监督检查（调研视察）3次，形成报告3篇，为县委决策部署提供科学依据。开展昂仁人大历史上的首次专题询问，以联组会议形式对全县脱贫攻坚产业发展进行询问，9名常委会组成人员就12个问题进行提问，7名县政府和有关部门负责人到场应询，问答双方良性互动，在询问过程中坚持聚焦主要矛盾，以分析解决问题为主导，形成加强和改进工作的合力，取得实实在在的监督效果。

【专项资金监督】 年内，县、乡人大上下联动，加大对草原生态奖励补贴、生态岗位补偿金等各项支农惠农政策的落实情况，财政预算执行情况以及2020年全县盘活存量资金公用经费等使用方面进行监督检查，确保各项资金落到实处。

【法律监督】 年内，县人大常委会为实现社会公平正义，切实加强法律监督和司法监督，昂仁县人大常委会通过专项听取县人民政府、县监察委员会、县人民法院的工作报告，指出工作中存在问题及下一步整改建议，同时组织县人大常委会组成人员、四级人大代表、相关部门负责人对《中华人民共和国食品安全法》《日喀则市市容和环境卫生管理条例》《日喀则市犬只管理条例》《日喀则市门前三包责任制管理条例》等相关法律法规贯彻落实情况开展监督，并就存在的问题提出针对性的意见建议。

【代表工作】 年内，完善县人大常委会组成人员联系代表和人民群众制度，组织代表参加常委会会议和各项监督活动，认真听取代表对人大工作的意见建议，为代表知情知政、行权履职创造条件。全年邀请代表参加执法检查、调研视察等活动共计90余人次，同时组织代表积极参加区市两级人大立法征求意见座谈会23人次，参加全县重大活动50余人次，列席常委会会议22人次。全年组织2批人大常委会委员和基层人大代表共23人分别到淄博市、山南市、林芝市考察学习，组织17名人大常委会委员前往日喀则市参加市人大举办的全市人大系统业务培训班，3名县人大常委会委员分别参加自治区人大常委会举办的自治区人大干部综合培训班和自治区人大财经业务培训班，2名自治区人大代表分别列席自治区十一届人大常委会第十六次会议和第二十一次会议，1名自治区人大代表特邀列席全国人大组织的视察活动。

（旦巴次仁）

昂仁县人民政府

【党组会议】 2月28日，县委副书记，县政府党组书记、县长普布多吉主持召开昂仁县人民政府党组2020年第1次会议，会议研究通过《关于进一步规范〈昂仁县公务接待管理办法（试行）〉的请示》。

3月30日，县委副书记，县政府党组书记、县长普布多吉主持召开昂仁县人民政府党组2020年第2次会议，会议研究通过《关于2020年第一批盘活存量资金使用的请示》《关于2020年第二批盘活存量资金使用的请示》。

6月3日，县委副书记，县政府党组书记、县长普布多吉主持召开昂仁县人民政府党组2020年第4次会议，会议研究通过《关于出台实施昂仁县农村安全饮水工程水费征收管理制度（试行）的请示》《关于实施昂仁县农村饮水工程运行管理办法（试行）的请示》《关于2020年第一批国有土地使用权出让计划的请示》《昂仁县自然资源局关于2019年度第二批国有土地使用权出让方案》。

6月25日，县委副书记，县政府党组书记、县长普布多吉主持召开昂仁县人民政府党组2020年第6次会议，会议研究通过《关于昂仁县卫生服务中心P2实验室建设项目的请示》《关于昂仁县增减挂钩工作实施方案的请示》《关于2020年第二批国有土地使用权出让计划的请示》。

7月31日，县委副书记，县政府党组书记、县长普布多吉主持召开昂仁县人民政府党组2020年第7次会议，会议研究通过《关于杨洋任昂仁县政府副县长的通知》《〈昂仁县人民政府关于进一步加强财政资金审批管理的规定〉有关事项的补充通知的请示》《关于采购有关事项的补充通知的请示》。

8月21日，县委副书记，县政府党组书记、县长普布多吉主持召开昂仁县人民政府党组2020年第8次会议，会议研究通过《关于昂仁县汤东文化纪事馆项目装修改造资金的请示》《关于2020年度第二批国有土地使用权出让方案》。

11月12日，县委副书记，县政府党组书记、县长普布多吉主持召开昂仁县人民政府党组2020年第11次会议，会议研究通过修订完善《昂仁县人民政府党组会

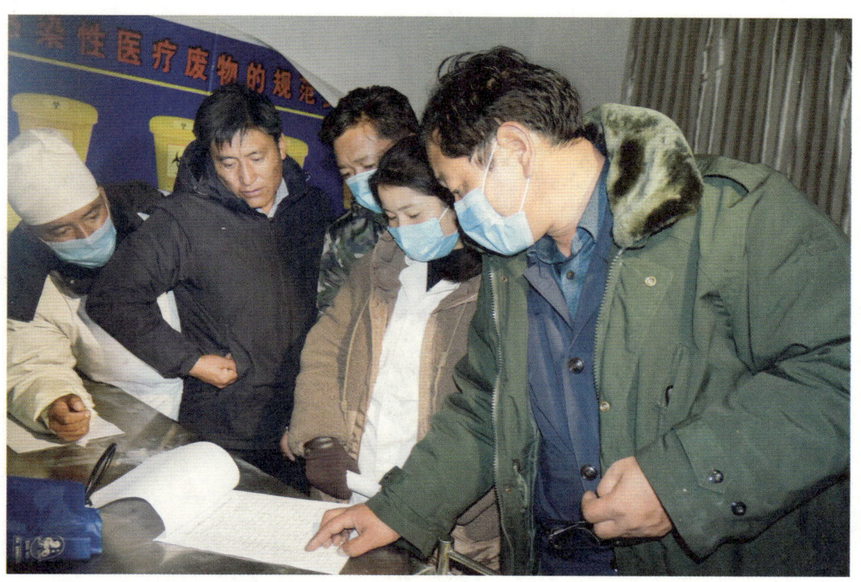

2020年1月31日，县委副书记、县长普布多吉（右一）到切热乡卫生院检查返乡人员居家隔离登记情况

议议事规则》《昂仁县人民政府常务会议议事规则》请示。

11月24日，县委副书记，县政府党组书记、县长普布多吉主持召开昂仁县人民政府党组2020年第13次会议，会议研究审议通过《昂仁县“三公”经费支出监督管理（暂行）办法》。

12月25日，县委副书记，县政府党组书记、县长普布多吉主持召开昂仁县人民政府党组2020年第16次会议，会议研究通过《关于乡镇卫生院正式医务人员调整工作方案》的请示。

【常务会议】 2月7日，县委副书记、政府县长普布多吉以视频形式主持召开昂仁县人民政府2020年第一次常务会暨第一季度政府工作推进会议，会议研究分析当前形势任务、存在的问题短板，详细安排部署今冬明春政府各项工作。

会议要求，各级各部门要认清形势任务、突出工作重点、组织工作力量，以更加坚定的信心决心、更加扎实的工作举措、更加有效的担当作为，坚决打赢疫情防控阻击战，打好第一季度工作攻坚战，全力完成年初各项指标任务。

抓好疫情防控工作。加强对农贸市场、超市等人员密集场所疫情防控力度，指派专业人员开展防疫消毒作业，确保密集场所卫生安全；做好医疗物资保障、医疗健康科普、食品卫生安全督察等工作，保障疫病防控工作高效有序；做好物资存量统计、物资需求采购调拨，保障粮食、蔬菜、牛羊猪肉等重要农畜产品的市场供应，确保物资供应充足、价格运行平稳；做好野生动物疫情监测及保护救助工作。抓好脱贫攻坚工作。对专项巡视“回头看”、资金绩效考核、第三方评估等反馈问题，要高度重视、举一反三、全面认领，完成脱贫攻坚领域存在各类问题整改，确保全面小康路上不漏一村、不落一人。抓好春耕备播准备工作。由旺拉牵头，要早计划、早安排，提前着手、强化措施、做好保障，全力做好春耕备播物资采购、储备、调运等各项准备工作；组织温室大棚蔬菜种植，进一步盘活蔬菜资源，扩大种植面积，满足人民群众生活物资基本需求。全面做好河道清淤疏浚、水池防渗、沟河维修等农田水利设施维修养护，排查好农田水利基础设施，确保农民按时按期做好春耕播种正常工作；加强沟通协调，多方争取资金，加大对农牧民指导培训力度，推进农牧业高效科学现代化生产；同时，贯彻落实全国、全区财政工作会议精神，树牢廉洁政府形象。抓好就业创业工作。由杨洋牵头，严格执行大学生就业创业奖补政策，最大力度提高高校毕业生就业率；持续提高劳务输出组织化程度、专业化水平和就业质量，全面拓宽群众增收致富渠道，提升农牧区劳动力转移输出、劳务收入；积极推进农民工工资清欠保支工作，强化劳动保障。抓好各类项目推进工作。由达次牵头，由于高原地区工期短、任务重等情况，各项目单位要对具备开工条件的项目做好规划、审批和招投标前期工作，抓好开复工，对未敲定的项目要主动作为、紧密对接，做好项目争取和具体化推进等工作，杜绝出现未批先建、先斩后奏现象。抓好生态安全保护工作。由司昆强牵头，做好苗子争取、实地规划等春季造林谋划，必须掌握好季节性工作规律，不断扩大植树覆

2020年5月18日，县委副书记、县长普布多吉（左一）到措迈乡卫生院检查指导组合式服务团队情况

2020年10月30日，县委副书记、县长普布多吉（前中）参加极高海拔生态搬迁入住新家仪式

盖面，大力开展国土绿化行动，助推美丽乡村建设进度。由格旦牵头，要针对重点区域和地质灾害易发地区完善防治预案；严厉打击各类私自圈地占地，非法占用耕地、林地、草场、非法开挖山体等行为，加强土地整治工作。抓好安全生产工作。由杨洋牵头，抓好今冬明春应急物资筹备工作；组织安委会相关成员单位，突出对重点时段、重点部位，有针对性地抓好排查治理，发现隐患立即整改；要养护好除雪铲雪各种机械设备，开展好公路两侧控制区清理整顿，做好今冬明春公路抢险保通工作，特别是加快抓好智能检测设备安装、安全隐患点安全提示牌设立等工作，创建安全、畅通的道路交通环境。抓好假期教育工作。由索朗次仁牵头，做好假期学生安全教育，组织开展校园安全隐患排查整治，有效消除校园安全隐患；把握形势任务，保障开学送校中的学生安全；提前抓好教育“三包”及营养改善计划物资统购统配工作，确保物资跟进开学进度。抓好重点会议筹备工作。“经济工作会议”“两会”是年度重点工作会议之一，政府办主要负责，政府各单位要积极配合，强化责任担当、加强沟通配合，做到提供内容全面周到、报送数据准确翔实，确保高标准完善《政府工作报告》，高质量召开“经济工作会议”“两会”，高效率落实两项会议精神。

6月1日，县委副书记、政府县长普布多吉主持召开昂仁县人民政府2020年第二次常务会暨第二季度政府工作推进会议。

会议要求，各部门要着眼目标、扛起责任，针对工作推进情况，摆正位置、主动配合，扎实推进阶段重点任务。坚决打好脱贫攻坚战。紧抓“四个不摘”要求，强化各方责任，全面加强措施落实，深入贯彻落实张延清副主席在昂仁等地调研时的指示要求，紧紧围绕“找问题、改问题、销问题”三个阶段任务，抓好脱贫攻坚各项政策落实，抓好脱贫攻坚“20个紧盯”落实，确保以脱真贫、真脱贫的实际成效迎接“国家普查”。继续做好疫情防控工作。认真落实中央“外防输入、内防反弹”防控策略，落实落细疫情防控各项措施；抓好鼠疫监测、健康扶贫、重大疾病、巡回诊疗等工作，提升医疗服务保障和水平。继续加强信访案件办结能力。坚持人民立场，聚焦工作重心，紧盯重点对象，抓紧办结信访案件，精准落实信访工作维稳安排，严防出现越级访、进京访、群体性事件等上访隐患。继续做好教育教学工作。着眼当前教育教学工作短板弱项，深入贯彻落实各级党委政府决策部署，进一步取长补短、堵塞漏洞，强化学校和师生管理，提升控辍保学能力，深化各级学校疫情防控措施，特别是加强已劝回辍学生的管理，使每一个孩子都得到义务教育、接受正常教育、给予健康成长环境，持续推进教育质量提升工程。全力抓好项目推进工作。项目储备上用功、争跑上发力、落实上出招，加快推进续建项目，尽快开工和推动筹备完成的项目，积极争取已上报的项目，及时发现和协调解决项目推进中存在的困难和问题，尽可能把更多的项目列入计划盘子，更多的改革红利在昂仁充分释放；加强与援藏项目的联系对接，进一步修改和完善昂仁县国民经济与社会发展第十四个五年规划纲要，科学确定经济社会发展的方向、战略和举措。认真做好安全生产工作。狠抓属地管理和部门监管责任的落实，持续重点领域的排查治理；认真开展全县消防安全大排查大整治行动，全面完成重点领域消防安全检查工作；深入开展“平安交通·百日会战”专项整治行动，查处道路隐患和违章行为，确保全县道路交通领域绝对安全。全力加强农牧业工作。加强农田技术指导，并在抓好接羔育幼工作的基础上，以合作社为平台，着力推行绵羊“两年三胎、当年出栏”，牦牛“一年一胎、三年出栏”繁育模式，不断发展“母畜经济”。通过以奖代补形式，在奶牛重点发展区域鼓励和推进娟姗牛产业，努力完成2020年度黄改任务。全面加强专合组织发展工作。坚持因地制宜、因情施策，发展见效快、效益好的特色产业，建立健全利益联结机制，提升产业辐射带动能力，最大限度增加农牧民收入。继续深化“放管服”改革。按照“最多跑一次”要求，政务服务中心做好与入驻部门的沟通与衔接，以边推进、边改进的方式，加大对窗口岗位人员的管理、授权，健全完善工作机制，最大限度地回应民众需求，努力实现群众少跑腿、快办事，打造高效的政务环境。持续加强就业和培训能力。深入贯彻落实全区农牧民转移就业工作现场推进会精神，积极探索创新技能配需新模式，加强对农牧民群众思想教育引导，掌握好施工单位用工需求和数量，确保技术培训和群众增收“两手抓、两推进”。持续打好污染防治攻坚战。抓好“四清两改”任务，深入实施“三整治”“三提升”行动，加强县城“厕所革命”运行维护，抓好农村“厕所革命”整治改革，做好生活垃圾的运输和填埋工作，全面整治脏、乱、差及白色污染问题；加快推进高寒县城供暖工程，多措并举减少烟尘烟气排放；做好中央第六环境保护督察组反馈问题整改及生态保护红线评估调整工作。大力推进土地专项整治工作。进一步完善和落实各有关部门联合执法机制，以对人民、对历史高度负责的态度，本着“以人为本、尊重历史、面对现实、解决问题、维护群众合法权益”的工作原则，定位各自职责，强化责任担当，并且从严落实违法用地处置方案，共同推进城镇土地历史遗留问题专项整治工作；各类项目凡是用地违法或未履行程序的，一律不得推进。着力做好防灾减灾工作。加强预警信息发布、应急演练，加快应急工程的投入使用，提升救援能力，千方百计要做好储备防汛抗旱物资、病险水库除险加固等应对汛期和大旱引发的各种险情工作，着力强化应对防范工作。加快推进行政村文艺演出队组建工作。进一步加强政策宣讲和监督指导工作，落实好组建行政村文艺演出队“八有”标准，稳步推进组建工作，确保在规定时间内基本完成所有行政村文艺队组建任务。做好干部职工住房保障工作。坚持原则，做好职工周转房清理清查和空出住房分配管理工作，发挥职工周转房的最大效益，保障干部依法领房、安全住房。尽快完成建材市场搬迁工作。根据《日喀则市市容和环境卫生管理条例》，制定专项方案，严明要求、明确时限、定准对象，突出教育引导、注重方式方法，确保在6月完成搬迁整治工作，不断把市容和环境卫生专项规范工作有序推进。

2020年8月15日，县委常委、副县长杨洋（左四）参加应急演练活动

会议强调，各单位围绕县委、县政府年初确立的目标任务和部署要求，理清工作思路，明确工作路径，细化工作措施，确保人人头上有指标，个个肩上有压力；要找准工作的切入点和着力点，深入研究政策，着力提升效能，主动协调配合，在完成本职工作上要有新亮点，在促进全县发展上要有新贡献，齐心协力完成2020年的各项目标任务。

6月5日，县委副书记、政府县长普布多吉主持召开昂仁县人民政府第3次常务会议。

会议就做好下步工作进行安排部署。全力做好迎接国家脱贫攻坚大普查、全力推进易地搬迁基础配套产业项目、全力抓好藏鸡养殖合作社发展、全力抓实防汛抗旱各项准备工作、全力开展非法集资领域涉非涉稳风险专项排查、全力推动基层政务公开标准化规范工作。

9月30日，县委副书记、政府县长普布多吉主持召开昂仁县人民政府2020年第4次常务会议。会议研究同意《关于昂仁县安全生产专项整治三年行动计划的请示》《关于2019年昂仁县城乡建设用地增减挂钩节余指标跨省域调剂资金使用方案的请示》。

会议结合昂仁县近期工作实际，对安全生产、合作社运行、高海拔搬迁、秋收工作等重点工作进行安排部署。抓好安全生产工作、有效推进合作社运行、全力推进高海拔搬迁工作、做好秋收工作、抓好巡视整改工作、保障农民工工资支付、确保工程质量、做好第七次全国人口普查工作、狠抓教育教学管理、提高医疗卫生健康管理水平、争分夺秒完成年初既定工作目标任务、做好节日假期相关工作。

10月28日，县委副书记、政府县长普布多吉主持召开昂仁县人民政府2020年第5次常务会议。会议传达学习《李克强总理在研究分析当前经济形势和部署下一步经济工作时的讲话》《保障中小企业款项支付条例》宣传贯彻工作方案文件精神；听取县财政局、人社局、住建局、农业农村局、应急管理局“六稳”“六保”工作汇报，分析研究当前存在问题；安排部署“六稳”“六保”下一步工作。

11月20日，县委副书记、政府县长普布多吉主持召开昂仁县人民政府2020年第6次常务会议暨第三季度经济运行分析会。会议强调，各级各部门要提高思想认识，结合本单位工作实际，抓实抓细各项重点工作落实。继续抓好巡视整改工作、继续盯紧年度各项指标完成情况、继续巩固脱贫攻坚成果、继续打好污染防治三大攻坚战、继续推进项目建设工作、继续做好高海拔搬迁工作、继续抓好合作社运行管理工作、继续做好农牧民转移就业工作、继续提高学校管理水平、继续加大土地整治力度、继续推进“放管服”改革、继续做好常态化疫情防控工作、继续做好安全生产工作、全力做好今冬明春防灾抗灾工作、继续抓好社会稳定工作、继续抓好党风廉政建设和反腐败工作。

12月16日，受县委副书记、政府县长普布多吉委托，县委常委、政府副县长达次主持召开昂仁县人民政府2020年第7次常务会议。

会议听取县脱贫攻坚指挥部（产业组）关于与桑珠孜区德琴3900庄园有限公司就青稞米加工项目（飞地经济）合作工作进度情况的汇报。

会议研究同意《第九批援藏工作组关于2020年淄博市对口援藏昂仁县“十四五”规划编制的请示》并安排部署近期重点工作。

【重要文件】 西藏自治区人民政府令《西藏自治区规范行政执法裁量权规定》、西藏自治区人民政府令《西藏自治区重大行政决策程序暂行规定》《市政府工作报告》《日喀则市农牧民专业合作社“以奖代补”资金管理办法（试行）的通知》《西藏自治区应对新冠肺炎疫情加快农牧民转移就业促进农牧民增收的实施方案》《西藏自治区县域义务教育优质均衡发展督导评估实施办法（试行）的通知》《日喀则市应急总体预案（试行）的通知》《西藏自治区贯彻落实国务院办公厅2020年政务公开工作要点分工方案的通知》《关于健康日喀则2030规划纲要任务分解方案的通知》《西藏自治区2020年度生态环境保护考核工作实施方案的通知》、西藏自治区人民政府令《西藏自治区水文管理办法》。

（付苠秋）

县人民政府办公室

【机关事务管理】 2020年，严格按照公务接待管理办法，细化人员分工，高质量高标准完成“首长”基层调研接待工作；年内，共接待各类工作组40余次。进一步规范政府后勤车辆管理派车审批程序，加强驾驶员教育管理，减少签字审批程序，提高派车效率，严格监管制度，从源头上杜绝公车私用、公车乱停乱放等现象。进一步完善保养车辆制度和维修审批程序，严抓保养关、严把修车关、严控维修经费，2020年机关后勤服务中心13辆公车维修费共计34.4075万元，每辆车平均26467.3元。防疫期间累计派车54次，接回各类人员超190人次，协调解决隔离宾馆4家，床位230张。为隔离人员送餐2000余次，配送生活用水5次，落实爱心企业捐赠物资1万余元。

【信息工作】 年内，信息网络建设上，着重抓纵向网络。建立政府办公室—乡（镇）、政府办公室—区、中直、政府办公室—县直机关三条信息网络带。制定和完善四项信息工作制度。各A类单位，每月至少报送5条；各B类单位，每月至少报送3条；各C类单位，每月至少报送1条。把各单位的信息工作列入工作目标考核范围，围绕全县经济工作会上提出的各项重点工作，精心选题，广开收集渠道，包括项目建设、产业发展、脱贫攻坚、民生改善、生态环境的进展情况，及时编写政务信息。年内，上报市级政务信息204期，编发《昂仁县政务信息》30期，采用各单位信息300余条，政府门户网站发布信息500余条。

（易春林）

信访工作

【办信接待】 2020年，共接待（办理）群众来信来访68件490余人次（无进京访，国家信访局留言2件、自治区越级访1件、市级越级上访9件、县级上访56件）；均已得到妥善解决，信访办结率100%。2020年受理中央巡视组反馈案件2件，均得到妥善化解。

【专题大事】 年内，召开信访工作专题会议，针对信访事项的年前清零工作进行专题研究，对信访工作的重点进一步明确，有效提升信访事项办结效率；紧扣区市两级信访联席会议精神，召开全县年度信访工作联席会议，周密部署全年信访工作；对全县重点信访案件严防死守，其间召开数次信访工作临时会议，探究讨论国家交办件、中央巡视组举报案件的化解办法；坚持以信访矛盾隐患排查作为主要抓手，深入全县各乡（镇）开展信访矛盾隐患排查工作，并以排查为契机，进一步向群众普及信访流程常识，持续推进全县信访工作走向规范化、制度化。

【体制创新】 推动“枫桥经验”在全县落地生根，坚持将各乡（镇）基层信访力量调动起来，持续压实基层化解实效，形成矛盾不上交的基本信访态势；坚持把县级领导接访制以及信访事项实时汇报制落实到位，县信访工作联席会议办公室根据信访事项的受理、办理情况，不定时向县主要领导上报未化解信访事项基本情况，并及时组织召开信访工作会议针对信访在办事项进行相关推进和部署，确保信访

2020年9月19日，昂仁县政府办支部相关工作人员到秋窝乡开展志愿者活动

2020年4月22日，昂仁县信访局联合县人社局到亚木乡开展信访矛盾隐患排查

事项短期内实现妥善处理；坚持把信访排查工作作为调节矛盾隐患的主要手段，立足信访工作实际，大力排查信访矛盾隐患，持续优化排查方式方法，形成不定时、不定点的随机排查方式，在确保排查实效的同时，最大程度挖掘信访矛盾隐患；鼓励各乡（镇）、各部门对本辖区、本领域的矛盾隐患进行自查自纠，对于发现的问题展开集中研讨，集中化解，必要时候提供相关建议，确保信访隐患在第一时间得到妥善解决。

【法治宣传】 年内，结合全县综治宣传、普法宣传以及各重要节点下乡排查宣传，主要针对信访条例、信访流程以及相关信访渠道的常识性规范、章程进行相关宣传，引导群众树立正确的、健康的上访意识，持续推进全县规范化信访工作环境的营造以及信访体系的构建。截至年底，共开展法治宣传18次，发放宣传手册、条例、告示等共计450份。

（段二东）

政务服务

【简政放权】 2020年，全县政务服务事项达到1217条，实现政务服务事项五级全覆盖，打通服务群众“最后一百米”，让农牧民群众在家门口就能享受到“最多跑一次”“不出村就能办”改革带来的便利。年内，开展乡村两级政务服务事项的梳理和录入工作，共完成17个乡镇186个行政村的379个事项的梳理和录入工作。年内，联合29家政府业务部门及各乡镇对全县1217条政务服务事项进行梳理优化，着重对“减环节、减时限、减材料、减跑动”等方面进行精减，其中二级以上办理深度达到100%，三级以上办理深度达到94.25%，四级以上办理深度达到67.38%。在“减时间”方面，平均承诺时间全面压缩52.47%，平均申报材料缩减至3.17个，政务服务质效显著提升。

【制度建设】 年内，印发《昂仁县县级政务服务中心进驻方案》，明确政务中心的管理地位及对各入驻单位的管理要求，建立《政务服务中心工作制度》，研究制定政务服务中心窗口工作人员职责、窗口工作人员办公制度、廉政建设制度、计算机管理制度、考勤制度、安全保卫制度、卫生保洁制度、学习培训会议制度、服务规范制度，做到奖惩有度、有章可循；为加强对政务服务中心窗口工作人员的日常管理，制作中心工作人员《临时外出登记表》，建立中心管理人员值班制度，采取领导带班，工作人员值班的形式，不定时巡查大厅，及时纠正窗口工作人员的不规范行为，解决大厅运行中的突发事件，维护政务服务中心的正常秩序。政务服务中心建立投诉举报机制，公布投诉举报电话，大厅设立投诉意见箱，畅通投诉举报渠道。

【监督体系建设】 昂仁县政务服务中心于2020年5月11日启动运行，中心实行领导带班值班制度，便于更好地开展监督服务工作，此外，还设置意见建议箱、意见建议本、电话投诉、网上投诉等多个投诉建议渠道，中心以国家“互联网＋监管”系统门户网站为工作基准，牵头26个政府职能部门建立各部门管理员、审核员、录入员等103个工作账号，从7月

1日起指导各部门填报2020年1月以来的监管增量数据，确保评估考核结束前完成昂仁县各部门的监管行为增量数据推送，上报监管增量数据81条，涉及行政检查行为10条、行政处罚行为23条、行政执法人员信息17条、其他信息类29条、“双随机、一公开”数据抽查类2条。

【政务服务】 年内，召开“互联网+政务服务”2020年第一次推进会，由政府副县长格旦主持会议并讲话，县“互联网+政务服务”领导小组成员参加会议。全面部署2020年“互联网+政务服务”工作开展计划，按照市委“应进必进、应驻必驻”的总要求，截至年底，入驻部门涉及县直9个部门的175个政务事项（包括子项），所有事项皆可通过办事大厅窗口进行办理。

年内，共办理服务事项39764件，日均办件235件；咨询1553人次，累计接待办事企业和群众25500余人次。其中高频率服务事项为医保报销、通行证办理、户籍办理等事项，累计办理医保报销12878件，发放通行证9938张，户籍办理6539件。8月，昂仁县政务服务中心成立“帮代办”窗口，“帮代办”服务包括中心各窗口咨询服务、委托办理等业务，自帮代办制度实行以来，共受理办件17次，办结17次。

开展西藏政务服务网网上用户注册。年内，累计注册27557人，其中个人注册用户24648人，法人用户注册2909人，年底网上办件累计达到43987件，即办件28687件，承诺件15300件，公共服务30131条，行政权力13856条，电子证照录入86661条，签发79538条。开展监督服务体系，实行“好差评”制度，累计评价2254条，其中好评2254条，无差评。

（吴　林）

2020年8月26日，昂仁县召开“互联网+政务服务”事项管理平台操作培训会

中国人民政治协商会议昂仁县委员会

【概况】 2020年，政协机关设一个综合办公室，2020年2月新增设县政协提案经济法制委员会。政协第二届昂仁县委员会共有委员102人，分为8个界别：中共界、经济界、宗教界、少数民族界、工青妇联界、教育卫生界、文化艺术界、农牧界。

【二届十五次常务委员会议】 4月7日，政协第二届昂仁县委员会常务委员会第十五次会议召开，昂仁县政协主席吕世瑞主持会议。会议审议通过政协第二届昂仁县委员会常务委员会第十五次会议议程（草案），审议通过政协第二届昂仁县委员会第六次会议议程（草案），审议通过政协第二届昂仁县委员会常务委员会工作报告（草案）及报告人，审议通过政协第二届昂仁县委员会常务委员会关于政协二届四次会议以来提案工作情况的报告（草案）及报告人，审议通过政协第二届昂仁县委员会第六次会议提案审查领导小组组成人员名单（草案）。

【二届十六次常务委员会议】 4月9日，政协第二届昂仁县委员会常务委员会第十六次会议召开，昂仁县政协主席吕世瑞主持会议。会议审议通过政协第二届昂仁县委员会常务委员会第十六次会议议程（草案），审议通过政协第二届昂仁县委员会第六次会议政治决议(草案),审议通过政协第二届昂仁县委员会第六次会议关于常务委员会工作报告的决议(草案),审议通过政协第二届昂仁县委员会第六次会议关于二届四次会议提案工作情况报告的决议(草案),审议通过政协第二届昂仁县委员会第六次会议提案审查情况的报告(草案),审议通过有关人事事项。

【二届十七次常务委员会议】 8月13日,县政协党组书记、主席吕世瑞主持召开政协第二届昂仁县委员会第十七次常务委员会议。会议应到常务委员13人,实到9人,因事因病请假4人,符合《中国人民政治协商会议章程》相关规定。会议审议通过政协第二届昂仁县委员会常务委员会第十七次会议议程(草案),审议通过政协第二届昂仁县委员会第七次会议议程和日程(草案),听取县委组织部关于推荐政协第二届昂仁县委员会副主席候选人建议名单的说明。

【二届十八次常务委员会议】 8月14日,县政协党组书记、主席吕世瑞主持召开政协第二届昂仁县委员会第十八次常务委员会议。会议应到常务委员13人,实到9人,因事因病请假4人,符合《中国人民政治协商会议章程》相关规定。会议审议通过政协第二届昂仁县委员会常务委员会第十八次会议议程(草案),听取各讨论小组对候选人、选举办法等讨论情况的汇报,审议通过大会《选举办法(草案)》,审议通过总监票人、监票人名单(草案),审议通过政协第二届昂仁县委员会副主席候选人名单(草案)。

【二届十九次常务委员会议】 9月2日,县政协党组书记、主席吕世瑞主持召开政协第二届昂仁县委员会第十九次常务委员会议。会议应到常务委员13人,实到9人,因事因病请假4人,符合《中国人民政治协商会议章程》相关规定。县发展和改革委员会主任列席会议。会议审议通过政协第二届昂仁县委员会常务委员会第十九次会议议程(草案),审议通过有关人事事项,围绕“昂仁县国民经济与社会发展第十四个五年规划纲要”协商议政,传达学习中央第七次西藏工作座谈会精神。

【二届八次全体会议】 3月16日,中国人民政治协商会议第二届昂仁县委员会第八次会议召开。会议应出席委员102名,因事因病请假19人,实到83人,符合政协《章程》规定。会议选举政协第二届昂仁县委员会主席。会议由县政协党组成员、副主席次仁群培主持,政协第二届昂仁县委员会全体委员出席会议。

【提案工作】 自昂仁县政协二届六次会议以来,共收到提案72件。经提案委员会审查,立案50件,占69.45%。确定重点提案2件,占4%。其中,联名提案15件,占30%;委员个人提案32件,占64%;按建议或并案处理提案3件,占6%。提案(立案)内容属于经济发展方面13件,占26%;城市建设和管理、生态环保方面11件,占22%;公安、交通安全、公共卫生、文化旅游、教育、群众生活方面22件,占44%;其他方面4件,占8%。立案的50件提案

2020年6月6日,昂仁县政协组织委员对“遵行四条标准、争做先进僧尼”活动开展情况进行调研

不仅 94% 得到办理答复，落实率和满意度明显提高。提案所提问题已经得到解决或基本解决的 32 件，占 64%；被采纳并列入计划仍在组织实施的 12 件，占 24%；因条件所限暂不能解决的 6 件，占 12%。

【民主监督】 年内，政协领导班子成员在多白乡重点围绕市委主要领导在昂仁县脱贫攻坚自查自纠工作推进会上提出的“二十个紧盯”要求，查看多白乡扶贫产业发展情况、村合作社运行情况、脱贫攻坚自查自纠工作开展情况。组织政协委员到卡嘎镇、亚木乡和达局乡围绕贫困户和帮扶干部“十三个说得清”情况，“两不愁”“三保障”“十项提升工程”等内容开展视察调研。通过走村入户实地访谈、现场摸排，以“望、闻、问、切”的方式，务求摸准、摸细、摸实脱贫攻坚实际进展情况，并将发现的问题及时反馈给乡（镇）党委政府。

【调研视察】 年内，围绕县委、县政府年度工作安排，紧扣全县发展大局，结合政协重点提案内容，紧紧围绕“全县产业发展”“巩固脱贫攻坚成果自查自纠工作开展情况”“践行四条标准，争做先进僧尼”“提高教育教学管理和质量水平”等课题认真开展视察调研活动。全年，共组织开展政协委员视察调研工作 12 次，参与委员人数达 85 人次，提出意见建议 25 条，25 条建议全部转交各相关单位。

2020年8月14日，政协第二届昂仁县委员会第七次会议第二次全体会议（选举会议）召开

【协商议政】 年内，县政协组织政协委员对秋窝蔬菜水果大棚种植基地、卡嘎镇养鸡场开展视察调研，提出与当地群众加深交流加大种植规模、聘请专业科技人员减少成本增加产出等建议。

【基层政协组织建设】 年内，先后召开乡（镇）政协委员联络办负责人学习培训会和各乡（镇）政协委员联络办半年总结暨下半年安排部署会议。县政协党组成员到各乡（镇）检查指导联络办工作 30 余次。年内，各乡镇政协委员联络办组织委员围绕脱贫攻坚、教育教学、医疗卫生、食品安全等内容开展视察活动 28 场次、参与委员 158 人次。

【交流活动】 9 月，围绕“提高教育教学管理和质量水平”课题，组织学习考察小组赴江孜县、康马县、桑珠孜区、谢通门县考察学习，全面考察校园环境、学生教室、宿舍和食堂等学校的建设情况。为学习其他省市政协工作好的经验做法，年中组织乡镇政协委员联络办工作人员赴山东淄博考察学习。

【重要活动】 年内，县各界委员向全县疫情防控工作捐款 98.23 万元，捐赠防控物资 19.75 万元。庆祝西藏百万农奴解放 61 周年”活动。政协中共界委员在国旗面前以重温入党誓词的方式重拾昔日的那份感动，一众委员同唱《政协委员之歌有事好商量》，随后，委员们有序参观新旧西藏展览馆并一同观看西藏百万农奴解放纪念馆网上展馆。最后，政协委员与国旗合影；召开“守望相助，同心筑梦”政协委员为民族团结建言献策座谈会。参会的县少数民族界、中共界、经济界政协委员围绕如何更好推动全县民族团结进步工作发展这个话题畅所欲言，积极建言献策；7 月 1 日，县政协办党支部联合唐嘎村党支部开展庆“七一”系列活动。政协办党支部对卡嘎镇唐嘎村2名生活困难党员和2名老党员进行慰问，同时为该村10户儿童捐赠“爱心衣物”。

（熊　超）

中共昂仁县纪律检查委员会 昂仁县监察委员会

【重要会议】 3月11日，召开中国共产党昂仁县纪律检查委员会第六次全体会议。会议总结2020年纪检监察工作，部署2021年任务，审议通过由屈小刚代表昂仁县纪委常委会所作的《充分发挥全面从严治党引领保障作用，深入推进纪检监察工作高质量发展》的工作报告。

【落实“两个责任”】 年内，日喀则市政协副主席、县委书记李有平主持县委常委专题会议，分析研判党风廉政建设形势和听取纪委工作进展情况汇报，研究部署党风廉政建设工作，先后对重要文件、重要问题、重要信访案件批示60余件，集体审议案件6次，坚持把党风廉政建设和反腐败工作纳入全县重点工作，通盘考虑，统筹推进。县纪委监委始终坚持从政治纪律政治规矩抓起，把“两个维护”的要求落实到纪检监察工作全过程、各方面。

【监督检查】 年内，县纪委监委在各重大节点开展监督检查20次，对中央“八项规定”精神及“四风”问题检查22次；制定《持续整治困扰基层的形式主义问题为基层减负的通知》，深入开展“不作为慢作为、文山会海等形式主义、官僚主义”突出问题的专项治理工作监督检查5次；开展“景观亮化工程”过度化、“政绩工程”“面子工程”问题、建档立卡贫困户饮水安全问题监督检查3次。立案查处违反中央“八项规定”精神和“四风”问题案件1件，营造了旗帜鲜明讲政治、从严从紧抓纪律的氛围。

【执纪审查】 年内，全县纪检监察机关共受理信访举报问题线索50件，初核了结16件，立案查处10件，办结9件，正在核查12件，暂存待查3件。给予党纪政务处分14人，诫勉谈话7人，约谈提醒12人。精准运用监督执纪“四种形态”处理33人，其中运用第一种形态处理19人，运用后三种形态依次处理8人、3人、3人。严守审查调查安全关，建设高标准谈话室，严格“走读式”谈话安全管理，实现“双零”目标。

【专项监督】 年内，县纪委监委共受理扶贫领域举报线索7件，了结处理2件，立案审查2件，正在初核3件，诫勉谈话4人，党内警告1人，党内严重警告1人。受理涉黑涉恶渠道转办问题线索5件，办结2件，给予1人留党察看2年处分，立案1件，转交上级纪委1件，1件问题线索正在初核；对3起违反反分裂斗争纪律问题立案查处；实现惩前毖后、治病救人的目的。

【党风廉政建设】 年内，发放《画说政治纪律》《党风廉政建设》《党纪处分实务问答案例解析》《警示教育读本》《习近平关于党风廉政建设和反腐败斗争论述摘编》等资料1500余份；多次组织观看

2020年11月18日，区、市两级纪委监委相关工作人员到昂仁县纪委监委督导检查审查调查安全工作

《贪欲·黑洞》《全面从严治党在西藏》《反腐追逃在西藏》等专题教育片。把握重要时间节点，在节前反复重申有关纪律要求，向全县副科级以上干部发送廉政短信8条4000余人次，共筑党员干部业余时间廉洁自律防线。

（许 超）

巡察工作

【重要会议】 4月30日、10月30日，县委召开九届昂仁县委第九轮和第十轮巡察工作动员部署会，会上县委常委、纪委书记、监委主任、县委巡察工作领导小组组长屈小刚主持会议并学习区党委、市委最新巡视巡察会议精神传达提纲，县委常委、组织部部长、县委巡察工作领导小组副组长张正操宣读巡察组组长授权任职及任务分工的决定，市政协副主席、县委书记李有平对巡察工作进行部署，明确巡察的方式和重点，提出明确的要求。

年内，市政协副主席、县委书记李有平先后主持2次"书记专题会"听取巡察情况汇报，通过点人点事推动巡察整改，并研究部署相关行业纪检监督、审计事宜，树立巡察威慑力，切实把巡察工作作为"书记工程"抓紧抓实；县委常委会坚持及时听取并研究巡察工作年度计划、每轮巡察方案、巡察反馈意见整改相关事宜，把好巡察工作政治方向；县委巡察工作领导小组先后在每轮巡中、巡后各召开2次中期汇报会、2次听取巡察报告汇报会，听取研究巡察情况、推进巡察工作、统筹谋划"全覆盖"任务、解决巡察实践中遇到的困难，确保组织实施责任落实落地。

【巡察监督】 年内，县委巡察组共完成对9家单位的巡察、6家单位的"回头看"以及3个重点村的巡察，共发现"三个聚焦"问题252个、立行立改问题186个，大部分反馈问题及立行立改事项已整改，移交纪委问题线索6件5人。同时，巡察办持续按步推进巡察反馈和整改督查工作，确保整改任务不悬空、见实效，发放巡察整改督办函10余份，收缴违纪违规资金18.19万余元，切实做好巡察"后半篇"文章。

【制度建设】 年内，开展巡察工作规范化建设，制定出台《中共昂仁县委巡察工作协调配合机制》《关于规范巡察期间立行立改工作的规定》等制度，在原有制度的基础上，完善增加到32项制度，做到巡察六大环节都有制度，全流程规范运行，自身建设制度健全。整理制作《昂仁县关于推进巡察工作规范化的制度汇编》，既包括巡察工作各个程序的制度，又涵盖中央和区市县党委出台的各类党内法规制度，用于指导巡察人员开展工作，确保巡察工作有据可查、有凭可巡。

【自身建设】 年内，县委巡察办党支部深入学习宣传中共十九届四中、五中全会和中央第七次西藏工作座谈会精神，继续巩固开展"不忘初心、牢记使命"主题教育，共组织支部集体学习46次，召开支部委员会议8次，党员大会4次；开展讲党课3次，组织开展组织生活会5次，开展"主题党日+"活动12次。巡察组工作中，按要求成立临时党支部，按要求正常开展组织生活，共开展学习会和组务会50余次。县委巡

2020年5月15日，县委巡察二组相关工作人员到县司法局开展个人谈话

察机构结合巡察工作实践，开展巡前巡察业务培训会2次，强化学习培训和自我革新，主动克服“本领恐慌”。

（刘 警）

对口援藏

【项目建设】 年内，确定重点项目16个，总投资4568万元，其中9个基建类项目仅用30天时间就完成全部施工手续，4月，全部启动开工。截至9月，淄博援藏2020年总投资4199万元的9个基建类项目全面完工，比预定工期提前1个月，其中昂仁县日吾其乡基础设施提升改造、日吾其乡小学运动场、秋窝乡基础设施等3个项目提前两个半月完工。

【育才基金】 年内，深入推进教育精准扶贫，持续提升学校办学条件，投资700万元建设亚木乡小学、日吾其乡小学运动场，并计划2021年持续推进实施，实现全县农区乡镇小学运动场全部塑胶化。

【医疗救助】 年内，深入海拔5000米的牧区乡镇开展先心病筛查，筛查覆盖全县17个乡镇，在此基础上组织第二批9名先心病患儿到淄博市中心医院接受免费手术治疗。10月，省援藏干部中心管理组启动“鲁藏一家亲·共圆健康梦”日喀则市先心病患儿全心救助项目，昂仁县又有15名患儿到济南接受免费手术治疗，实现昂仁县在册先心病患儿阶段性清零。

【“组团式”援藏医疗】 年内，与第二批“组团式”援藏医疗队紧密配合，唤醒“沉睡”资源，将闲置医疗设备用于临床，节约成本50余万元；开创多项第一例手术，开展手术50台次，救治患者1000余人次，抢救危重病人20人次，开展新技术新业务18项，创建加速康复外科体系；采用“手把手、师带徒”方式带教培训，广泛开展岗位技能大练兵活动，组织业务培训50余次，远程会诊70余次，首次组织21名医疗人员到淄博市中心医院跟班进修。阑尾、胆囊、腹股沟疝等较为复杂的外科手术从不敢做、不会做到可以做、做得好，腹腔镜外科手术、产科等在日喀则市县级医院处于领先地位，成为医院金字招牌。

【产业扶持】 年内，重点扶持昂仁县昂卓仁木民族文化发展有限公司发展藏香生产和昂仁跑山养殖场藏鸡养殖，建设退役军人创业示范基地，引领激发昂仁县退役军人就业创业活力。昂仁县与山东金力特管业有限公司、西藏昂仁跑山养殖场、山东荆家孙树强扒鸡酱蹄公司，分别签约不锈钢餐具加工生产、藏鸡规模化养殖、肉制品加工等3个项目。年内，投资2000万元的藏鸡规模化养殖项目一期已投产，藏鸡存栏3万只，安置建档立卡贫困户10人，带动壮大村级经济发展。

（姚 蒙）

人民团体

昂仁县总工会

【概况】 2020年，全县工会会员7157名，其中女会员2137名，新发展会员280名，农牧民会员5634名。全县基层工会组织248家、涵盖法人单位257家、建会单位职工1803名，其中女职工708名；工会专兼职工作人员26名。党政机关、事业单位、国有企业入会率达到100%；驻寺干部、环卫工人等入会率达到100%。

【劳模服务管理】 年内，昂仁县总工会以弘扬劳模精神、关心劳模成长、发挥劳模作用为中心，通过走访对劳模的工作状况、生活状况和实际困难等进行全面深入的了解，形成尊重、关爱、服务、支持、激励劳模工作、学习、生活、成长相统一的服务体系。截至年底，昂仁县共有自治区劳模3人，市级劳模3人。2020年，申请自治区级劳模2人、集体模范单位1个，组织60人参加集体疗休养活动，并进行身体健康体检，确保他们的身心健康。

2020年3月10日，昂仁县总工会相关工作人员慰问县公安局民警

【帮扶救助】 2020年，通过逐户调查、登记、审核、建档立卡，摸清困难职工生活现状和致贫原因，找准解困脱困措施，15名在档困难职工实现解困脱困。为9名困难职工子女成功申请并发放“金秋助学”资金4.272万元；在学习和生活上，帮助措迈乡加叶村困难家庭的大学生米玛卓玛和扎西朗加，发放助学资金0.6万元；年内，看望慰问困难职工2次33人，并发放生活救助资金6.6万元。筑牢以“顺民心、解民情、暖民心”的民心工程。积极与尼玛加布等商行志愿者联系，争取到40万余元“送温暖”资金，走访慰问昂仁县贫困户以及工会会员300余户。2—4月，昂仁县总工会坚决服从服务疫情防控大局，积极主动参与防疫工作，县总工会主席带队为17个乡镇、疫情监测点和特殊人员等1552名工作人员送去奶

2020年9月30日，昂仁县卡嘎镇多旦村工会委员会开展庆祝西藏自治区成立55周年收割技能比赛

茶、方便面、水果等物资，折合人民币 9.3165 万元；慰问全县工会会员生病住院职工 122 人，共计资金 9.76 万元；以“心系职工情，温暖进万家”为主题，开展“三大节日送温暖”活动，送温暖活动覆盖全县困难职工 75 人，资金 24.58 万元。

【会费收缴与管理】 年内，根据中华全国总工会《关于收缴工会会费的通知》规定：“工会会员应向工会组织交纳本人每月工资收入 0.5% 的会费。”根据昂仁县交纳会费的惯例和实际情况，每年交纳一次会费。收缴的会员费用于组织会员开展集体文艺、体育活动、帮扶活动的各项费用，不可用于购置办公用品、招待就餐等与工会会员活动无关项目。5 月，慰问全县干部职工 1628 人，发放纯羊毛被子 1628 件，折合人民币 48.84 万元。

【组织建设】 年内，按照“全面巩固和扩大村（居）级工会组织建设”的要求，县总工会从抓基础工作着手，加强 186 家村级工会组织的基础设施建设，通过组织开展文体活动、慰问活动等活动，密切联系广大群众，有效增强党联系群众的组织基础；年内，全县共有 5 个乡镇“八有”规范化建设达标，至此，全县 17 个乡镇全部完成“八有”规范化建设，真正履行工会职能。为庆祝西藏和平解放 60 周年，“七一”中国共产党建党节期间，县总工会组织全县村级工会开展“收割技能比赛”，得到广大人民群众的充分肯定，145 个村村级工会组织会员群众参与活动，共计活动资金 27.56 万元整。

（次仁旺姆）

中国共产主义青年团昂仁县委员会

【概况】 2020 年，昂仁县辖 2 镇 15 乡，185 个村级团支部。17 个乡镇（185 个行政村）团委（团支部）兼职团干配备率达到 100%；全县团干部 564 人，专职团干部 2 人，兼职团干部 222 人，西部志愿者 2 人。全县团员人数为 1544 人，新发展团员 90 人，其中在校学生团员 39 人。有 22 所小学，学校少先队组织 22 个。

【青少年思想】 年内，创作宣传昂仁青少年的微视频。《来自唐东故里学生的祝福》疫情防控、《再唱山歌给党听》喜迎五四、《五四精神来自唐东故里的传承》纪念五四运动 101 周年、《昂仁县税务局“不忘初心党旗红 牢记使命税务蓝”》青年文明号单位喜迎五四、《你好少代会》喜迎全国少先队代表大会等微视频共计 8 个，传递了正能量，展现昂仁青少年活力青春；通过广泛开展昂仁县第二届青年“五四奖章”、“两红两优评选”、第二届“昂仁县优秀少先队个人（集体）”等评选表彰活动，旨在充分发挥典型的示范、引领作用。

【青年创业】 年内，昂仁县成立唐东青年创业协会；为进一步掌握昂仁县青年创业就业的现状，充分发挥共青团“青创十万 +”的引领、帮扶作用，团县委携手县唐东青年创业协会代表到部分青年创业点开展走访调研活动。建立两个青年创业就业见习基地，通过技能培训提高青年农牧民实用技术，在青年见习就业基地西藏昂卓仁木民族发展有限公司开展青年农牧民技能培训，学员 30 人，培训期限 30 天。学费由共青团西藏自

2020年9月30日，团县委联合县唐东青年创业协会代表到青年创业点开展调研

治区委员会投资，共投入11.7万元。

【青少年志愿服务】 年内，为推动新时代文明实践中心青年志愿者服务工作，成立青年志愿者协会，8月25日举行新时代文明实践中心青年志愿者服务队授旗仪式，共有20支青年志愿者服务队，其中乡镇17支，县直机关1支，县中学1支，唐东大学生志愿服务队1支，共有370名。

组织“返乡”大学生志愿者服务队开展爱国卫生运动，走进昂仁县旧菜市场开展卫生死角整治，宣传和动员周边商户共计30余人参与卫生整治。团县委组织各乡镇团委开展“返家乡”大学生志愿者义务补课活动，7个乡镇共50多名大学生参与志愿活动。团县委在中学中考点开展新时代文明实践活动之“爱心传递 助力中考”服务志愿活动。开展各类主题志愿服务活动，共10场次，250人次参与。

【服务青少年】 年内，青岛市微尘公益基金会受助10名学生，每人500元，共落实5000元；国务院国资委党费专项助学受助学生14人，每人5000元，共发放资金7万元；金穗圆梦助学受助10名学生，每人5000元、共落实50000元；国酒茅台助学受助3名学生，每人5000元，共15000元；团山东省委和中投基金会助学受助学生20人，每人2000元，共发放资金4万元；“全国青联、碧桂园集团”助学金受助10人，每人1000元，共落实10000元；团县委每年整合资金投入5万元到县育才基金。

（央 琼）

昂仁县妇女联合会

【概况】 2020年，17个乡镇执委85人（其中包括妇联主席、副主席），185个行政村选举产生925名执委（其中包括主席、副主席），185个“妇女之家”和10座“尼姑之家”。

【妇女大会代表】 12月21日，召开了昂仁县妇女第八次代表大会。参加代表大会共有85名妇女代表和45名列席人员，妇联主席代表昂仁县妇联第七届执委会向大会作了报告。报告总结了过去5年妇女工作的亮点和特色，明确了今后五年的工作任务。通过大会选举产生了17名昂仁县妇联第八届执委会委员、1名执委主席、3名副主席（兼任）。

【“双创”工作】 年内，县妇女联合会利用小额信贷项目继续扩大扶持农牧民妇女创业资金，发挥好妇女致富带头作用并在适当时期共放贷47万元。在吉木措妇女民族手工专业合作社，共有48户工作人员，其中建档立卡贫困户28个，2020年底全部脱贫摘帽。吉木措妇女民族手工专业合作社建立自治区巾帼脱贫示范基地，自治区妇联给予扶持资金10万元，以村委持股的形式运行，签订协议，每年以分红形式带动扶持5户建档立卡贫困户。巾帼志愿者服务队成立以来，各级妇联宣讲场次430余次，受益妇女达2.78万余人，发放各类宣传资料2.3万多份。

【妇女维权】 年内，县妇联高度重视妇女儿童权益保障工作，围绕“维护妇女儿童基本权益，服务妇女的工作目标”，结合全县各类法治宣讲的契机，先后深入17个乡镇，35个行政村，宣讲《中华人民共和国婚姻法》《中华人民共和国反家庭暴力法》《中华人民共和国妇女权益保障法》《中华人民共和国人民调解法》《中华人民共和国民法典》《中华人民共和国劳动合同法》《中华人民共和国未成年保护法》《中华人民共和国妇女权益保障法》等相关法律法规。

年内，累计宣传180余场次，收益妇女达1.3万余人。发放法规宣传资料1700余份。先后开展372场次的卫生健康宣讲，向广大基层群众宣讲卫生健康惠民政策，传授疾病预防治疗方法，解答妇科疾病预防知识，受益妇女达1.5万余人，共发放妇女健康知识手册7300余份。

【技能培训】 年内，组织安排6名优秀妇女干部到上海、浙江、山东、成都等参加学习交流活动。县妇联组织乡镇妇联兼职主席、村（居）妇代会主任培训4次，让基层一线的妇女工作者对妇女相关政策、相关工作有进一步了解。

【妇女儿童工作】 年内，组织各级妇联在全县范围内开展以“五美、五净”为标准的“美丽庭院、干净人家”创建评选活动，共覆盖17个乡镇，并以流动红旗形式，每年评选34个示范户，活动经费6800余元。深入桑桑镇等8个乡镇及48个行政村，开展基层妇联干部培训，提升妇联干部能力素质，着力挖掘、培养、树立、锻炼优秀妇女干部。规范使用妇联微信公众号，通过微信群，传递党的声音，宣传妇女工作，展示妇女风采，开展妇女活动，凝聚妇女群众。

【救助帮扶】 年内，通过申请“母亲邮包”、社会公益项目捐资等资金渠道，先后为3名贫困妇女“两癌”患者发放3万元救助金，为72名困难母亲、孤寡老人、单亲母亲发放价值25920余元的慰问品。开展“送医送药送健康送法送政策”活动，为秋窝乡尼姑寺一名白血病患者和卡嘎镇卡嘎村长期患病的两名患者送去价值5000余元的日用品。为辖区263名孤残及建档立卡贫困户学生、留守儿童发放《民族团结一家亲》《儿童安全自护手册》等辅导读本和书包、铅笔、彩笔等学习工具，共计28930元。

【评选工作】 年内，组织开展“最美家庭”和“美丽庭院 干净人家”评选活动。要持续深化“巾帼文明岗”等群众性精神文明创建活动，全县范围内深入开展“爱国守法先进僧尼”“三八红旗手”“双学双比”“五好文明家庭”“最美警嫂”“好爸好妈”“最美家庭”等推荐评选活动，发挥先进典型的示范带动作用。开展全国“最美家庭”评选活动，通过组织妇女小组组长会议，给每个妇女小组分配一个名额，最终由县纪委、县组织部筛选上报市妇联，最后通过自治区妇联筛选后，昂仁县获得一户自治区级“最美家庭”和一户全国级“最美家庭”，一户市级“三八红旗手”和一户市级“最美家庭、干净人家”。

【基层妇联组织改革】 年内，在2019年开展的村“居”会改联试点工作的基础上，采取从点到面，深入推进的方式，将剩余185个行政村全面启动。同时，在村级“会改联”工作的基础上，大力推动乡镇妇联组织区域化建设改革，选举产生执委85名（其中包括妇联主席、副主席），村级选举产生925名执委（其中包括主席、副主席）。

（拉巴卓玛）

2020年12月22日，昂仁县妇女第八次代表大会进行投票

军 事

人民武装

【政治工作】 年内，昂仁县人民武装部党委深入学习贯彻习近平新时代中国特色社会主义思想和习近平强军思想，深入贯彻新时代军事战略方针，狠抓铸魂育人，狠抓思想引领，聚焦备战打仗，为有效履行固边稳藏使命提供坚强的政治保证。开展“不忘初心、牢记使命”和“传承红色基因、担当强军重任”两项重大主题教育。持续抓好“学习习主席思想、听习主席指挥、做习主席好战士”实践活动，打牢部队听党指挥的思想根基。结合中国共产党建党100周年和西藏和平解放70周年，开展党史学习教育，不断增强“四个意识”、坚定“四个自信”、做到“两个维护”，坚决贯彻军委主席负责制，官兵政治站位得到进一步提升和巩固。

【军政军民团结】 昂仁县人民武装部党委先后投入经费，对结对帮扶对象进行帮扶慰问。

【国防观念教育】 先后2次利用新兵入伍等时机，对昂仁县中学700余师生进行国防教育宣传。

【练兵备战】 年内，组织全县基干民兵集训和实弹射击训练，组织国防潜力、民兵组织潜力和训保资源普查，完善全县国防潜力系统数据和训法、训例、教案等训练资料数据库。深入推进从严治军，持续开展“贯彻落实新条令，塑造陆军好样子”活动，抓好新条令的宣传普及工作，大力纠治“土政策”“土规定”和有法不依、执法不严、视法如芥等问题。深入开展管法创新研究，加强人员、枪弹、网络等重点内容和新情况新问题探索研究，坚持常态化安全隐患排查整治，突出重大节日和大项任务等重点时节，组织专题安全形势分析和安全检查，切实消除隐患、完善防范措施。

【国防动员和后备力量建设】 年内，贯彻《新时代国防动员战略纲要》和《关于加强新时代国防动员工作意见》，深入转化军区新大纲集训和分区人武部干部集训成果，加强新时代国防动员和后备力量建设工作探索研究，修订完善县国防动员方案。深化民兵组织调整改革成果，推动“模块化动员”在县落地落实，拓展编兵领域，提高编组质量，完成全县基干民兵和普通民兵组织调整。按照宣传发动、兵役登记、体格检查、政治考核、公示定兵、役前训练程序，依令有序开展征兵工作，确保征兵全程公开、公平、公正。

【后装保障】 年内，昂仁县人民武装部后装保障工作坚持面向战场、面向基层、面向官兵，大力强化实战导向和问题导向，注重加强全面建设，夯实后装基础建设。在上级帮带下，投入资金，维修整治农副业生产设施、栽植20余棵柳树和榆树、购置部分办公设备，投入资金新建营区文化宣传设施，改善办公条件和生活环境。严格落实管理要求，精细抓好供应保障，严格按照“制度化、规范化、责任化、精细化”要求，突出抓好经费和物资保障，投入资金，完成民兵训练误工补助发放、征兵宣传资料制作、新兵体检、饮食住宿等保障。严格伙食管理五项制度，加强主副食和油料的管理，严格出入库规定，确保物资不外流。结合任务特点和季节变化，大力开展农副业生产，种植蔬菜品种12种，全年蔬菜自给率达50%，严格落实车辆安全管理责任制，积极组织开展驾驶员作风纪律教育整顿活动，不断提高驾驶员能力素质。

（巴桑次仁）

2020年5月29日，昂仁县退役军人事务局相关工作人员到达局乡达局村看望慰问无军籍退休退职职工

退役军人事务

【优抚安置】《西藏自治区〈退役士兵安置条例〉实施细则》（西藏自治区人民政府令第125号）及相关文件，对2019年符合领取家属优待金及一次性自主就业补助资金条件的退役士兵发放资金；对往年遗漏退役士兵发放家属优待金。按照严格审查、确定标准、完善方式的要求将退役士兵家属优待金和自主就业一次性经济补助发放到位。年内，按照相关文件精神，共为重点优抚对象发放生活补助资金和价格临时补贴为无军籍退休职工发放退休金、烤火费、体检费、护工费。

【就业创业保障】 年内，在淄博市第九批援藏工作组的推动下，县退役军人创业示范基地挂牌成立暨产业引导资金发放仪式在昂仁县卡嘎镇举行。山东援藏淄博中队与县退役军人事务局认真对接，筛选出西藏昂卓仁木民族文化发展有限公司和西藏昂仁跑山养殖场2家由退役军人创办的企业予以扶持，争取扶持资金。同时，成立退役军人创业示范基地，加大退役军人典型选树和宣传力度，激发创新创业的内生动力，为他们就业创业创造更好的环境。

【信息采集】 年内，县退役军人事务局完善更新退役军人基本信息，按照日喀则市《关于开展退役军人信息精准统计的紧急通知》文件精神，全力做好信息精准统计和登记工作，确保统计到的每名退役军人信息准确无误。

【双拥工作】 年内，共慰问驻军部队3次，并发放慰问品及慰问金。开展“情系边海防”拥军优属活动，看望慰问困难现役军人家庭，并送去慰问金，为其报销医疗费用。给1户立功受奖的现役军人家庭报送喜报，并送去慰问物资。

（孔瑞广）

法 治

政法委及综治

【平安建设】 年内，调整充实平安建设（综治工作）领导小组，完善党委领导、政府负责、民主协商、社会协同、公众参与、法治保障、科技支撑的社会治理体系，启动“四护队”、双联户、红袖标、公安等群防群治、联勤联动、联防联控力量，全面开展划片包干巡逻、区域联动巡逻和专项安保活动，有效防范化解重大风险隐患，实现各时段各辖区各领域的平稳有序、安全和谐。年内，检查物品47万余件次、检查车辆18万余台次，查处交通违法行为745起，行政拘留33人次，对170余处场所开展消防安全排查、火灾隐患治理行动18次，双随机检查及“零点夜查”行动48次，整治消除火灾隐患75处。

【市域社会治理现代化试点】 年内，成立昂仁县市域社会治理现代化试点工作领导小组、昂仁县公共安全视频监控建设联网应用工作领导小组、昂仁县“雪亮工程”项目（二期）工作专班及办公室。对县城视频监控进行改造升级，更新电源设备，拓宽网络端口，增设卡口2处；投入420余万元在辖区349国道、513省道事故易发多发路段增设雷达卡口智能检测记录系统设备、交通测速、智能卡口16个，在急转弯、临水临崖路段增设16处交通安全提示标识标牌。全面做好县乡村三级综治信息录入工作，安排专人负责，截至年底，乡镇综治信息录入完整通过率为82.4%，村一级信息录入完整通过率为80%。

2020年1月2日，县委政法委召开县级“先进双联户”创建评选活动工作总结暨表彰大会

【扫黑除恶专项斗争】 年内，紧盯扫黑除恶打非治乱专项斗争三年为期目标，着力解决人民群众最关心、最关切、最关注的公共安全问题、权益保障问题、公平正义问题，坚持对查实线索再深挖、查否线索再核实、行业乱象再整治。扫黑除恶专项斗争开展以来，共

2020年5月17日，县委政法委工作人员深入基层开展“送法下乡”活动

摸排线索 11 条，核查办结 11 条，核实涉恶九类线索 2 条，办结率 100%；专项斗争重点打击处置非法占地、非法采石采砂、黑车运输、非法组建运输车队、“车霸”地方保护主义、乱建微信群组传播反动言论和图片、故意毁损公共设施财物，以及交通运输、工程建筑、城市管理、矿产砂场等领域乱点乱象 23 处。2020 年，疫情防控期间打击群众赌博 1 起 4 人，涉黑九类案件破获 2 起，其中聚众斗殴 1 起 3 人，破获寻衅滋事 1 起 1 人，“4·2” 煽动分裂国家罪 2 件 4 人，移送市人民检察院审查起诉。

【健全网格化管理体系】 年内，各乡镇派出所、便民警务站、双联户长认真落实划片分区巡逻管控机制，积极发挥便民警务站、乡镇派出所、双联户长属地管理作用，通过开展法治宣传、便民服务、“红袖标” 辖区巡逻、属地联保和查人、查证、查新面孔、查异常动向，强化辖区流动人口、治安隐患的排查，及时消除不稳定因素；卡嘎二级公安检查站按照 “四必查” “五不分” 要求，逐车、逐人、逐物对过往车辆、人员、物品进行严格查验，不放过任何疑点，有效把输入型隐患消除在 “护城河” “过滤网” 之外。各乡镇党委政府对辖区常住人口和流动人口执行一周一排查、每月一调度措施，对辖区实有人口变动情况做到底数清、情况明、管得住。

【“双联户” 工作】 年内，紧盯 “联户平安、联户增收” 目标不放松，统筹抓好 “双联户” 工作与社会治理有机结合，坚持以 “双联户” 工作带动社会治理工作，以社会治理工作助推 “双联户” 工作，转变服务效能，深化 “双联户” 服务管理和 “先进双联户” 创评推选工作，按照住址就近原则调整 “双联户” 1401 个联户单元，在 “先进双联户” 自下而上推选表彰过程中，严把创评标准，严格政治联审，挖掘培育辖区 “双联户” 典型，先后撰写报送 “双联户” 典型材料 3 篇，帮助 “先进双联户” 无偿拍摄专题宣传片 1 部。年内，辖区自治区级 “先进双联户” 联户单位 1 个、市级 “先进双联户” 先进乡镇 2 个、先进村 5 个、联户单位 5 个，2020 年，昂仁县获市级 “先进双联户” 先进集体第三名。

（王玉峰）

公安

【刑事侦查】 2020 年，昂仁县公安局刑侦部门立足打击犯罪主责主业，开展命案专案防范专项综合治理，打击盗抢骗、打击电信网络新型违法犯罪，打击文物、打击民族资产解冻诈骗、打拐、打击治理传销等专案专项行动。年内，共立刑事案件 14 起，破获 10 起，其中故意伤害案件 2 起，盗窃案 6 起、电信诈骗案 3 起、寻衅滋事 2 起，妨碍公务案 1 起。

【社会治安防控】 年内，共接处警 83 次，受理治安案件 11 起，当场调节 25 起，教育警告 81 人，查处率 98%，罚款 35 人、行政拘留 23 人。组织力量对 19 家娱乐场所、47 家旅馆、2 家网吧、3 家加油站、1 家加气站先后进行 43 次例行检查，其间对 1 家加油站下发责令整改通知书进行整顿、总体下发各项限期责令整改 20 条。同年，为加强民用爆炸物品和涉枪单位枪支管理,先后对全县各矿点进行8次检查;对2家公务用枪单位检查25次。

【户籍管理】 年内,共办理二代身份证人像采集7042人,新办、丢失、更换户口365本、四项变更375个、死亡注销277个、出生入户1045个、迁移迁出手续:迁出136个、迁入110个、区间移入771人、区间移出310人。

【执法服务】 年内,共提供法律指导服务24次,向市局法制支队咨询法律疑问7次;组织警力在人员聚集的街道上,走进各所学校开展法治教育宣传活动50余次,联合县普法办开展法律"七进"活动3次。在各类法治宣传活动中共发放宣传资料1万余份,现场给群众讲解200余次。年内,集中开展执法质量考评2次,考评案件10起,其中刑事案件4起,行政案件6起,并填写民警执法档案。年内,共排查各类矛盾纠纷300余起,其中排查化解邻里纠纷40余起、婚姻纠纷23起、其他纠纷15起、双拖欠纠纷120余起,成功调解90起,帮助农民工索要工资达170万余元。

依照相关法律法规及规定,以及上级业务部门制定出台的相关管理制度,2020年制定《昂仁县公安局涉案财物管理规定》《案件审核实施办法》《执法办案场所管理规定》《昂仁县公安局执法记录仪使用规定》等切实有效的管理规章制度。2020年制定《昂仁县公安局关于受立案制度和刑事案件"两个统一"改革工作实施方案》《昂仁县公安局刑事案件"统一出口"工作规定(试行)》等规定文件,设立案件管理中心,并以"中心+组"模式分为受立案组和案件审核组,落实受立案监督和"两个统一"工作,规范推进"受立案、两个统一"工作。

2020年6月13日,昂仁县公安民警在亚木乡亚木村附近对被困群众车辆开展救援工作

【外来人口管理】 年内,为规范有效管理辖区外来人员,根据《旅馆业治安管理办法》,对辖区47家旅馆业旅客住宿实行旅馆业系统录入平台登记制。在辖区滞留3个月以上流动人员实行办理居住证制,共办理居住证44张,办理居住登记本500张。

【交通管理】 年内,深入国道349线、216线、省道513线、205线为主的辖区17个乡镇路段,以"平安交通·百日会战"暨十项专战行动为契机,紧盯"两客一危一货""农村面包车""低速载货车""农用拖拉机"等重点车辆,扎实开展"涉牌涉证""酒驾醉驾""三超一疲劳""安全带=生命带"、客货混装、违法载人等各类专项行动,确保辖区道路交通安全。共出动警力4200余人次,出动警车1200余台次,共查处道路交通违法行为1137起(包括电子监控查处),其中重点违法行为62起(无证驾驶50起、醉驾驾驶7起、饮酒驾驶5起),行政拘留33人,行政处罚金额29.08万元,接受教育人数1200人次,开展道路交通宣传活动18次,发放宣传材料5000余份,粘贴宣传海报200余张,悬挂宣传横幅70条,制作宣传展板12块,开展道路交通安全隐患排查15次,排查道路安全隐患11处(已治理7处),发生道路交通事故91起,通过微信公众号、抖音等媒体发布信息45条;卡嘎公安二级检查站严格落实"四必查,五不分"要求,对过往车辆、人员、物品进行24小时盘查验证。年内，共检查车辆10.2万辆次、人员17.2万人次、物品20.6万件。教育纠正各类交通违规行为249起，查处各类交通违法行为23起，查获网逃人员2名，在有效发挥"过滤网""护城河"作用的前提下最大限度预防输（出）入型安全隐患。

【项目建设】 2020年，争取国家投资3790万元资金对卡嘎镇派出所、桑桑镇派出所、多白乡派出所、日吾其派出所、秋窝乡派出所、达局乡派出所、亚木乡派出所7个乡镇派出所进行修建。

（张 恒）

检察

【刑事检察】 2020年，共受理各类提请批准逮捕案件4件5人，与2019年同期相比，案件件数、人数分别下降50%，审结案件4件5人，审结率100%，其中批准逮捕3件3人，不批准逮捕1件2人，批捕率75%；受理移送审查起诉案件16件19人，与2019年同期相比，案件件数、人数同比分别上升31.25%、27.8%，提起公诉12件15人，不起诉4件4人，二次退回补充侦查1件1人，审结案件16件19人，审结率为100%，其中，适用认罪认罚案件12件15人，适用率达75%，律师见证率100%。

【刑事执行检察】 年内，昂仁县人民检察院进一步加大对社区矫正活动的监督力度，开展纠正社区矫正人员脱漏管专项检查活动。对昂仁县现有社区矫正人员是否存在脱管、漏管、虚管问题进行专项检查。同时，针对矫正教育管理、交付执行文书、防止重新犯罪等方面提出意见建议。加强社区矫正检查管理平台建设，及时录入和完善社区矫正人员信息，进一步规范社区矫正检查工作。改进检查方式，在司法局设立社区矫正检察官工作室，推动社区矫正工作由定期专项检察监督向常态化检察监督转变。

【民事行政检察】 年内，县人民检察院为进一步贯彻落实上级部门关于主动上门，发挥法律监督职能，特别是民事、行政领域监督工作的重要指示精神。年内，县人民检察院到县法院调取民事调解案件8件进行审查，与2019年同期相比，案件件数增长100%。

【公益诉讼检察】 年内，县人民检察院共收集和发现公益诉讼案件线索6起，其中立案5起，线索转化率为83.3%，向被监督部门共下发诉前检察建议5份，被下发检察建议部门均在规定时限内进行整改并向本院回复整改落实情况。在履行公益诉讼检察监督职能时，发现县中学周边部分商铺存在向中学生出售香烟行为，通过对校园周边的商店进行摸排走访和调查取证，发现部分经营者直接向未成年人出售烟草制品问题。针对这个问题，向有关行政部门发出诉前检察建议，建议有关机关对经营者的违法行为进行查处；进一步加强对辖区内未成年人禁止售烟保护问题的监管力度，建立健全长效工作机制，切实保护未成年人的身心健康及合法权益，为未成年人健康成长营造良好的社会环境。

【司法体制改革】 年内，深化司法

2020年6月14日，昂仁县人民检察院组织开展"民有所呼、我有所应—群众信访件件有回复"新时代检察宣传周活动

责任制和以审判为中心的刑事诉讼制度改革。认真学习贯彻修改后的人民检察院组织法、刑事诉讼法，加快推进认罪认罚从宽制度，提高诉讼质效，推动“四大检察”全面协调发展新格局。全年，共开展业务类学习培训13场次68人次，参加线上视频等业务培训13场41人次，同比上升30%、13.89%。紧密结合深化司法体制综合配套改革，推进专业化办案组织建设，完善员额管理、绩效考核等制度，构建权责明晰、激励有效、约束有力的检察权运行新机制。抓紧推进内设机构改革，优化内设机构设置，完善检察职能配置，合理配备检力资源，根据区市检察院部署要求，初步完成本院内设机构改革工作。

【规范化及信息化建设】 年内，在微信群发出《流程监控提示通知》3次，通报线上办案落实司法责任制不规范、案件信息公开不规范不及时、流程监控反馈不及时等16个问题。针对线上线下办案不规范的问题，案件管理中心每周发微信通报，确保司法责任制落地“无死角”。依托案件信息公开系统，公开案件信息、法律文书16件19人，2020年案件公开率为100%。

【阳光检察】 年内，主动向各级人大及其常委会报告工作和事项3件次，接受各级人大代表视察等监督活动5余次，办理代表建议2条，及时整改100%答复。围绕“民有所呼、我有所应—群众信访件件有回复”“同舟共济·检护明天”“服务‘六稳’‘六保’护航民企业发展”为主题，共开展检察开放日活动3次。召开“建立侵害未成年人案件强制报告制度会议”与相关职责部门签订《昂仁县人民检察院工作联席会议制度》，并通过举办“公开听证会”“法律文书公开”等促进检察工作公开、公平、透明行使检察职责。年内，邀请社会各界人士163人次了解检察工作，听取邀请人士意见建议。

（德 央）

法院

【审判执行】 2020年，共受理各类案件297件，新收案件287件、旧存案件10件，已结275件，未结22件，结案率92.59%，执行到位标的额112.20万元。因受新冠肺炎疫情的影响，运用“智慧法院”在疫情防控期间发挥重要作用，电子送达98次，网络查控48件，法定审限内执结率98.89%。

【审判管理】 年内，制定出台《西藏昂仁县人民法院审判管理运行制度（试行）》《西藏昂仁县人民法院法官及辅助人员职责和权限清单（试行）》《昂仁县人民法院法官审判权力和责任清单（试行）》，制定昂仁县人民法院2020年案件质量评查实施方案等规范性文件，有利于促进昂仁县人民法院审判管理工作规范化、制度化。

【司法改革】 2020年，组建家事审判团队、执行团队并得到有效运转。制定《审判管理运行制度（试行）》《绩效考核及奖金分配实施办法（试行）》《员额法官退出员额工作实施办法（试行）》《领导及院庭长办案实施办法（试行）》等制度，不断加强制度建设，

2020年6月9日，日喀则市中级人民法院考核组相关工作人员到昂仁县人民法院开展“七五”普法终期考核进行验收

全面落实司法责任制改革。对县人民法院诉讼服务中心设置“七区”“七室”并结合实际，制定《关于贯彻落实加强劳动人事争议仲裁与诉讼衔接机制建设的意见》《关于进一步推进婚姻家庭诉调对接的工作意见》《开展机动车交通事故责任纠纷诉调对接工作的意见》《开展民营经济领域纠纷诉调对接工作的意见》等一系列机制，进一步建立健全评查机制，开展“三评查”2次，评查案件112件，差错率为5%。

（格桑曲珍）

2020年4月11日，县、乡两级人大代表一行到县人民法院考察工作

2020 年各类案件收、结案一览表

表 1

案件类型	案件总数(件)	旧存案件(件)	新收案件(件)	结收案比(%)	案件总数(件)
刑事	15	1	14	100	
民事	191	7	184	92.15	294
执行	88	2	86	90.91	

司法行政

【概况】 2020 年，共举办大型法治宣传活动 13 场，累积送法下乡 17 场次，赠送各类法律书籍 4 万余本，受教育人数 15 万人次，受理法律咨询 1000 余人次，县法律援助中心共办理各类法律援助案件 5 件。

【法治政府建设】 年内，成立昂仁县依法治县委员会，调整昂仁县法治政府建设工作领导小组办公室。年内，应对疫情防控法治保障工作，先后组织开展和制定《昂仁县关于进一步认真学习贯彻落实中央全面依法治国委员会第三次会议精神，在全县所有国家工作人员中开展参与旁听庭审强化疫情防控筑牢责任担当的主题活动》《昂仁县司法局新型冠状病毒感染的肺炎疫情防控工作方案》《昂仁县司法局关于新型冠状病毒疫情依法开展规范执法监督社会调查问卷》《依法防控新冠状病毒感染肺炎疫情切实保障人民群众生命健康安全——规范执法监督行动》等，全面履职依法治县疫情防控工作的认真贯彻落实。制定《昂仁县关于开展全面推行行政执法三项制度行政规范性文件合法性审核机制落实情况自查工作实施方案》《自查工作清单》，着力推动全面推行行政执法三项制度行政规范性文件合法性审核机制落实情况自查工作。

【法律援助】 年内，组织开展“昂仁县民营企业法治体检”专项活动，安排援藏法律援助律师和法律援助工作者，重点对民营企业开展“一对一”法治体检服务。县法律援助中心办理各类法律援助案件 5 件。满足人民群众来访 400 余人次，其中代写法律文书 300 余份，咨询 500 余人次，提供诉讼代理援助工作 10 多个案件。

2020年11月6日，昂仁县司法局、妇联组织全县女干部职工开展法律进机关活动

【人民调解】 年内，组织干警到17个乡镇，开展矛盾纠纷排查化解、释政普法等工作，实现“调防结合，预防为主，各种手段，协同作战”。全年，各级人民调委会共举办法治宣传活动20余次，调解矛盾纠纷50件，其中村调委会26件，乡镇调委会22件，县调委会2件，涉及金额19.9万元（其中劳动争议纠纷4件、邻里纠纷17件、婚姻家庭纠纷20件、损害赔偿1件、山林土地纠纷1件、其他7件），调解成功率达100%。

【社区矫正】 年内，制作印发《昂仁县学习和宣传〈中华人民共和国社区矫正法〉专项活动实施方案》，组织全县社区矫正成员单位，认真学习贯彻落实。同时依照法律规定，及时梳理矫正法和实施办法之间过渡衔接工作，深入乡镇、村（居）开展全方位的排查走访共6次，全面摸清辖区内社区矫正对象底数和基本情况。严格落实“电话排查、上门排查、微信视频排查”等工作机制，及时掌握社区矫正对象的行为思想动态，有序开展各项社区矫正法的贯彻落实。

【安置帮教】 年内，组织干警分别到17个乡镇，重点个别村居，一对一摸排调查帮教对象，及时了解生活思想动态，及时解决生产生活困难，畅通政策和帮教渠道。对全县安置帮教人员安置率达97.5%，建立帮教对象档案，首次实现罪犯远程会见帮教人员，促进预释前的帮教对接工作，全面推动刑满释放人员的衔接、过度安置、教育帮扶等帮教措施，实现全县特殊人群安全有序发展。

【法治宣传】 年内，组织开展《昂仁县民法典涉及规章和规范文件清理工作》、法律进机关《中华人民共和国民法典》讲座、民法典线上考试等相关活动。

在各大宣传日，县普法办牵头组织各级普法成员名单、村居法律顾问群等组织法治宣讲活动，共举办大型法治宣传活动13场，累计送法下乡17场次，赠送各类法律书籍4万余本，受教育人数15万人次，受理法律咨询1000余人次。开展现场法律知识讲解活动40余次，发放普法宣传光碟500余张；组织县直机关党员干部开展“法律进机关”法治讲座2次，开展校园法治讲座6次。发放法治宣传资料、《中华人民共和国宪法》《中华人民共和国民族区域自治法》《农牧民常见法律知识读本》《中华人民共和国婚姻法》《中华人民共和国合同法》等知识读本和各类宣传资料3000余份。

（索朗次仁）

综合经济管理

综述

【概况】 2020年，全县生产总值完成12.15亿元，按可比价格计算，增长8.0%；完成农牧民可支配收入10856元，同比增长12.9%；完成固定资产投资11.23亿元，同比减少27%；完成社会消费品零售总额3.17亿元，同比增长21.9%。

【经济调节】 年内，研究分析县级经济形势并提出意见建议，拟定下年度国民经济和社会发展计划并监督检查执行情况等。2020年全县实现生产总值12.15亿元，同比增长8.0%（其中，第一产业增加值3.08亿元，同比增长6.735%；第二产业增加值3.83亿元，同比增长13.0%；第三产业增加值5.24亿元，同比增长4.1%）；完成全社会固定资产投资11.23亿元，完成年初计划的63%，较2019年同比下降27%；完成社会消费品零售总额3.17亿元，同比增长21.9%；完成地方财政收入3028万元，同比增长6%；农村居民人均可支配收入达10856元，同比增长12.9%。

2020年7月6日，县委常委、副县长达次（右二）相关工作人员到雄巴乡检查易地搬迁安置点房屋质量

【项目建设】 年内，昂仁县储备项目共计103项，已完成全社会固定资产投资11.23亿元，其中，新建项目58项，完成投资7.17亿元；续建项目45项，完成投资10.65亿元。县城供暖项目总投资1.775亿元。截至年底，已基本建设完成，形象进度达总投资的95%。昂仁县103个村级组织活动场所总投资达11721.73万元，截至年底已全部完工，其附属设施建设于7月开工，年底全部完成建设，部分村委会已进驻。极高海拔搬迁工作有序进行，对接萨迦、岗巴等地，完成对搬迁数据的统计工作。10月，完成萨迦高海拔生态搬迁，岗巴搬迁正在有序进行。

【物价管理】 年内，为切实维护消费者的利益，针对食品、药品及日常生活用品等价格监督情况，多

2020年6月26日，昂仁县发展和改革委员会相关工作人员到查孜乡易地搬迁集中安置点查看群众安居环境

次深入全县各店铺对药品、食品、蔬菜等商品进行物价专项检查，专门打击囤积居奇、哄抬物价等不法商业行为，切实保护消费者的合法权益。加强对市场商品价格监测，并及时上报市物价局，全力保障全县市场秩序的稳定。

【粮食流通】 年内，进一步加强昂仁县粮食流通监督检查工作，规范粮食流通秩序，做好粮食流通中的月报、年报统计工作，加强宏观调控。维护生产者、经营者、消费者的权益，落实国家粮食收购政策及市场调控政策，稳步推进粮食流通监督检查行政执法工作。

【产业支撑】 年内，加快新农村建设，投资29852.3万元建设30个产业项目，完成资金拨付28454.94万元，支出进度达98.11%以上，30个扶贫产业项目对接185个行政村、8282人的贫困利益链接机制，发挥产业项目带贫益贫作用，通过产业项目分红和安排就业等方式，带动327人就业，分红734.92万元，促进群众长期稳定增收。

【民生事业】 全年实现劳务输出15714人，实现劳务总创收14509.98万元，完成年初目标任务的112.24%。对接仲巴县边境小康示范村建设项目，先后输送653人，人均月收入6500元，就业率达100%；依法依规将400万元以下工程项目交给本地施工企业和专业合作社组织实施，保证吸纳农牧民务工达到用工总量的80%以上，47个已开工项目吸纳就业2457人。

年内，实施县第二小学等5个教育基建项目，投资总额5850万元，作为重点项目的县第二小学已完成90%的投资，处于内部装修阶段。在援藏支持下，对学校基础建设投资700万元，其中亚木乡小学塑胶跑场344万元，日吾其乡小学塑胶跑场356万元；对23所中小学捐赠价值50万元共计2.8万余册图书，对秋窝乡二小、达若乡小学、日吾其乡小学捐赠价值16万元的衣物、学习用具等。共投资625万元新建新冠肺炎核酸检测实验楼，并组织相关专业的2名精干医务人员到日喀则市进行核酸检测实验知识培训。自建成起，共开展核酸检测473人次(份)，其中食品冻肉类9份，水果类2份，住院病人175人次，门诊279人次。

（马　哲）

自然资源管理

【耕地保有量】 年内，昂仁县耕地保有量不低于9.728万亩，基本农田保护面积不低于8.533671万亩，均完成市政府下达的目标任务，达到“耕地总量不减少，质量有提高”的目标要求。

【土地管理】 年内，按照《建设用地审查报批管理办法》及土地审批流程，2020年底前建设项目用地预审46件，项目用地审核1件。组建报件2批次(2020年城市一批次8个项目，面积69.47亩；村镇一批次24个项目，面积84.3亩)，已全部通过自然资源厅审核。完成由县政府投资的亚木乡支荣村520亩土地开发项目，项目总投资199.97万元。年内，挂牌出让、拍卖14宗地国有土地使用权，为财政创收773.36万元。

【执法监察】 2020年度昂仁县土地卫片执法检查工作数据显示，土地卫片图斑627个，矿产疑似违法图斑1个，经实地核查举证，土地违法图斑41个，已整改11个，整改率达到26.8%，30个违法图斑正在整改当中。其中23个农村宅基地违法图斑移交给县农业农村局进行查处整改，矿产疑似违法图斑1个，为实地未变化。年内，开展土地动态巡查工作，对“未批先建”“未供即用”“私自圈占”“私自买卖”“私自改扩建”等违法违规宗地，逐一进行排查。共计下达责令停止违法行为通知书1份，行政处罚告知书13份，行政处罚通知书13份。

【国土空间总体规划编制】 2020年4月，昂仁县国土空间总体规划编制工作开标，组织召开昂仁县国土空间规划编制工作动员部署会。同时为扎实做好基础数据的收集与汇总，昂仁县自然资源局主动衔接相关部门，采取投影、影像叠加等多种方式进行现场对接工作，年内安排专人会同作业单位到11个牧区乡镇开展实地调研工作。完成国土空间总体规划必选专题6个，可选专题3个。

【第三次全国土地调查】 年内，先后根据国家核查反馈的1973宗图斑进行实地核查，同时配合国家质检队伍完成互联网+在线举证工作。10月3日，根据上级部门要求，会同第三方，到秋窝乡、达局乡、亚木乡、多白乡、日吾其乡、卡嘎镇、桑桑镇、切热乡8个乡镇开展外业实地核查举证工作，此次共核查举证29个图斑。

【地质灾害】 年内，昂仁县地质灾害隐患点数量265个，其中滑坡13处、泥石流222处、崩塌29处、不稳定斜坡1处，已治理16个点。开展地质灾害隐患点“三查”工作，共排查268个点，出动80余人次，经过排查建议核销地质灾害隐患点3处，新增地质灾害隐患点1处，此次排查后昂仁县地质灾害隐患点共计265处。发放2019年度地质灾害群测群防监测补助资金。涉及99个地质灾害隐患点，监测人员198人，共计落实29.7万元。

为提高群众对地质灾害预防减灾意识，6月16日昂仁县自然资源局联合22家单位在卡嘎镇江嘎村果玉自然村开展地质灾害应急预案演练及地质灾害宣传培训工作。此次出动各类车辆18台次，无人机1架，100余人参加演练活动。16日，邀请地灾专家对昂仁县地质灾害监测人员开展2020年防汛暨地质防御知识培训，发放宣传资料40余份。利用各宣传日共计开展宣传活动15次，下村宣传20余次，出动人员90余人次。发放宣传手册500余份，宣传海报300余份。

2020年4月16日，日喀则市自然资源局相关工作人员到西藏同泰矿业有限公司嘎日选矿厂检查尾矿库

【矿产资源管理】 年内，根据《昂仁县人民政府关于进一步规范矿产资源勘查开发管理的通知》，昂仁县自然资源局进一步规范矿山进点备案制度，加大对矿山日常安全生产监督管理工作，共计到实地检查6次，出动人员12人。

【不动产登记发证】 年内，为深化“放管服”改革、进一步优化营商环境，方便群众办事，提高工作效率。共办理509件不动产权证，20件不动产登记证明。

【农村乱占耕地建房专项整治】 年内，完成全县疑似图斑的提取和下发工作。共计下发图斑9个,通过数据叠加,发现疑似图斑1691个,已对1691个图斑进行摸排,占需摸排图斑总数量为100%,农村乱占建房数据汇交平台数据录入314宗。

【自然保护区优化调整】 昂仁县有桑桑湿地自治区级自然保护区1个(涉及2处),面积56.21平方千米;搭格架地热间歇喷泉群自治区级地质遗迹自然保护区1个,面积为368.67平方千米,总面积为424.88平方千米。根据有关文件规定,先后与自治区保护区优化调整单位对接4次,拟调整后的面积为893.25平方千米,其中,核心保护区调整为一般控制区的面积为1.04平方千米(桑桑湿地保护区);拟调出的面积为1.65平方千米,主要是自然保护区范围内的建成区、镇村预留用地及永久基本农田(桑桑湿地保护区);拟划入的面积为470.02平方千米,主要是自然保护区周围保护性价值高、生物多样性丰富的地块(搭格架自然保护区)。调整后的生态保护红线面积为3468.17平方千米,占县域国土面积比例为12.30%。保留面积为1866.47平方千米,占调整后的生态保护红线比例为53.82%,其中拟调入面积为1601.70平方千米,占调整后的生态保护红线比例为46.18%;拟调出面积为2.04平方千米,占最新生态保护红线面积0.11%(1861.51平方千米)。

【确权登记】 年内,制定昂仁县农村宅基地"房地一体"确权登记颁证工作(试点村)实施方案,并成立昂仁县农村宅基地"房地一体"确权登记发证工作(试点村)领导小组,在日吾其乡日苏村和秋窝乡康萨村组织召开昂仁县农村宅基地"房地一体"确权登记发证和集体建设用地(试点)工作动员部署会。已对"试点村"进行成果公示并现场签字确认,2020年底已发农村宅基地证7016本。

2020年6月30日,昂仁县自然资源局相关工作人员到亚木乡亚木村、康萨村集中安置点举行易地搬迁安置住房不动产权证书颁发仪式

【易地扶贫搬迁】 年内,已完成符合条件的易地扶贫搬迁集中安置1119宗地的发证工作,剩余分散安置点827宗,已录入权籍系统177宗地。

【城乡建设用地"增减挂钩"工作】 年内,17个乡(镇)"增减挂钩"前期调研工作,通过叠加三调影像、内业判读等方式初步确定增减挂钩地块,并逐一图斑征求乡、村、户意见,上报并通过措迈乡等8个乡(镇),地热等10个村2020年城乡建设用地增减挂钩项目区实施规划,总规模320.65亩。孔隆乡等3个乡镇,仲多等6个村2019年城乡建设用地增减挂钩项目(拆旧地块)初验工作顺利通过市级验收。

(李 涛)

财政

【概况】 2020年,全县一般公共预算财力达153781万元,同比增长5.52%,其中,地方一般公共预算收入3028万元,同比增长5.21%;上级补助收入142327万元,同比增加11.34 %;上年结转2878万元,债券转贷收入5548万元。

【财政保障】 2020年完成总收入3028万元,同比增加5.21%,其中税收收入1135万元,非税收入1893万元。组织3次对财政存量资金进行盘活，共盘活资金6387.23万元，根据县财力实际需求将盘活资金适用于脱贫攻坚成果巩固、县基础设施建设。

【经济运行】 年内，全县地方一般公共预算收入完成3028万元，完成年初预算2840万元的106.62%，其中税收收入1135万元，同比减少32%；非税收入1893万元，同比增长57.23%。全县一般公共预算支出完成153781万元，同比增长7.24%。按功能科目分：一般公共服务支出33009万元，同比增长38.9%；国防支出17万元，同比增加54.5%；公共安全支出12773万元，同比增长44%；教育支出26011万元，同比增长9.96%；科学技术支出288万元，同比增长30.31%；文化体育与传媒支出2239万元，同比减少50%；社会保障和就业支出8568万元，同比减少46.66%；卫生健康支出7316万元，同比增长24.72%；节能环保支出1577万元，同比减少24.61%；城乡社区支出1157万元，同比增长334.96%；农林水支出48757万元，同比增长2.76%；交通运输支出6776万元，同比增长193.2%；住房保障支出3284万元，同比增长3.3%；粮油物资储备支出9万元，同比减少96.8%；自然资源气象等支出874万元；同比增长748.5%；灾害防治及应急管理支出611万元；同比减少86.8%；其他支出48万元；债券付息支出467万元。

【民生政策落实】 年内，昂仁县财政局围绕“三保”任务要求，在足额保证工资发放和行政事业单位正常运转的前提下，全面整合惠民资金统筹协调使用，确保惠民资金均衡分配，资金支出效益最大化。年内，共整合惠民资金17459.45万元，拨付率已达93.1%。针对新冠肺炎疫情防控特殊情况，财政局以稳定金融发展，促进经济繁荣为前提，全面减轻小微企业和个体工商户的经营压力，对小微企业和个体工商户实行房租减免、延期缴纳房租政策，共减收房租30%，所有小微企业和个体商户可推迟缴纳房租至年底，延期期间免收滞纳金，以解决各商户和小微企业经营困难。按照特事特办，重点事项重点支出、重点领域重点保障的原则，在财政资金缺口较大、财力非常紧张的情况下，安排本级财政资金600万元用于疫情防控工作，900万元用于巩固脱贫攻坚工作，70万元作为脱贫攻坚工作经费。

2020年6月15日，昂仁县财政局相关工作人员到卡嘎镇谢欧村查看温室蔬菜长势

【财政体制改革】 年内，昂仁县财政局根据财政财务日益规范的新形势、新要求，深入推进部门预算、国库集中支付、预算绩效管理、预决算公开管理等改革，进一步规范会计电算化，全面启用财政系统办公自动化、工资统发系统、直接支付系统。强化基本支出和项目支出管理，建立国库集中支付体系。加大财务人员的在职培训力度，大力开展财经法律法规的普法教育，财政干部依法理财、科学理财的水平显著提高。进一步扩大政府采购范围，健全政府采购机制，实行财政业务网上大平台办公；全面加强国有资产清理清查和会计核算工作，建立健全国有资产软件登录和台账制度，防止国有资产流失；加强财政各项基础性工作，确保财政资金安全、合规、高效运行，不断提高财政管理质量和水平。

【财政管理】 年内，严格按照“过紧日子”的要求，强化执行《昂仁县人民政府关于进一步加强财政资金审批管理的规定》和《昂仁县关于进一步规范“三公”经费报销管理通知》等相关资金报销管理规定的基础上，进一步细化完善和规范各项规定；加大统筹力度，保证重点支出需要；继续压缩行政事业单位“三公”经费，严格控制一般性支出，确保从源头上杜绝经费超支问题。

（普 赤）

2020年11月26日，日喀则市政协副主席、昂仁县委书记李有平（左二）对昂仁县减税降费做专项批示

税务

【组织收入】 年内，全县完成组织收入15966.8万元，其中税收收入2279.86万元，社会保险基金收入合计12461.42万元，非税收入完成57.55万元，其他收入（职业年金）完成1167.97万元。

税收收入。从预算级次来看，中央级完成1112.32万元，县区级完成1134.76万元，分别同比减少27.1%、44.1%；分税种来看，增值税完成1379.45万元，企业所得税完成565.57万元，个人所得税完成122.13万元，以上税种占据全县税收收入的90%以上的收入。全县税收收入大幅不及预期，受2020年“新冠肺炎”疫情影响，全县工程项目开工不足。2020年国家持续推行减税降费政策，税费优惠幅度明显，全县税收收入持续减少。

【税收法治】 年内，围绕税务总局印发的《“十三五”时期税务系统全面推进依法治税工作规划》的工作要求，税收法治建设迈出坚实步伐。全面履行税收职能，坚持依法组织收入原则，做到应收尽收、应退尽退，坚决不收“过头税”，依法发挥税收职能，昂仁县税务局在法制轨道上，严格按照政策要求持续推进税收改革。严格执行各项税收优惠政策，不折不扣落实税收优惠，2020年共计减免税费5530.03万元。支持疫情防控和经济社会发展，全局新增减税降费804.39万元。

【纳税服务】 年内，昂仁县税务局聚焦“非接触式”办税要添力，认真开展“便民办税春风行动”，推

2020年4月27日，昂仁县税务局组织开展“税企携手跟党走、奏响税月新篇章”主题宣传活动

出“非接触式”办税业务功能201项。做好电子税务局全功能推广培训，实现10个大类80项“最多跑一次”、6个大类76项“全程网上办”，网报率达94.5%。发放电子发票2000份，推出“线上代开发票”“邮寄发票”服务，建立多元化便利缴税缴费体系。深化“银税互动”。全面启用“普惠金融企税银综合智能服务平台”，助力企业破解融资难题。年内，为1户企业发放贷款300万元，税收营商环境得到进一步优化。

【税制改革】 年内，贯彻落实总局、自治区、市局关于各项税制改革工作部署，先后顺利完成个税综合所得汇算工作、增值税减档降率税制改革征管任务，企业社保费、城乡医疗保险等社保费及非税收入划转工作，减税降费、疫情期间税收优惠等各项税收优惠落实工作。

（王　冠）

中国农业银行昂仁县支行

【存贷款和中间业务】 年内，农行昂仁县支行始终不忘服务“三农”的初心，牢记金融扶贫使命、政策，结合昂仁县实际，坚持科学发展，因地制宜，从解决群众关心的热点难点问题着手，充分发挥农行的优势，各项工作得到外部监管机构和总分行党委的正确指导、大力帮扶、充分认可。截至年底，各项存款余额9.49亿元，较年初减少0.3亿元。各项贷款余额10.12亿元，较年初增加1.02亿元，增长11.2%。实现中间业务收入83万元，较年初增加17万元。

【服务经济】 年内，农行昂仁县支行主要业务涉及代理国库、反洗钱、代销国债、存贷款、跨行结算、银行卡、自助银行、网上银行、电话银行、现金管理、第三方存管、基金理财销售、代发工资、上门代收油料款、代理保险等业务。年内，基层7个网点员工坚持发扬农行西藏分行“背包银行”“马背银行”“摩托车银行”的优良传统，高原农行人“艰苦不怕吃苦、缺氧不缺精神”的优良作风，常年到所辖17个乡镇、185个行政村，深入田间地头、走村入户，提供流动金融上门服务。同时，依托“金、银、铜、钻”四卡和精准扶贫贷款证，深入实地调查，精准发放贷款，助力脱贫致富，竭尽全力为“三农”和脱贫攻坚事业努力奋斗。年内，农行昂仁县支行及所辖7个网点累计下乡提供流动金融服务215次。

同时，依托互联网技术加强对“三农”和偏远农牧区的金融服务，把为客户提供便捷的网络融资服务和优质的线上金融服务作为互联网金融服务“三农”的重点。大力营销“惠农e贷”，进一步推进网络融资业务发展的同时，178个助农取款点分布在昂仁县各行政村，大力设立“掌上银行村”，解决金融服务“最后一公里”问题。年内，广大农牧民群众客户足不出村就可以享受基本的现代化便捷金融服务。

【普惠金融】 年内，农行昂仁县支行把金融精准扶贫和金融服务民生作为“一号工程”。切实加强领导，建立县支行、网点主任一把手负总责的金融精准扶贫和金融民生工程工作责任制。各网点负责人牵头把“3+2”工作模式和“走

2020年4月15日，农行昂仁县支行员工向群众客户普及金融知识

乡入村”相结合，投入到贷款调查、资料收集、发放贷款、政策宣传、发放社保卡等工作。努力发挥贷款促进生产发展的作用。以促进农民增收为核心，狠抓工作到村、扶贫到户，探索党中央、农总行对精准扶贫贷款的好政策，充分利用政府增信，强化产业扶贫贷款投放。对接支持昂仁县招商引资项目等大型设施项目建设，助力贫困户增收脱贫。同时农行昂仁县支行对接县人社局，加强与昂仁县各单位部门、乡镇，行所联动投入到金融服务民生工程的光荣使命当中。年内，为精准扶贫和社保卡工作累计下乡80余次。

（塔 杰）

审计

【概况】 昂仁县审计局严格执行2020年初制订的审计项目计划，依法开展委托审计1次，开展专项审计调查工作5次，配合审计1次，涉及单位10余个，涉及资金35636.26万余元，实地走访20余次。

【专项审计】 年内，开展疫情防控资金专项审计调查，对各相关单位关于疫情防控财政资金和捐赠款物的上级文件、财务资料、何时进账等方面进行检查；开展扶贫领域惠民资金专项审计调查，主要对2019年1月至2020年5月期间，对各项扶贫惠民资金落实情况进行专项审计调查。

开展县小学“三包”经费专项审计调查，重点审计“三包”学生认定情况、资金申报、资金拨付、资金管理等；开展2018—2020年乡镇卫生院经费专项审计调查。

【委托审计】 年内，昂仁县审计局委托社会中介机构重庆天骄工程项目管理有限公司对全县2016—2019年投资1000万元以下的产业扶贫完工项目进行专项审计。

【业务培训】 年内，制订审计业务学习计划，定期开展审计业务学习培训。组织到拉孜县审计局交流学习1次。参加市审计局组织到上海对口援藏日喀则审计培训1人次。

（陈亚平）

2020年5月14日，昂仁县审计局相关工作人员到拉孜县审计局交流学习

统计

【第七次全国人口普查】 2020年，制定县、乡两级领导小组成员单位和普查办工作人员职责分工。县政府落实10万元普查经费。县人口普查办公室组织各乡（镇）主要领导和普查工作人员以及县直有关单位工作人员，普查办公室人员开展第七次全国人口普查动员部署会暨业务骨干人员培训，此次参加培训人次达160人，对普查摸底、登记、普查表填写说明及指标解释、行职业编码工作细则和普查指导员和普查员的职责等进行了详细培训讲解。

【统计服务】 年内，昂仁县统计局进一步提升全县经济运行监测分析，进一步提高经济运行监测质量，提供准确的“数据服务”。加强对月、季、年度经济形势的监测预警工作，让领导及时掌握全县经济运行情况。坚持统计调研与统计服务相结合，坚决做到应统

2020年9月17日，昂仁县统计局召开昂仁县第七次全国人口普查动员部署暨综合业务培训会

尽统,核实瞒报、虚报、拒报,敢于负责,排除干扰,最终确保统计数据服务的质量。

【基础建设】 年内,各乡镇、相关部门和企事业单位指定一名专职或兼职统计工作人员,明确统计分管领导和统计负责人,建立健全统计台账和完善资料归档制度。

（格桑卓玛）

市场监督管理

【概况】 年内,全县市场主体发展到4335户,注册资本达369650.85万元,与2019年市场主体增长315户,注册资金增长81580.46万元,同比分别增长7.8%、28.32%。其中私营企业同比分别增长9.03%、31.03%;个体工商户同比分别增长13.99%、24.1%;内资企业分别同比增长4.35%、0;农民专业合作社同比分别下降19.25%、190.33%(2020年合作社注销141户)。

【商事制度改革】 年内,贯彻落实“放管服”改革各项举措,实行“一个窗口对外”“一站式服务”的审批机制。取消名称预先核准,企业名称登记与设立登记合并办理,全面推行住所申报承诺制。注销业务实行“一网通办”,取消“注销报纸公告”和“清算组备案”材料,办理注销登记68户,其中个体注销59户,网上办理新注册企业63户,办理企业变更登记70户。开展13个批次300余户企业抽查。将检查出问题的市场主体列入异常名录,并在国家企业信用信息公示系统(西藏)公示。督促市场主体及时年报,全县总体年报率98.73%。

【市场安全监管】 年内,为确保疫情期间市场价格稳定,共出动执法人员350余人次,检查各类市场主体2800余户次,下发责令整改通知书58份。打击假冒伪劣、虚假宣传、不正当竞争等违法行为,受理消费者投诉2起,调解1起,立案查处1起。年内,共立案5件,罚没款35680元,结案率100%,无复议和诉讼。

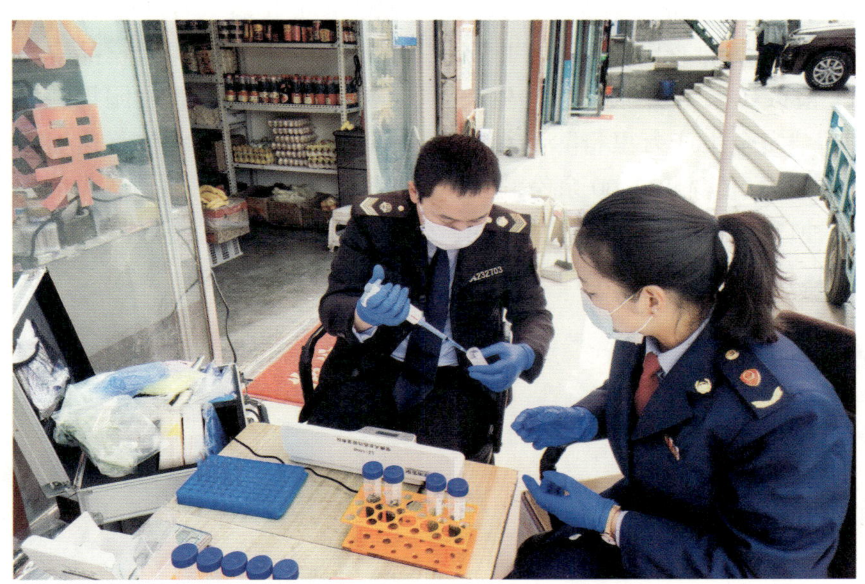

2020年9月11日，昂仁县市场监督管理局执法人员对县城菜店蔬菜水果进行农药残留检测

【计量管理】 年内，对管辖范围的3个加油站正常使用的加油枪全面进行计量强制检定，共检定加油机64枪，合格率100%。检定企业和超市、液化气站、药店的电子台秤（含公平秤）等计量器具50余台（件），检定人民医院、藏医院的医用计量设备200余台次，合格率100%。

2020年10月28日，昂仁县市场监督管理局开展中央第七次西藏工作座谈会精神宣讲会

【商标品牌】 2020年，提交商标注册申请19件，取得注册证8件，累计有效商标28件。开展保护商标专用权专项执法的各项工作，依法查处侵犯注册商标专用权违法行为，共检查各类商店、专营专卖店、药店135户次。销毁上年度查获的各类涉案物资，价值42076.75元。

【特种设备安全监管】 年内，对全县特种设备安全隐患进行排查，共监督检查特种设备使用单位12户次，检查特种设备24台（套），下达《特种设备现场安全监察指令书》1份，排查出安全隐患1条，已整改1条。开展“安全生产月”“安全生产万里行”活动，发放各类宣传材料2000余份，通过各种宣教方式加大法律法规知识的宣传普及力度，提高公众的安全意识。

【食品安全监管】 年内，召开昂仁县安委会全体成员单位工作推进会，与各成员单位签订目标责任书，并安排部署工作。受疫情影响，抽检各类农产品32个批次，餐饮食品35个批次，合格率99%。昂仁县32所学校食堂明厨亮灶数达28台，亮灶率达87.5%。开展校园周边食品安全专项整治行动，检查校园周边各类市场主体320余家，下达责令改正通知书40份，收缴各类问题食品970余公斤。检查边销茶、压片糖果、特殊食品等10多个品种，以及保健食品等违法违规行为，检查食品经营单位440余户次，立案查处3起，已结案3起，罚款15000元。

【两品一械安全监管】 年内，为把好药械审查关，联合市局相关科室严格按照标准对县城的2家药店开展换证验收。开展中药饮片、第二类精神药品使用环节、无菌和植入性医疗器械等专项整治，共出动监管执法人员35人次，检查药品零售、医疗器械、化妆品经营单位43户次，下达责令整改通知书1份。

（索朗曲珍）

应急管理

综述

【概况】 2020年，全县共受灾13个乡镇，总受灾人口4780人，向上级单位申请救助资金771.58万元；投入420万元，完成国道349、省道513测速系统建设；全年未发生安全生产事故，全县安全生产形势良好。

【目标管理】 年内，坚持按照“党政同责、一岗双责、齐抓共管、失职追责”要求，召开昂仁县安全生产应急救援工作部署会议，县委、县政府主要负责人与各乡镇、安委会成员单位、危化、非煤矿山企业签订目标责任书。召开安全生产工作季度例会，就汛期等安全生产重点工作进行全面动员部署。特别是召开昂仁县安全生产三年专项行动专题会议，征集各成员单位的意见，制定印发《昂仁县安全生产专项整治三年行动计划》，明确职责任务、强化责任落实。针对中秋、国庆、秋收等重点时段、节点印发《昂仁县国庆、中秋“双节”期间安全防范工作方案》的通知，各行业监管部门深入各领域场所进行安全督导，开展安全生产大检查，层层落实责任，坚决防范遏制重特大生产安全事故，全县安全生产形势持续稳定。

【事故调查处理】 年内，昂仁县未发生安全生产事故，比往年实现“三下降”，全县安全生产形势良好。

【隐患排查】 2020年，共检查次数58次，下发执法文书114份，排查安全隐患227项，已整改218项，未整改9项，整改率达96%。其中，危险化学品领域：检查次数15次，下发现场检查记录25份，责令整改1份，共发现隐患11项，已全部整改，整改率达100%；进行专家会诊发现隐患43项。非煤矿山领域：检查次数13次，下发现场检查记录9份，共发现隐患9项，已整改8项，整改率达89%；

2020年4月8日，昂仁县2020年安全生产工作专题部署会召开

人员密集场所：检查次数12次，下发现场检查记录56份，下发督办1份，共排查隐患117项，已整改117项，整改率达100%；建筑施工领域：检查次数6次，下发现场检查记录13份，责令整改2份，共排查隐患47项，已47项整，整改率达100%；烟花爆竹领域：检查次数3次，下发现场检查记录5份，共排查隐患9项，已全部整改完成，整改率达100%；道路交通领域：检查次数9次，下发督办6份，共排查隐患25项，已整改20项，整改率达80%。地质灾害领域：检查次数2次，下发督办1份，共排查隐患9处，已整改6项，整改率66.6%，其余隐患正在整改当中。

【专家会诊】 年内，排查高危行业潜在风险隐患，在11月特邀请危险化学品和非煤矿山专业技术人士，对全县4家加油站、查孜中翔矿业有限公司进行专家会诊，依照法律法规和行业标准，认真排查现场安全隐患，确保安全管理制度、安全责任、应急预案等落实到位，同时对专家提出的问题，明确责任、时限抓好整改工作。

【三年专项整治行动】 年内，县委、县政府高度重视昂仁县安全生产三年专项整治行动工作，2020年政府常务会议研究通过《昂仁县安全生产专项整治三年行动计划》，下发《昂仁县安全生产专项整治三年行动计划》，向相关行业牵头部门征求意见，沟通督促制定牵头行业部门三年专项整治方案，以确保2020—2022年行动计划主要任务、隐患排查、整改隐患、整改成效的工作环节认真部署落实。

【宣传教育】 年内，以全国第十九个安全宣传月"消除事故隐患、筑牢安全防线"为主题，制定《昂仁县2020年"安全生产月"和"安全生产西藏行"活动方案的通知》。组织全县18家相关单位，在县城老政府街道集中开展安全生产月咨询日活动。现场发放安全生产宣传资料2000余份；展出安全宣传横幅20余幅、普及安全生产知识及事故案例展板11块、LED电子屏幕播放安全生产相关内容。安全生产进校园活动1次；进企业活动3次，施工领域3家、危化领域2家安全检查宣传一体化执法，发放宣传单300余份。联合水利局、自然资源局，邀请四川省冶金地质勘查院工程师李玉荣，对部分监测人员开展防汛暨地灾防御知识培训。

防灾减灾

【概况】 年内，全县共受灾13个乡镇，总受灾人口4780人。农田受灾情况：成灾面积共3316.35亩（绝收面积162.9亩），房屋受损情况：共倒塌房屋5户8间，严重损坏房屋16户18间，一般损坏房屋6户8间。牲畜死亡情况：共738头（只），其中大畜40头、小畜698只；2020—2021年冬春需救助人口4454人。为保证受灾群众在过渡期间的生活能够得到基本保障，已落实申请救助资金345.22万元。6月16日，安委会组织22家单位在卡嘎镇果玉村泥石流地质灾害隐患点，共出动各类车辆18台，各个应急小组人员和受威胁村民共100余人组成防汛暨地质灾害预案演练，同时消防实战演练35次。

【农牧灾害防御】 年内，树立"减灾就是增产、减损就是增收"的理念，切实落实区、市两级农业自然灾害应急预案，实行防灾减灾属地管理，分级负责制，强化防抗灾工作。年内，在4个乡（镇），发展6个人工种草基地，种植人工饲草基地2.83万亩，力争饲草产量达4900吨，并储备防抗灾饲料350余吨，储备防抗灾兽药20余箱。

【水旱灾害防御】 年内，为全面做好昂仁县防汛工作，确保农牧民群众生命及财产安全，昂仁县以行政首长制为防汛抗旱领导小组的组长，调整充实防汛抗旱指挥部领导小组并明确各成员单位职责。并编制《防汛抗旱应急预案》《水库两案一书》《电站度汛预案》《山洪灾害防御预案》。按照"及早部署、主动防御"的原则，昂仁县防汛抗旱指挥部在思想上高度重视，组织上加大力量、行动上狠抓落实，分别于4月15日和6月28日召开专题会议，分析研究防汛抗旱形势，采取切实有效措施，促进防汛抗旱工作的扎实有效开展。

对县城及6个农区乡（镇）开展山洪灾害防灾宣传培训及预案

演练，共计参加1050余人，共发放宣传手册1500余册。截至年底，汛期期间投入抢险物资防汛编织袋6.5万条、铅丝笼13680平方米、铁丝25卷，防止各类次生灾害的发生，实现大灾大难中无一人伤亡，最大限度降低灾害损失。

【安全投入】 年内，县政府投入420万元，完成国道349、省道513测速系统建设；为规范大型运输车辆在县城内有序通行，投入2万元，在县城4处设置限高栏。

（王嘉顺）

2020年5月9日，昂仁县消防救援大队开展车辆检查

消防救援

【概况】 2020年，昂仁县共发生火灾0起，抢险救援事故3起，无一人伤亡，火灾起数较2019年有所下降。

【消防保卫】 年内，县消防救援大队在全国"两会"、春节、藏历新年、重大活动消防安保工作中，投入监督检查、执勤安保力量240余人次，出动执勤执法车辆45台次，对街道、娱乐场所、人员密集场所开展巡逻检查，确保全县各项活动期间"不冒烟、不起火"。

【火灾防控】 年内，县消防救援大队联合应急管理局、公安部门对文物古建筑、人员密集场所、易燃易爆等场所开展消防安全专项检查行动，共计出动警力1700人次，检查单位960家次，责令"三停"单位5家，临时查封3家，下发法律文书630份，督促整改火灾隐患1050处。

【政府投入】 年内，县政府投入资金8万余元，用于辖区内11家自治区级寺庙，建立微型消防站，配备相关灭火器材装备。为33家县级寺庙配备灭火器，为寺庙安全提供强有力的保障。

【宣传教育】 年内，开展"119"宣传周等大型消防宣传活动；开展消防宣传培训30场次，发放各类宣传品5000余份，持续推进消防宣传"八进"工作，积极覆盖农民工、孤寡老人、农牧区群众等群体，围绕重要节点、时段，调动新闻媒体、互联网、广播电台、微博、微信等媒介，结合火灾特点，集中开展系列宣传活动。

（朱吉宽）

商贸服务业

商贸

【招商引资】 年内，参加日喀则市招商引资项目暨农特产品推介会。推介会上淄博对口支援的昂仁县与山东金力特管业有限公司、西藏昂仁跑山养殖场、山东荆家孙树强扒鸡酱蹄公司，昂仁县共签约合作项目3个，分别签约不锈钢餐具加工生产项目、藏鸡规模化养殖项目、肉制品加工项目，协议金额达1.35亿元。全年，实施项目共6个，分别为昂仁县达局乡加油站、切热乡加油站、日吾其乡加油站、卡嘎镇跑山藏鸡养殖、查个勒铅锌矿、查孜铅锌矿项目，总投资达5.9亿元，其中，到位资金1.4亿元，完成年度目标任务的70%。正在对接的项目3个，分别为昂仁县综合能源项目、桑桑镇乳液加工项目、亚木乡加油站项目，总投资达16.6亿元。

【成品油销售】 全县成品油市场库存充足、供需平稳、价格稳定、进货渠道畅通，能够保障市场稳定供应。全年成品油共销售量10884.37吨，同比增长19.09%，其中汽油销售3564.94吨，同比增长27.23%；柴油销售7319.43吨，同比增长15.50%。液化气销售81吨，同比增长20%，其中居民销售28吨，同比增长40%；餐饮销售53吨，同比增长11.57%。

【商贸流通】 年内，县商务局组织特色产品加工销售企业及广大农牧民参加日喀则市承办的物交会和日喀则市第十届物资交流会拉孜交易会，17个乡镇派出代表，展出各类手工产品、农畜产品，促进特色手工与农畜产品的销售。年内，参展2场次，参会商户60家，参展产品总计六大类，10种产品，物资总交易额约228万余元，相比2019年增长3.5%。

鼓励引导昂仁县商贸流通企业开展2020年国庆、中秋“双节”期间成品油市场促进消费活动。活动期间昂仁县3家加油站

2020年9月28日，昂仁县商务局相关工作人员对辖区内加油站开展安全生产专项检查

促销销量为205.25吨，同比减少19.49%；销售额为152.38万元，同比增长35.77%。协助西藏佐思汽车销售服务有限公司在昂仁县唐东杰布文化广场开展为期8天的日喀则彩虹湾汽车城“助力汽车下乡”惠民惠农促销活动。活动期间指导汽车销售商先后推出赠加油卡、送装饰等让利促销活动，累计销售新车11台，销售额达165万元。

【执法检查】 年内，联合县公安局、日喀则市生态环境局昂仁县分局组成联合检查组，对辖区内的3家加油站和2家废品回收站以及6家汽车修理店先后检查3次，下达16张检查记录，存在问题现均已整改到位，并要求尽快处理好废矿物油和废蓄电池以及废轮胎，商贸领域开展安全生产执法检查65人次，检查场所78个，排查治理隐患20项，整治5项，安全生产宣传4场次，受教育人数156人次。

（参决卓拉）

旅游

【概况】 全县共有A级景区3个（其中AAA级景区2个，AA级1个），分别为日吾其金塔铁索桥、曲德寺、扎桑寺景区。2020年，由于疫情影响，实现旅游接待7.3万人次，比2019年下降71.9%；实现旅游收入2792.64万元，比2019年旅游收入下降87.1%。

【项目建设】 年内，县旅游咨询中心项目于3月份复工，投资1000万元，项目已全部完成并交付使用；日吾其金塔景区公共服务设施建设项目，该项目投资1000万元，项目进度已完成90%。

【景区环境治理】 年内，完成旅游厕所卫生整治和景区厕所百度地图线上标注工作，开展对旅游厕所的自查工作。在日常工作中，协同住建、环保等相关单位，定期不定期对厕所污水处理及使用等情况进行检查督导，发现问题及时提出整改要求；加大景区环境污水治理工作，对全县旅游景区进行2次环境卫生检查整治，配合市生态环境局昂仁县分局完成中央督导组反馈问题整改工作。

（次仁卓嘎）

农牧林水电

农业农村

【概况】 2020年，实施农作物播种面积7.91万亩，其中粮食作物6.76万亩，经济作物0.6万亩，饲料作物0.55万亩，粮经饲比例调整为85∶8∶7。粮油总产量达2355.395万公斤，其中粮食作物产量达2316.59万公斤，油菜产量达38.805万公斤，蔬菜产量达800.17万公斤，饲草作物产量达1469.735万公斤，农业产值达1.32亿元。2020年，牲畜存栏达42.07万头（只、匹），新生仔畜成活数17.76万头（只、匹），成活率达93.58%，同比增加0.58%，牲畜出栏27.96万头（只、匹），奶产量达8032.75吨，肉产量达7518.1吨，毛产量达179.71吨，牧业产值达2.78亿元。

【乡村治理】 年内，按照《农村人居环境整治三年行动方案》要求，组织各乡（镇）农牧民群众开展农村人居环境整治工作，清理农村生活垃圾893.4吨，清理白色垃圾245.7吨，清理卫生死角344处，清理村内水渠253.4公里，清理村内淤泥数量69吨，清理河道、湖泊370.4公里；发挥村级党组织的先锋模范作用，组织党员干部在各个行政村开展环境保护和生态文明建设等方面的宣讲活动，共组织宣讲场次185场，覆盖率达100%，受益人数约4.69万人次；农村厕所革命建设619户（改造提升），并已落实奖补资金123.8万元。

【农牧民增收】 年内，以工代赈项目与巩固脱贫攻坚成果、实施乡村振兴战略和统筹整合涉农资金方案的衔接协调，引导相关涉农资金和专项扶贫资金向以工代赈工程建设倾斜，完善项目建设管理单位与项目施工单位用工协调对接机制，不断挖掘增收新潜力，培育增收新动能，攻破农牧民增收短板问题。年内，农村居民人均可支配收入达11532.9元，其中工资性收入2791.2元，占24%；经营性收入6333.9元，占55.99%；财产性收入73.6元，占0.01%；转移性收入2334.2元，占20%。

【特色农牧业品牌建设】 年内，围绕品牌强农思路，结合昂仁县资源禀赋，依托特色优势产业，打造“桑桑牦牛”“桑桑酥油”“桑桑奶渣”“牦牛肉”国家地标证明商标，认证“桑桑牦牛”有机产品，依托酥油、酸奶、风干牛肉等牧畜产品，有力提升昂仁县牦牛品牌效益。

【农牧业生产监督管理】 年内，开展各类农产品监督检查工作，尤其是对于农业投入品开展严格的监管工作。截至年底，共开展各类农产品监督检查8次、出动检查人次14人。

【农牧业产业化】 年内，推广半放牧半舍饲、圈养舍饲育肥模式，缩短养殖周期，提高养殖效益。发展桑桑牦牛短期育肥示范基地1家，霍尔巴羊短期育肥基地1家，牛羊养殖专业合作社110家，农畜产品加工专业合作社39家，积极申报市级牛羊养殖示范社15

2020年10月27日，昂仁县农业农村局相关工作人员到桑桑镇拉聂村千亩人工种草基地查看饲草收获情况

家，成功推动自治区级牛羊养殖示范社3家，建设养殖（牛，羊）专业合作社棚圈423座，有效推动舍饲和半舍饲养殖模式。培育藏鸡养殖专业合作社21家，引进鸡苗1.28万羽，投入资金111.9万元，各类养鸡专业合作社效益初步显现，通过产销对接模式，组织合作社统购统销藏鸡蛋4.69万羽，收入达14万元。

【强农惠农政策】 年内，按照农机购置补贴政策，落实农机购置补贴561.22万元，为农牧民群众生产生活提供有效便利。落实农牧民补奖资金6502.57万元，为草原生态保护修复提供坚实的基础。青稞良种补贴共计资金110万元，并落实青稞良种基地补贴资金7.5万元，其余资金以物化形式落实。绿色高质高效资金17万元，全部以物化形式落实。农村“厕所革命”涉及改造户数为619户，并落实政策资金123.8万元。

【项目建设】 年内，实施高标准农田建设2800亩，投资672.28万元，该项目已全部完工并投入使用；实施牦牛短期育肥基地1座，投资200万元，该项目全部至2020年底完工并投入使用。实施农机深松整地作业1.11万亩，全部交由当地农机专业合作社组织实施，带动当地农机手7人临时就业，人均月工资达7500元，促进当地农牧民群众增收61.05万元。

【农业机械化作业】 年内，落实农机购置补贴561.22万元，扶持和发展农机专业合作2家，农机户1585户，机耕、机播、机收面积分别达3万亩、3.5万亩、4万亩，较好地推动农业现代化、规模化、集约化进程。

【科技服务保障】 年内，培育和推广青稞高产高效良种“喜拉22号”品种5.5万亩，建立二级种子田0.25万亩，落实高产创建示范田5万亩、“百亩千斤”高产栽培示范点4个。组织农牧民、乡镇农技人员、村级科技特派员等开展农牧业技能培训，培训人员达500余人。

【农业农村人才建设】 2020年，全县共有2家县级农业农村部门，17家乡级农牧综合服务中心，共有190个农业农村技术人员，370个科技特派员，26个农业农村专员，有效为基层“三农”领域建设提供人才、技术支撑。

【农业资源区划】 年内，昂仁县耕地总面积97205亩，其中优先保护类耕地71854亩，占比73.92%；安全利用类耕地25351亩，占比26.08%，无严格管控类耕地。着眼未来耕地安全优化，夯实农村耕地保护、安全利用基础，通过组织相关农技人员深入各个农区乡镇实施耕犁安全利用、优化利用科学知识的宣讲，检查耕地“非粮化”的现象、农村乱占耕地建房问题，宣讲次数10余次，参加人数达500人。

【农牧业改革】 年内，全面清查核实集体各类资产，摸清集体经济家底，完成17个乡（镇）、185个行政村的农村集体资产清产核资工作，农村集体资产总额达11574.40万元，其中流动资产2139.10万元、农业资产104.35万元、固定资产9330.94万元；资产清查共计11574.41万元，其中经营性资产共计2015.95万元，非经营性资产共计9558.46万元；资源清查共计 11.09 万亩，其中，耕地面积 7.21 万亩，草地 1.52 万亩，建设用地 2.35 万亩。

【政策性农牧业保险】 2020 年共计保险理赔 1465.73 万元，涉及 17 个乡镇 185 个行政村，涉及户数达 11438 户。

【畜种改良】 年内，利用娟姗牛细管冻精，改良当地黄牛 2000 头；引进种公牛 40 头（其中亚东帕里牦牛 10 头，仲巴吉拉牦牛 30 头），为全市牦牛改良提供桑桑牦牛优良种公畜 156 头。

【动物检疫】 2020 年春季应免头数 563826 头（只、匹），其中大牲畜应免 112503 头，实免 112132 头；小牲畜（山羊、绵羊）应免 451323 只，实免 449326 头，免疫率达到 99%。年内，昂仁县农业农村局按照动物检疫的相关要求，以月报制度形式上报动物检疫情况，并出具牛羊动物检疫证 85 次。

（顿 珠）

林业和草原管理

【植树造林】 年内，组织全县干部职工学生等共计 800 余人开展全民义务植树造林活动，造林面积达 33 亩，造林株数达 2500 颗、投资达 8.78 万元；政府投入 106.1 万元建设群众增收点营造林，贫困群众务工人数达 2300 余人次，实现创收 90 万余元；对全县易地搬迁集中安置点进行消除和提升无树村、无树户，投资达 25.3 万元，造林面积达 86 亩，造林株数达 6545 棵。投资资金 960 万元的天然草原退牧还草工程项目完成县级验收工作。

【资金兑现】 年内，兑现中央森林生态补偿效益基金管护补助 355.2697 万元，并将资金及时拨付到乡镇，做到惠民资金不挤占、不挪用，并监督各乡镇资金拨付情况，做到惠民资金无错发一笔、漏发一人的情况。

【病虫害防治】 年内，重点对县城内树木开展防治病虫害工作，采取洒水车喷洒药物和担架式喷雾器喷洒两种方式结合进行，对道路两旁进行洒水车喷洒，确保防治工作无死角，保证防治效果。此次防治工作，主要采用日喀则市林业和草原局发放的低毒、低残留的药物开展防治，包括百菌清、毒死蜱等。截至年底，完成对县城内所有树木病虫害防治。2020 年，对老政府院内、县城道路两侧的树木进行统一修剪。除去病枝杂枝，让树木在夏季里能够更好地生长，达到美化环境的目的。

【森林和草原防火】 年内，与各乡镇签订目标责任书，明确责任单位，及时宣传对火灾肇事者的处罚规定和典型案例，努力构筑常备不懈的思想防线，在全县营造出良好的森林防火氛围，使森林防火深入人心、家喻户晓。

【野生动物保护】 年内，共巡护 743 次，人数 1137 名，执法检查次数 171 次，执法检查人数 521 人，并同县有关部门对全县农贸市场等场所大力开展执法巡查，坚决打击非法经营利用野生动物等违法行为。

【违纪整改】 年内，对 3 处公路工

2020年6月12日，日喀则市林业和草原局、森林公安局相关工作人员到亚木乡开展野生动物栖息地巡护工作宣传

2020年3月27日，昂仁县林业和草原局相关工作人员到秋窝乡康萨村指导讲解造林技术知识

程修建项目非法占用林地进行撒入草种恢复工作，对临时搭建的项目指挥部和预制厂实施主体单位进行行政处罚，并责令限时拆除，下达责令整改通知书，按照相关法律要求，项目实施主体单位已补办征占用地手续。

【森林督察整改】 年内，根据西藏自治区卫星遥感监测林地图斑变化统计，昂仁县涉及3块图斑。为贯彻落实好自治区卫星遥感监测林地图斑变化实地核查的有关通知要求，县林业和草原局组织人员进行实地核查，并在2020年整改完成了2块图斑问题，1块图斑正在进行整改中。

（罗光振）

水利

【概况】 2020年，实施水利工程项目共开工建设12个，总投资为5698.39万元。项目的建成解决了昂仁县180个村（含自然村、易地搬迁点、草组）及改造升级已经实施饮水项目的87个村（含自然村、易地搬迁点、草组）、2312户、11491人，其中建档立卡1038户、4158人的饮水安全问题，解决3个行政村968亩耕地、326亩草地、94亩林地的灌溉用水问题，有效保护6个行政村2329户、936人、2579.96亩耕地、1107.84亩草地、194.66亩林地。

【民生水利建设】 年内，昂仁县水利局民生水利工程项目共开工建设2个，总投资为1045.4万元。项目建成后，能够有效保护昂仁县2个行政村308户、1393人、1485.94亩耕地、479.94亩草地、27.36亩林地。

【水利扶贫】 年内，昂仁县水利局"十项提升"水利扶贫工程项目共开工建设10个，总投资为4652.99万元。通过项目的建成，有效解决了昂仁县180个村（含自然村、易地搬迁点、草组）及改造升级已经实施饮水项目的87个村（含自然村、易地搬迁点、草组）2312户、11491人，其中建档立卡1038户、4158人的饮水安全问题，有效解决了3个行政村968亩耕地、326亩草地、94亩林地的灌溉用水问

2020年11月23日，昂仁县水利局相关工作人员到达局乡克吾村检查冬季供水情况

题，有效保护4个行政村223户、936人、1094.02亩耕地、627.9亩草地、167.3亩林地。

【水利工程设施水毁修复】 年内，利用2018—2019年农村公益性水利设施设备保险维修资金435.136025万元，修复昂仁县秋窝河道治理工程、昂仁县日吾其乡达夏村防洪堤工程、昂仁县2013年、2014年、2015年、2016年、2018年小型农田水利专项县工程、昂仁县2015、2016年水利公益性项目、昂仁县康萨灌区工程等共修复16个工程点，修复防洪堤1.210公里，修复渠道3.898公里。

【水资源管理】 昂仁县的水资源源于地表水、地下水资源、冰川水资源及大气降水。昂仁县境内河流密布，主要河流10余条，河流总长度近1000公里，全县湖泊水域面积为15050440亩。年内，昂仁县以实行最严格水资源管理制度为核心，全面实行水资源用水总量控制、用水效率控制、水功能区限制纳污“三条红线”管理，切实做好水资源管理和水行业监督执法工作。加强水法规宣传工作，贯彻落实好“三条红线”。按照市里下达任务和用水总量控制指标，详细制订下达2020年各项用水计划，加强对各行业用水管理、合理调度，做到科学用水、合理用水。严格执行取水许可制度，严格制止非法取水行为。严格执行水资源论证制度，强化水资源费征收管理。

【河长制工作】 年内，全面推行河湖长制，是保护水环境、改善水生态，推进生态文明建设的重要举措。昂仁县坚决按照自治区、市委关于河湖长制工作的部署和要求，全面推动河湖管理保护和水生态文明建设，河湖长制各项工作得到有效落实。制定印发《昂仁县全面推行河（湖）长制实施方案》《昂仁县全面推行河（湖）长制领导小组》，按照分级管理、分级负责原则，对各级“河（湖）长”、各相关部门的工作职责和主要任务进行明确，构建县、乡（镇）、村三级河（湖）长组织体系和以党政领导一把手负责制为核心的责任落实体系，推动河（湖）长制各项工作有效落实。截至年底，各级河（湖）长巡河（湖）共8200余次，对发现河段及沿岸白色垃圾、漂浮物等问题进行当场整改。河（湖）整治方面：充分发挥“水生态岗位”人员作用，重点对河湖及沿线，饮用水水源地等进行清理，从根本上解决垃圾乱堆乱放等问题，共开展清理行动1500余次，出动8000余人，清理河湖29条，整治垃圾堆放15处，清理垃圾27吨。河（湖）项目建设方面：2020年度投资2258.01万元，在多雄藏布、嘎日普曲等重要险段修建7处防洪堤，长度为14.395公里。“四乱”排查方面：建立河湖“四乱”问题台账，积极加大排查和整治力度，关停河道沿线违规采沙场5个并进行恢复平整。宣传引导方面：利用昂仁网站、网信昂仁等平台，世界水周日、“防灾减灾日”等节点，开展河湖保护宣传相关政策法规，共开展宣传教育活动25次、发放宣传手册1600余本、受教群众达1.5万余人次，设立河湖长制公示牌12块。

【工程监督检查】 年内，昂仁县水利局认真履行职能，紧紧围绕工程建设项目开展全方位监督检查，努力把工程打造成“精品工

2020年12月15日，昂仁县水利局组织开展农村饮水安全各村水管员业务操作培训暨农村饮水安全冬季供水保障技术培训

程、效益工程、廉政工程”专门组织成立工程监督检查领导小组，采取重点检查、抽查和专项检查的方式对工程建设质量、进度、安全等情况进行监督检查。精心组织定方案，认真监督严把关，发现问题立即督办整改。

【水土保持】 年内，县水利局依据水利部《关于严格开发建设项目水土保持方案审查审批工作的通知》，对项目做进一步的审核，在执行的前提下，组织技术人员到项目现场进行勘察，收集项目区有关社会经济、土地利用、气象水文、水土保持等方面的资料。在分析研究的基础上，依据工程总体设计，要编制水利工程水土保持方案报告书。

（格桑达瓦）

电力供应

【电网建设】 年内，新建及改造县城电网线路9公里绝缘导线，更换25台变压器，达局乡塔空寺庙及周边自然村新建10千伏线路3公里、400线路4.5公里，共投资资金150多万元。

2020年11月18日，昂仁县供电有限公司联合县消防救援大队开展消防演练

【营销服务】 年内，组织开展“和谐彩虹”行动，健全完善服务包保体系，主动征求客户意见与建议，帮助客户解决用电难题，将“你用电、我用心”的服务理念落实到具体工作中和行动上。开展业扩报装提质提速行动，深入市场调研分析，做好全县重点项目的跟踪服务，积极培育效益增长点，确保电量稳步增长。严格执行电价政策，超前分析电费回收风险，持续关注企业生产经营情况，确保电费颗粒归仓。

【安全生产】 年内，严格执行国网日喀则供电公司和昂仁县委、县政府关于安全生产的决策部署，全面落实公司各级安全生产责任制，坚守发展绝不能以牺牲安全为代价这条红线，全面落实国家电网公司和自治区有关安全生产工作部署，始终坚持把安全放在首位，突出预防为主、源头治理和过程管控，加强基层、基础、基本功建设，持续开展隐患排查治理和安全巡视督查等活动，切实提升本质安全，杜绝人身伤亡事故、大面积停电事故和重特大设备事故，实现全县电力安全生产的历史最高纪录。

（次旺朗杰）

交通 通信

交通运输管理

【概况】 2020年,全县农村公路通车总里程2357.255公里。国道2条:G349线、G216线,总里程262公里(其中G349线187公里、G216线75公里);省道2条:S209线、S513线,总里程262.31公里,其中S209线178.38公里(G349线岔口至尼玛县界限178.39公里)、桑桑镇至聂拉木县锁作乡界限83.92公里);S513线154.201公里(拉孜界限至昂仁县境内8公里、达局乡至卡嘎镇63公里、卡嘎镇(G349线岔口)至日吾其乡83.201公里);县道788.468公里;乡道530.969公里;村道437.355公里;专用公路通达里程76.153公路。县交通运输局负责管护1832.945公里,占通车里程的76%,乡镇通畅率为65%(17个乡镇中11个乡镇已通畅),建制村通达率为100%。建制村通畅率为67%,专用公路通达率为100%,通畅率为7%,基本形成县、乡、村等公路网络。

2020年5月15日,县委副书记、县长普布多吉(左四)调研亚木乡杰村牧场道路

【项目建设】 年内,实施续建项目3个,总投资3597.42万元,建设总里程10.828公里。2020年实施新建项目5个,总投资1492.62亿元,建设总里程3.966公里。2020年狠抓“十三五”实施项目交工检测和交工验收等收尾工作。截至年底,实施交通一般项目有30个,除1个项目未完工而未能交工检测之外,其余项目均已完成交工检测,已通过上级部门交(竣)工验收7个项目、市交投项目11个,其余的项目准备交工中。

【公路养护】 县交通运输局管养的农村公路范围广、面积大,致使公路养护工作任务重。经提请县政府党组会研究通过后,按照养护责任主体的要求和属地养管的原则,将农村公路养护中大修工程按项目形式建设实施。2020年,共实施养护大中修项目48个,投

2020年6月25日，昂仁县交通运输局联合卡嘎养护段、县交警大队开展超限超载大检查

入资金650万元。

【农村客运】 2020年，全县农村客运班线共有4条，分别为达局乡—日喀则市、亚木乡—日喀则市、昂仁县城—多白乡、昂仁县城—日吾其乡；其余10个乡镇均未开通班线（受极高海拔搬迁影响），对农牧民群众出行带来一定不便。农村客运移交第三方企业管理的方案于8月通过县政府党组会议。截至年底，与有意愿合作的第三方企业正在洽谈中。

【权责清单】 年内，昂仁县交通运输局权责清单共215项，其中行政许可11项、行政处罚176项、行政强制8项、行政检查8项、行政确认2项、行政奖励2项、其他类8项。

【安全生产】 年内，组织开展公路项目专项安全生产检查18次，排查道路安全隐患22条，下发限期整改通知书6份，不安全因素得到有效整改，形成对安全生产齐抓共管的良好局面。开展道路交通安全活动的同时，联合交警、安监等部门开展超限超载专项整治检查6次。

（索　多）

邮政

【概况】 2020年，中国邮政集团公司西藏自治区昂仁县分公司（以下简称昂仁县邮政分公司）坚持以主动适应新常态，积极谋划促转型为发展纲要，坚持稳中求进、又好又快的工作导向，坚持融入地方经济社会发展大局，鼓足工作干劲，创新工作方法，加快经济发展方式转变和业务结构的调整，强化企业核心能力建设，着力提升企业社会形象。在全体干部员工的共同努力下，进一步明确方向，坚定发展信心，深化改革创新，优化资源配置，提升员工能力，加快转型升级，企业可持续发展的基础进一步夯实，各项工作取得良好的业绩。

【邮政业务】 2020年，昂仁县邮政分公司实现业务收入110万元，同比增长2.98%。代理金融类业务收入48万元，完成年计划105%，同比增长2.5%，其中代理保险收入1万元，同比增长0.9%。实现函件业务收入5万元，完成全年计划95%。2020年开发快递包裹签约客户4户，比2019年度增长3%，其中日均收寄量达10件以上的大客户3户，5件以上的1户。推进报刊征订转型工作，扎实推进“三个转变”要求，加大宣传和督导力度，连续第2年在全市率先提前完成市公司下达的报刊大征订目标。持续做好报刊日常征订，重抓畅销报刊补续订工作，加大营销力度，多方挖掘集团客户，抓好校园市场的开发与维护。全年共实现收入26万元，完成计划101.6%。通过开展大米、面粉、电器专场订货会、借助平台办宣传分销销售等形式，开展车险业务等专项活动，推进电商业务稳步发展，共实现电商业务收入15万元。

【企业管理】 年内，在基础管理工作方面，着重加强各项制度的完善，使制度更加严密。进一步细化和完善机关作风、基础管理、财务管理、业务及质量管理、服务管理、车辆管理等方面的制度，将之

2020年7月15日，昂仁县邮政分公司为客户办理存款业务

作为开展全年各项工作的基石。同时，结合各单位、部门实际，本着务实、易于操作的原则，按统一标准，建立健全管理工作台账，以标准化管理模式推进基础管理工作的进步。并通过日常督导、定期通报、突击检查等方式，促使全公司基础管理工作上台阶、上档次。推行安全生产责任制，配合县政府开展安全生产专项整治活动，定期对邮政公司各生产场所进行检查，并就有关问题进行整改，消除安全隐患。邮政公司制定《昂仁县邮政公司突发事件应急预案》，并成立由"总经理"挂帅、员工为成员的"突发事件应急领导小组"，制订详细的工作职责。全县发放邮政服务征询意见函60余份，着重从环境设施、服务质量、工作效率、业务素质等方面提出征求意见，以及时发现和纠正工作中存在的问题和不足，为进一步加强邮政工作作风建设提供第一手资料。

【普遍服务】 年内，不断提升农村邮政普遍服务水平，有普遍服务网点17个，投递道段5条，村邮站、代办接转点等185个，遍布全县17个乡镇，服务185个行政村（社区）。通过上级整合，实现县城营业每周7天每天8个小时，17个乡镇所在地便民服务站每周5天每天6个小时的营业时长标准。

（多 吉）

电信

【概况】 2020年，昂仁县电信局共有员工22人，2名渠道经理，1名财务专岗，6名营业员，6名装维人员，4名基站维护人员，1名店长和领导班子2名（局长和副局长各1名），内设财务办公室、综合办公室、店长办公室和局长办公室。

【市场经营】 年内，昂仁电信局收入完成1532.57万元，完成全年目标的108.46%，移动号卡发展3276户，完成全年目标的92.05%，宽带业务发展638户，完成全年目标的104.25%，IPTV（电信电视）发展301户，完成全年目标的64%；作为2020年电信公司新兴的业务，天翼看家（监控摄像头）156户，完成全年目标的130.80%，专线业务发展8条，带动年收入近40万元。发展"翼校通"校园卡500户左右，免费给县中学提供50部固定电话，让学生使用校园卡与家长联系。

【通信建设】 2019年前，全县行政村已覆盖4G信号，个别行政村的信号强度较差，2020年对信号强度差的行政村进行基站的迁移和改造，还有剩下的部分2021年继续改造，全县新建4G基站只有3个，17个乡（镇）所有行政村手机信号已覆盖，已建成光宽网络端口108407个，17个乡（镇）所有行政村已覆盖光宽网络，覆盖率已达到100%。

【客户服务】 年内，以"用户至上，用心服务"为理念，要求全员执行首问负责制，及时解决和协调客户要求，所有人员加强和提升服务态度，服务用语。要求做到服务四声"来有迎声、问有答声、唱收唱付、走有送声"。始终坚持全面创新、求真务实、以人为本、共创价值的企业价值观，致力于日喀则市通信事业的发展，为广大用户提供更加优质便利的

昂仁县电信局营业厅

通信服务。年内，投诉申告量89起、投诉定则11起、其中纳入专项考核11起、工信部1起、越级投诉2起、一般投诉8起，全年工信部有效申诉量34起，同比下降41%，全年工单一次性解决率完成100%、电子工单一次解决率均达到目标值95%。公众综合满意度81.3分，领先友商，行业排名第一，政企综合满意度88.9分，超目标值0.9分；出现涉诈号码被举报事件2起，实行实名制登记专项工作，2020年新装实名制达到100%，市公司下发的存量用户实名制整改数据100%整改完成，在“两深入两服务”全员服务在行动优秀服务事迹评选中荣获团体二等奖。

【应急保障】 年内，坚持把扶贫攻坚作为企业重大政治任务和重要民生工程，坚决助力打赢打好脱贫攻坚战。实现昂仁县所有行政村光宽、4G的100%覆盖，通信业务扶贫政策惠及全县所有建档立卡贫困村迁入免费宽带和电信电视（IPTV），使党的声音传到昂仁县所有贫困户。向电信局派驻村点，先后几次慰问及赠送近2万元物资。落实提速降费举措，实现国内手机流量单价下降94%，中小企业专线平均资费降幅26%，企业带宽平均资费降幅33%，百兆及以上宽带用户占比超过80%。按照工信部统一部署，按时正式向社会提供“携号转网”服务，全网实现“携得了、转得快、用得好”。

（旦增旺扎）

移动

【概况】 年内，昂仁县移动分公司完成运营收入2643.79万元，完成年度指标。全年家庭宽带完成客户数2000户，完成年度指标的95%。全年新增活动客户数6929户，同比增长26.91%，市场份额达到61.59%，渠道覆盖7家，直销员参加2名。

【市场营销】 年内，构建以客户为中心的服务营销体系，转变服务观念、强化服务意识、抓好服务工作，避免服务工作的单一化。注重维系存量客户，发掘潜在客户，激发沉默用户。做好集团客户、重要客户和中高端客户的走访工作和维系工作，雇佣新类型营销员增加宣传力度，加强对代维公司的管理，加强对网络的日常维护管理，提高网络质量。

【服务规范】 年内，为了更好地服务大众，县移动分公司在营业服务中，认真做到统一着装，挂牌上岗，规范用语，闲时站立，微笑服务，五声服务，多说一句话，多做一件好事，真正把用户当作朋友、亲人。做用户信赖的伙伴。加强员工培训工作，不定期安排合作营业厅员工来主厅进行学习，锻炼和加强员工处理问题能力和解决用户投诉的实际能力。加强业务培训和考核，结合实际技能和操作，对一些新文件及时上传下达，随时学习并掌握。加强营业员在实际工作中学习的力度。

（晋 美）

联通

【市场经营】 年内，昂仁县联通营业部深入推进营销模式转型，充分发挥资费优势和价格优势，为昂仁县客户提供更廉价、更方便的通信服务，全力推动昂仁县信息化进程。2020年，业务总收入200万元，其中集团业务收入69万元，公众用户收入131万元，完成年度预算计划100%。2020年昂仁县2个乡2个镇联通3G、4G基站共有49个，昂仁县219国道沿线行政区域内所属公路沿线全面覆盖联通3G、4G网络。

【网络建设】 年内，昂仁县网络覆盖达到2个乡2个镇，国道沿线全村通信光缆、电缆，覆盖城区，信息接入畅通。2020年4G基站新建12个，4G网络覆盖昂仁县城。全县重点小区实现光改，“宽带提速”工程全面提升至100M、200M端口速率。

2020年4月6日，昂仁县联通营业部工作人员到各村上门服务办理业务

【安全生产】 年内，昂仁县联通营业部定期召开安全例会，在重点活动、重大节假日前召开安全生产动员会，提高员工的安全生产意识，定期在全公司范围内开展安全大检查，对发现的安全问题，责令其整改，并进行复查，确保问题解决。

（格桑曲珍）

城建 环保

住房和城乡规划

【城镇化建设】 年内，为了促进城镇化建设，完成县城综合整治项目（淄博援藏），总投资240万元；秋窝乡基础设施配套建设项目（淄博援藏），总投资363万元；日吾其乡基础设施提升改造（淄博援藏），总投资1300万元。

【危房改造】 年内，全县完成危房改造54户，每户1.4万元，共投资75.6万元；完成2户无房户改造建设，共投资10万元。

【城市卫生设施建设】 年内，完成3个乡镇3座垃圾池建设，共投资9万元。在卡嘎镇新建两座旱厕、秋窝乡新建1座旱厕，共投资57万元。年内，对县城所有公共厕所进行检查和维修，并完善《昂仁县公共厕所运维管理制度》。

2020年7月8日，昂仁县住房和城乡建设局相关工作人员到唐东杰布广场检查县城综合整治项目

【建筑市场管理】 年内，加强项目前期管理，落实项目管理制度，严把项目报建审批关，对网上报建平台实行专人管理、专人审核、专人负责，严把项目审批流程，严格要求各项目主管单位切实履行项目报建备案制度，坚决杜绝未报先建情况发生。加强日常监督检查，对县域内新建和续建项目进行监管，强化施工质量和施工进度监督，规范建筑施工要求，重点检查行政许可手续是否完备、是否按图施工等，针对存在问题的施工企业当场下达整改要求。年内，开展工程质量和施工进度检查，出动人员86人次，下发整改通知单8份、涉及整改事项33个；简化施工许可办理手续，按照市住建局下发的《日喀则市住房和城乡建设局关于调整施工许可权限和施工许可审批要件的通知》精神，减少施工许可申请材料20项，进一步减轻建设单位和施工企业负担；规范施工单位签字拨款手续，凡是未办理质量监督手续和施工许可的企业，一律不予拨款签字；强化建筑业安全

生产监管，加强工程施工安全监督备案工作，牢固树立安全责任意识。

【行政审批工作】 年内，按照《西藏自治区城乡规划“一书三证”管理办法（试行）》有关规定，严格执行“一书三证”管理制度，严格落实“一书三证”办理程序，在项目上取得施工许可的同时加强建设工程质量监督备案工作。年内，共核发建设项目选址意见书17份、建设用地规范化许可证5份、建设工程规划许可证6份、乡村建设规范化许可证56份。

【保障性住房建设管理】 年内，为加大昂仁县保障性住房建设的力度，着力解决昂仁县县城中低收入住房困难家庭、新就业职工、外来务工人员、创业高校毕业生住房困难问题。昂仁县围绕这一系列惠民举措，从实施安居工程，到建设廉租住房、公共租赁住房、棚户区改造，再到建设干部职工周转房，这一体系正日益完善。截至年底，全县保障性住房建成已入住的共有公租房520套，周转房402套。公租房520套，按照《日喀则地区公共租赁住房管理暂行办法》和《住房和城乡建设部、财政部、国家发展改革委关于公共租赁住房和廉租住房并轨运行的通知》文件要求并轨周转住房使用。昂仁县保障性住房入住审批立足“合理使用、有效周转”的工作原则，严格按照自治区住房政策规定，依规管理，公开透明。

【住房登记管理】 年内，对昂仁县城保障性住房公租房520套，周转房402套进行登记管理。公租房520套，按照《日喀则地区公共租赁住房管理暂行办法》和《住房和城乡建设部、财政部、国家发展改革委关于公共租赁住房和廉租住房并轨运行的通知》文件要求并轨周转住房使用，采取逐户敲门的方法进行询问登记。

2020年11月6日，昂仁县住房和城乡建设局相关工作人员到达局乡加油站检查

【住房租赁补贴】 住房租赁补贴是住房保障方式之一，昂仁县充分利用国家相关政策，逐年扩大城镇住房保障范围。年内，全县符合发放住房租赁补贴条件的城镇低收入住房困难家庭共计124人，发放租赁住房补贴共计37.9944万元。

（张　腾）

城市管理

【县域环境】 建成区面积1.1796平方千米，市政道路“四纵四横”8条主干路，雨污管道长19.6公里，公共厕所12座，建筑垃圾填埋场于2018年选址、确认，可容纳建筑垃圾7.5万吨，使用3年。2020年，由昂仁县城市管理和综合执法局负责管理，平均每月收纳建筑垃圾1600余吨。垃圾填埋场于2016年选址建成，该垃圾填埋场处理规模为10吨/日，服务年限为16年，填埋场设计库容9.21万立方米，碾压式土石垃圾坝3063立方米，管理区房247.02平方米，于2016年交付藏洁源环卫公司运营管理。

【行政执法】 年内，为全面提高县容县貌管理水平，维护城市经营秩序，提升城市软环境建设，累计拆除字迹模糊、危险、破损的违规广告15处，清除城市牛皮癣、横幅120条（张）。累计疏通堵塞的污水井16座，清理和疏通堵塞的厕所31座，修护破损的路灯12座，修理城市限高栏70次和改建新建城市限高8处，处置撞毁城市限高栏、路灯、绿化树木案件40余起，掏空城市雨水井350余处和全部加装过滤网，修护城市绿化栏30次45处和新建绿化栏4处共5公里。累计开展清理行动11次，清理流浪牲畜54头、僵尸车辆8辆。累计查处违章搭建案件2起，下发责令整改2次，进行强制拆除1起，进行行政处罚1起。累计制止出店经营的行为230次，清理流动商贩40余人；批准流动经营和举办商业活动5次，处罚屡教不改的违法经营4起。

【环卫工作】 年内，为加大环卫保洁工作力度，营造舒适宜居美丽的县城生活环境，同藏洁源环卫公司签订《环卫保洁目标责任书》，印发《昂仁县环卫保洁周检查实施方案》《昂仁县垃圾分类实施方案》等措施计划，实行县城市管理和综合执法局、环卫公司、环卫工人考核作业的三重管理体系；保洁员按街道、按区域、按重点全天保洁的打扫办法和环卫工作“一作业”“二收集”“三清末”“四消杀”“五准时”“六不”“七净”，垃圾及填埋场“五项管理标准”的考核方式，对环卫保洁进行全面检查、考核、打分，层层压实环卫工作责任，确保县城干净、整洁。县城环卫保洁垃圾处理和收集量达到淡季每天约15吨，旺季每天20余吨，县城“脏、乱、差”现象得到有效治理，城市环境、卫生质量得到全面提升。

【环境卫生管理】 年内，为彻底巩固2019年以来环境卫生治理成果，防止县容环境卫生治理成果和城区“脏乱差”现象反弹，开展建筑垃圾清理整治行动8次，清理、推平、填埋金措湖沿线建筑垃圾、建筑垃圾填埋场、县城至秋窝路段沿线、伟色路沿线、县城施工建设历史遗留、卫生死角建筑垃圾2000余吨，下发违规处置、运输建筑垃圾、白色垃圾、渣土、沙石责令整改通知10余次；进行行政处罚和收取建筑垃圾处置费4起，进行施工登记备案6起，迎接环保检查2次和环保督察2次，完成环保整改事项6起，设置严禁倾倒建筑垃圾、白色垃圾提醒牌6处和网围栏600余米。开展县城街道和居民小区白色垃圾清理6次，清理居民小区、卫生死角和县城重点区域白色垃圾400余吨，增设生活垃圾收集桶18个。

2020年9月10日，昂仁县城市管理和综合执法局工作人员开展城市管理法律法规宣传活动

【城建项目】 年内，为展示昂仁县县城发展建设成果，保障群众夜间安全出行，对金塔路广场大门、广电信号塔、新区党政办公大楼、昂仁县炯巴藏戏国家级非物质文化遗产保护中心、淄博公园、卡嘎镇方向县城入口大门6处实施了亮化工程建设，总投资52.11万元。对新区路段因线路损坏而导致长期不亮的路灯进行了电网重组维修，路段总长4.6公里，总投资92.2万元。同时为提升改造县城环境，维护路灯、广告牌、垃圾箱等基础设施，购置备用井盖50个，总投资32.17万元。

（王天罡）

生态环境保护

【污染防治】 年内，全面抓好大气、土壤、水污染防治工作，重点对昂仁县施工现场除尘情况、建筑垃圾处理情况、“一湖三河”进行监督，防止污染。同时，对昂仁县自来水厂及农村饮用水水源地进行前一至四季度的监测工作，防止农村水源地的水源污染，确保各乡镇、农村饮用水的水质。3个集中式水源地白色垃圾进行清扫并对破损的围栏进行修复。开展昂仁县2020年环境统计年度工作，并核对辖区内工业企业污染物排放及治理情况，严把数据质量，确保环境数据的真实性、合理性。年内，昂仁县确定5家环境统计列系统企业。

根据关于印发《西藏自治区固定污染源排污许可清理整顿和2020年排污许可发证登记工作实施方案》的通知要求，结合第二次全国污染源普查清单，县税务、市场监管局等污染源基础信息，以及生态环境监管企业名单，形成昂仁县固定污染源基础信息清单，固定污染源企业共计146家，已完成网上注册登记146家，完成率达100%。

【“三线一单”】 年内，根据西藏自治区生态环境保护战略定位及西藏自治区“三线一单”编制工作重点，昂仁县成立领导小组和技术组，召集相关部门，全面调研，并征求意见，完成昂仁县需调整报告和清单收集支撑材料的上报工作。根据最新调整初步方案，昂仁县生态保护红线数据最新面积为1868.51平方千米，占县域国土面积比例为6.62%。“三线一单”环境综合管控中优先管控26611.52平方千米，占比94.35%；重点管控131.22平方千米，占比0.47%；一般管控1463.26平方千米，占比50.19%。

【审批服务】 年内，在建设项目管理过程中，严格落实《中华人民共和国环境保护法》《中华人民共和国环境影响评价法》《建设项目环境保护管理条例》等环保法律法规，对建设项目进行严格审查。截至年底，全县建设项目环境影响登记表备案项目83个，环评执行率达到100%。

【环境监测】 年内，按照监测方案要求，完成各项监测任务，共计投入监测经费132万元。监测结果显示，环境空气：所监测指标均满足《环境空气质量标准》一级标准；地表水：所测昂仁县金木措岸边地表水指标pH、总磷、氟化物超《地表水环境质量标准》Ⅴ类标准，所测其余地表水指标均满足Ⅲ类标准；地下水：昂仁县桑桑镇垃圾填埋场地下水所测指标均除氨氮为《地下水质量标准》Ⅳ类标准外，其余所测地下水指标均满足《地下水质量标准》Ⅲ类标准；土壤：昂仁县城、桑桑镇垃圾填埋场土壤所测指标均满足《土壤环境质量 建设用地土壤污染风险管控标准》；污水：昂仁县污水处理厂排口所测指标均满足《城镇污水处理厂污染物排放标准》表1一级B标准及表2标准。

【环境监督执法】 年内，为切实做好环境执法大练兵工作，加强对辖区内各矿点、尾矿库、采砂（石）场、水源地、垃圾填埋场、污水处理厂、汽修行业、医疗卫生、自然保护区等的日常监管，督促相关企业进一步加强环保设施的运行和监管，落实专人负责，确保污染防治设施正常运行，企业污染物达标排放。在执法中出动人员114人次，检查排污单位（企业）54家次，向昂仁县辖区内相关单

2020年7月3日，日喀则市生态环境局昂仁县分局召开2020年生态环境执法大练兵活动动员部署会

位、企业、乡镇下达执法文书16份，查处违法违规偷排废水企业1家（同泰选厂尾矿库），处罚金额20万元，已完成整改。

【项目建设】 年内，为解决昂仁县医疗废物集中处置，申请新建1座医疗废物集中处置站，项目总投资约893.07万元，已完成相关前置手续等工作（用地手续、项目规划许可手续、社会风险评估报告、项目可研报告及投资概算、可研批复）。完成昂仁县2020年所有监测项目、乡镇以下集中式饮用水源地保护区划分项目、县城声环境质量划分项目、乡镇及以下集中式饮用水源地隔离保护设施建设与标志标识4个项目的招投标及采购配发工作，以上4个项目总投资共约323万元。

根据《日喀则市财政局关于下达农村环境综合整治资金的通知》，下达资金约275.09万元。昂仁县生态环境部门按相关规定采购并发放2019年农村环境综合整治环卫设施设备涉及5个乡镇76个村垃圾转运车25辆，配套垃圾箱253个。2019年农村环境综合整治55个村配备补充农村环卫基础设施，投入资金439.54万元，补充配套垃圾转运车55辆，垃圾箱103个。

【中央环境保护督察】 2020年，中央第六环保督察反馈问题涉及昂仁县整改任务共24个大项、57个小项，昂仁县严格按照整改方案要求，全面彻底整改到位，整改率100%。

2020年7月13日，日喀则市生态环境局昂仁县分局配发2019年农村环境综合整治环卫设备

【生态文明建设】 年内，根据《西藏自治区级生态村建设标准（试行）》的相关要求，申报64个自治区级生态村，经县政府党组会议研究同意，投入资金138.72万元，安装宣传牌46个、宣传栏64个，发放垃圾桶3054个，悬挂横幅128条。为贯彻落实《西藏自治区人民政府关于创建国家生态文明建设示范区加快建设美丽西藏的实施意见》《中共西藏自治区委员会西藏自治区人民政府关于创建国家生态文明建设示范区加快建设美丽西藏的决定》，昂仁县实施生态文明创建57个村，生态村提档5个村。

【宣传教育】 年内，投入环境宣传经费约30万元，以中央环保督察“回头看”为抓手，认真开展生态环境保护宣传活动。利用“6·5”世界环境日等重要时间节点，向群众开展宣传教育15次，参与宣传36人次，悬挂横幅宣传标语40余条，发放各类宣传资料1300余份，接受群众咨询70余人次，受教育群众达2000余人次；其中在开展“6·5”世界环境日宣传活动中悬挂宣传标语21幅，现场发放环保宣传手册200多份、宣传物品（垃圾桶、扫把、水桶、洗脸盆等）折合人民币5000多元，现场接受群众咨询50多人次。

（陈　华）

教育 文化 科技

教育管理

【概况】 2020年，全县共63所学校，其中初中1所，在校生2763人，毛入学率123.35%，比上一学年提升13.41%，九年义务教育巩固率99.47%。小学22所，小学在校生5631人，净入学率100%，比上学年提升0.21%。幼儿园40所，比2019学年新增3所村级幼儿园。在校学生（在园幼儿）共11557人，比2019学年新增1050人。在岗正式教师共622人，比2019学年新增55人。

【教育事业】 2020年，本级财政对教育投入722万元，占上一年财政收入的25%。按照各校教师人数，对能够正常运转教工之家的学校，以每人300元、一年10个月的标准落实教师伙食改善补助资金，共拨款196.1万元。为县育才教育基金注资100万元，对2020年教师住房公积金缺口补贴369.0981万元。年内，在充分把握教育形势任务的前提下，对县域教育工作提出25个问题，进一步明确学校规范化管理、教学质量提升、教师队伍建设三大重点任务，县教育局、各乡镇、各学校积极推动问题整改落实工作。

【招生考试】 年内，全县小学一年级招生966人，初中七年级招生917人。2020年，参加中考总人数861人（其中县中学776人，参考率98.98%；初中控辍保学集中班85人，参考率62.96%），学生个人成绩达到日喀则市实验学校高中部录取线人数40人，达到市二高人数80人（含上海实验学校高中部上线人数）；参加小考人数93人，参考率9.41%。年内，在全市中小学学业水平测试中，初中八九年级参考人数分别为813人、942人，参考率100%、98.64%，总体成绩在全市24所学校中排名均为第23名；小学六年级参考776人，参考率99.74%，总体成绩在全市20个县（区）学校中排名

2020年6月18日，日喀则市政协副主席、昂仁县委书记李有平（右二）到县小学检查指导工作

第19名。

【教师队伍】 年内,在岗正式教师人数622人,其中学前87人、小学326人、初中203人、教育局教研员6人。上级教育行政部门新分配71名正式教师,其中学前45名、小学16名、初中10名。调入教师2名,调出教师13名。补充38名大学毕业生从事学前教育,其中非在编专任教师2人,人社部门招聘安置区幼儿园临聘教师9人,乡村幼儿园教师27人,有效缓解学前师资紧缺的问题。推荐1名正高级职称教师(援藏),25名副高级职称教师,其中学前2人、小学18人、初中5人。

【教育惠民】 2020年春季全县“三包”生10389人,其中初中2623人(含随班就读8人),小学5611人(含送教上门51人、随班就读18人),学前幼儿2155人,中小学营养改善计划学生8273人,其中初中2623人,小学5650人。2020年,秋季“三包”生11444人,其中初中2753人(含送教上门41人、随班就读23人),小学5583人(含送教上门50人、随班就读54人),学前3108人,中小学营养改善计划学生8348人,其中初中2758人,小学5590人。全年“三包”预算指标4055.53万元、营养改善计划预算指标660.72万元。年内,共落实“三包”资金3412.0147万元(含装备419.9876万元)、营养改善计划资金482.1172万元。

2020年5月17日,昂仁县副县长索朗次仁(中)主持召开初中教育工作专题会议

【教学与教研】 年内,积极推动第二轮薄弱学科攻坚工作,继续实施消除个位分数和培优补差工作,落实《全县2019—2020学年教学质量奖惩办法》,投入35.8万元奖励教学质量相对先进集体和个人,签订2020—2021学年教学质量提升目标责任书。县教育局党委班子成员、教研员等深入学校开展听评课200多节,并对3所教学质量薄弱学校进行蹲点指导。组织60多名教师参加县级赛课,全县学校组织校级赛课、公开课、示范课等场次50余次、人次达460余次。先后组织小学毕业班3次和初中毕业班3次模拟考试,每学期对全县小学一至五年级进行统一考试,定期做好各类考试质量分析、总结工作。重视中小学、幼儿园师生使用国家通用语言文字工作,严格按照全区统一规定使用部编“三科”教材。严格落实“五个100%”工作,中小学双语教育普及率、小学数学课程开课率、中学数理化生课程计划完成率、中学理化生实验课开出率均达到100%,配备初中理化生实验室所需器材,同时小学自然实验课开课率进一步提升。

【素质教育】 年内,坚持立德树人根本导向,加强爱国主义、民族团结、反分裂斗争、红色文化、国防环保等教育,完善学校德育室、德育走廊文化,更新德育板块内容,挖掘适应时代发展趋势的地方文化特色,让每个墙面、宣传栏、展品说话,在潜移默化中教育引导学生。以日常国旗下讲话、主题班会、校园广播、德育展览内容讲解等方式,深化日常德育教育成果,持续开展“四讲四爱”青少年主题教育实践活动,全力培养新时代中国特色社会主义合格建设者和接班人。开齐课程、开足课时,特别是音乐、体育、美术、计算机等课程,结合实际成立藏汉书法、音乐、美术、舞蹈、球类等兴趣小组,引导培养学生个性化兴趣。

保证学生日常“两操两活动”，在春秋季举行学生田径运动会、爬山比赛、球类等体育活动，促进每个学生掌握两项体育技能。定期举办校园文化艺术节，结合重要节日、重大时间节点组织开展健康向上的文艺活动，为学生个性发展搭建平台。

【基础建设】 年内，共实施5个教育基建项目，投资总额5850万元，完成投资5157.5万元，投资率88.16%，其中2019年建设未完工，2020年续建项目2个（县第二小学建设3700万元，亚木乡小学改扩建420万元），总投资4120万元，完成投资3687万元，投资进度89.49%（其中县二小90%，亚木乡小学85%）；2019年下达投资、2020年建设项目共3个（薄改项目亚木乡小学教学辅助用房建设300万元、“三洲三区”项目桑桑镇小学改扩建830万元、县小学改扩建600万元），总投资1730万元，完成投资1470.5万元，投资进度85%。申报安置区幼儿园建设项目7个（每个安置区1所幼儿园），投资总额2240万元（每所320万元）。援藏投资教育基建项目共2个，投资总额700万元（亚木乡小学塑胶操场建设344万元，日吾其乡小学塑胶操场建设356万元），完成投资595万元，投资进度85%。

【培训交流】 年内，山东淄博援藏工作组安排1名干部担任县中学班子成员，派出2名教师参与人才组团式援藏项目。市级教育行政部门向昂仁县派出3名教师执行初中阶段支教任务，派出3名初中教师到岗巴县轮岗交流。县内安排2名小学教师在小学校际间开展支教，派出14名初中教师到偏远薄弱小学支教。组织全县中小学、幼儿园教师参加国家、自治区级、市级、县级、校级五级培训，派出70余名教师外出参加市级以上培训，组织168名教师参与“三科”网络培训。

【教育发展规划】 在“十四五”期间，计划新建昂仁县第二中学，投入使用昂仁县第二小学，实施县中学、卡嘎镇小学等13所中小学、桑桑镇附设幼儿园等多所幼儿园改扩建项目，新建多白乡楚龙村等38所村级幼儿园。全面推进义务教育，提升义务教育办学品位和教学质量。积极发展学前教育，到2025年农牧区幼儿入园率达到自治区规定标准。大力发展县级职业教育，探索和发展县域农牧区产业发展、就业形势的办学模式。增强素质教育实效，推进中小学招生考试、学生全面发展评价改革等工作。加强师资队伍建设，提升教师群体的师德师风水平、履职尽责、教育教学能力。

【教育督导】 年内，完善教育督导考核体系，把目标任务、履职尽责、成效情况列入考核，将校级班子、教职工、学生摆进去，确保教育督导工作落地生根。定期组织县教育局党委班子、教研、财务、督导、学前、统计等人员深入基层、深入师生，开展常规和专项督导，反馈学校存在的问题，跟踪整改情况。规范教育各类统计数据，做到统一、清晰、准确，为教育提供数据保障。2020年，重点对学校安全安保、疫情防控、控辍保学、送教上门等工作开展检查督导，常规督导4次、专项督导3次。

【学前教育】 年内，新开办3所

2020年4月25日，昂仁县教育扶贫工作督导组相关工作人员到多白乡荣奴村小学调研

村级双语幼儿园，县人民政府提请上级教育行政部门设立相关机构。全县幼儿园共40所，其中县幼儿园1所、小学附设幼儿园19所、村级幼儿园20所，同时卡嘎镇波热村小学设有附设幼儿班；在园（班）幼儿3163人，三年毛入园率88.48%，比上学年提升18.27%。

结合县域学前教育工作实际，分类做好全县4—6周岁适龄幼儿入园（班）或委托村委会有关工作。

2020年7月19日，昂仁县举行初中阶段控辍保学集中班工作汇报会暨毕业典礼

【推普工作】 年内，全县有22所小学（其中初小3所）。9月，县委、县政府在日吾其乡召开以“盯紧养成教育，立德树人，保障安全，创建规范、和谐、美丽校园”为主题的全县学校规范化管理现场会，将日吾其乡小学的管理经验、典型做法推广至全县，授予日吾其乡小学“规范化管理学校”县级荣誉称号。

县域内有1所初中。2020年，县委、县政府进一步加强初中教育工作，先后召开初中教育工作座谈会、音体美教师“六谈六论”座谈会等，对县中学自身提出10个问题，要求县教育部门、学校全面落实整改任务，并建立健全教师工作量化考核机制，狠抓教师管理和学生养成教育。

【群众体育】 年内，举办昂仁县第二届“唐东杯”农牧民运动会。该届运动会共设立10个竞技项目，包括拔河、4×100米接力、押加、秀孜、藏牌、抱沙袋、100米短跑、200米短跑、1500米长跑、滚筒等竞技项目，17个乡（镇）选派220名农牧民运动员参赛。评选表彰优秀团体16个、优秀个人47名，男子抱沙袋、女子100米、男子200米、女子200米、4×100米接力5项赛会纪录被打破。

【教育脱贫】 年内，动员各级各方力量，持续对接乡镇、县直相关部门，加大失学生摸底、排查力度，建立教育方面0—25周岁人口数据库，精准确定失学生名单，明确复学举措，按照学生年龄安排相应的学段和年级就读。在县职教场所设立初中阶段控辍保学集中班，配备管理人员和教职工，以“四个教育、两个办法”为办学理念，统领集中班工作。落实义务教育阶段适龄儿童少年控辍双线责任制和“四书七长制”，定期对适龄残障儿童少年开展送教上门服务，每月每生服务达到2次以上，建立健全控辍保学、送教上门档案及佐证材料。义务教育阶段实现控辍保学“双百”、辍学生清零的目标，达到教育脱贫攻坚工作目标。年内，对158名贫困大学生落实自治区2019—2020学年贫困家庭子女接受高等教育实施免费教育补助资金66.33万元，在此基础上，以补差的形式对78名区外贫困大学生落实市级资金21.24万元。有效发挥县育才教育基金作用，对昂仁县籍2020年考入大学342名学生落实奖励资金62.1万元，其中建档立卡大学生84人，落实学校教学质量奖励等资金15万余元。

（群　培）

文化

【公共文化服务】 年内，以“搞活动、促和谐”为根本，活跃机关文化生活，教育和引导机关党员干部职工树立健康向上的文化意识。文化活动形式多样，组织县唐东艺术团、4 支藏戏队和村级文艺演出队开展“3 · 28”西藏百万农奴解放纪念日、全县“两会”“五下乡”、拉萨市举办的“非遗传承、健康生活”藏戏演出季等主题文艺巡演演出活动。年内，组建村级文艺演出队，17 个乡镇 185 个村级文艺队，共 3044 人，其中男 1058 人，女 1986 人。完成《“十三五”时期贫困地区公共服务体系建设规划纲要》报送工作；认真落实全市文化工作会议精神；完成昂仁县综合文化活动中心改造升级，添加台球、乒乓球、跑步机等文化活动健身设备。截至年底，共举办活动 5 次，宣传图片展览 3 期，接待群众 1800 多人次，加强文化队伍建设，重视人才的培养；兑现 2019 年 17 个乡镇免费开放资金和 185 个行政村村级文化活动经费；推进西藏自治区公共数字文化智能服务项目建设，按照《日喀则市 2020 年中西部贫困地区公共数字文化智能服务购买项目实施方案》要求，兑现秋窝乡、日吾其乡、多白乡、雄巴乡各 4 万元，日吾其村 2.5 万元，共计 18.5 万元。

2020年3月14日，昂仁县文化和旅游局联合公安、消防救援大队开展文化市场督导检查

【非遗传承保护】 年内，昂仁县拉堆羌民族乐器文化传承发展合作社民族乐器制作技艺、昂仁羌谐等 2 个项目申报为第三批日喀则市级非物质文化遗产项目；秋窝乡藏戏队阿旺次仁、日吾其迥巴藏戏队扎西群培、昂仁羌谐多布杰、拉堆强民族乐器桑杰旦增申报为第三批日喀则市级非遗传承人；完成拉堆羌民族传统乐器制作技艺合作社打造为非遗扶贫就业工坊；兑现昂仁县 2019 年藏戏补助扶持资金 26 万元；发放 1 名国家级、1 名自治区级、4 名市级非物质文化遗产代表性传承人及濒危项目 2019 年补助资金 7.2 万元；完成昂卓仁木公司及昂仁县拉堆羌传统乐器文化发展合作社 2 家自治区文化产业示范基地的申报工作；召开戏曲进乡村工作推进会，对 4 支藏戏演出队、3 支谐钦队伍工作进行安排部署，并要求会根据具体演出情况发放 56 万元戏曲进乡村专项资金；邀请自治区非遗处相关专家前往多白乡仁青顶村开展非遗调研，并开展非遗保护方面的培训讲座，全县 17 个乡镇文化站相关人员参加。组织多白乡仁青顶谐钦参加市主办的“珠峰谐韵”舞蹈大赛并获得组织奖。

【文物调查和保护】 年内，制定《昂仁县文物局关于做好文物安全隐患整治专项活动和切实做好防汛期间文物安全防范工作实施方案》，广泛宣传《中华人民共和国文物保护法》《中华人民共和国文物保护法实施条例》《西藏自治区文物保护条例》等法律、法规，做到家喻户晓、人人皆知。截至年底，昂仁县文物保护单位共计 39 处，其中全国重点文物保护单位 1 处，自治区级文物保护单位 12 处，县级文物保护单位 26 处。

年内，县文物局协同各寺管会以及寺庙管理人员在全县范围内开展文物建筑消防安全专项检查，在曲德寺、桑珠格丹寺、扎桑寺等近十座自治区级寺庙进行用电、用火、用油、用气等方面的全面消防排查；县文物局邀请日喀则市文物局检查督导组，前往昂仁县桑丹寺对“3 · 20”地震受损情况进行检查指导，就寺庙受损及维修方案进行初步审核，明确桑丹寺维修维护的解决办法和实

2020年9月4日，邀请西藏自治区非遗中心研究员向17个乡镇文化站负责人开展非遗保护专题讲座

施步骤；完成国家投资360万元的日吾其寺和金塔维修项目的建设和实施工作，等待自治区终验；与野外文物保护人员签订2020年野外文物保护责任书。

【文化市场管理】 年内，充实调整县"文化执法大队"工作领导小组，及时与县城内互联网上网服务场所、朗玛厅、KTV等个体经营户签订目标责任书15份，备案营业性演出经营活动16次；截至年底，文化执法大队联合公安、消防、市监等部门对县域内娱乐场所、网咖、打字复印店、宗教用品销售店等场所先后进行24次联合检查，出动执法人员84人次。。

【民间艺术团】 年内，县民间艺术团创作小品《阿低保》，舞蹈《龙桑啦》《乌卡拉孜日拉》《欢乐的牧女》《强巴格桑》《草原牧女》《欢乐珠峰》，独唱《拉堆昂仁》《雪域高原》《故乡昂仁》，合唱《朗玛堆谐》《故乡》等12个新节目，利用重点的时间节点，开展文艺巡演场次共63场，观看群众共计2.88万余人次。开展慰问昂仁县籍住拉萨、日喀则、昂仁县城退休干部文艺演出；完成民间艺术团排练场所装修，并投入使用；加大演职人员培训力度，上半年邀请音乐专业人士对县民间艺术团演职人员进行基础谱子、扎念、钢琴等乐器的基础弹奏进行培训；完成自治区艺术团曲艺类业务培训；参加全区艺术团节目主持人系列培训班；邀请康马县民间艺术团来昂仁县参加农牧民运动会。

（次仁卓嘎）

藏语言及编译工作

【藏语言文字工作】 7月23日，自治区藏语委办（编译局）党组副书记、主任（局长）洛布带领调研组检查县城主街道所在的党政机关、窗口行业、路识标牌、商户门牌藏语和汉语使用情况。

年内，完成《昂仁民间歌谣、传统服饰以及传统游戏简史》和《昂仁地方志》民间歌谣篇的整理、翻译、编审等工作，其中藏文版字数达28840字，汉文版字数达9923字。

【藏语文社会用字管理】 年内，根据日喀则市委宣传部、市藏语委办（编译局）关于转发《关于开展全区藏语文社会用字普查工作的通知》要求，结合昂仁县实际，为确保专项工作及时启动，实现预定工作目标，认真总结昂仁县社会用字规范管理工作中存在的问题，并安排部署下一步工作。对县城主街道所在的党政机关、窗口行业、路识标牌、商户门牌以及亚木乡等乡镇所在地街道个体工商户牌匾、党政机关宣传标语栏、旅游景点、各寺管会规章制度、牌匾等藏语和汉语使用情况进行认真细致地检查，对在检查中发现的问题，及时提出意见和建议，并要求限期内整改落实到位，有效推动关于社会用字规范整治工作规范化，并于5月11日顺利通过市级社会用字检查验收。

【编译工作】 年内，围绕全县中心工作，高质量完成县"两会"各类报告等大型材料以及开闭幕会领导讲话稿、会议议程的翻译审定工作，翻译字数达138669字。完成精准脱贫知识问答以及便民服务窗口的各项材料、各类公告、宣传栏、责令通知、路标指示牌、重大节日的各类材料等字数达9424字的翻译任务。完成“遵行四条标准、争做先进僧尼”实施方案、县委主要领导宣讲稿、九届昂仁县委第九轮巡察工作公告、中共十九届四中全会宣讲提纲等共44236字的翻译任务；保质保量完成亚木乡农村土地历史遗留问题专项整治工作方案以及关于严禁非法占用土地乱搭乱建行为的公告共24957字的翻译。完成城管各类制度的翻译任务以及审核宣传栏、县城违建整治责令通知的翻译任务，共达23974字；完成政协选举个人表态发言稿；完成12个村名的路标指示牌地名翻译，字数达3190字。各单位送来的人大代表和政协委员提案答复翻译及审定稿的字数达8612字。完成第二届“唐东杯”农牧民运动会以及重阳节等重大节日的各类材料稿共5046字的翻译任务。年末在时间紧、任务重的情况下，为顺利完成昂仁县高海拔搬迁的重要任务，让群众更好地了解和掌握生态搬迁各项优惠政策，完成《高海拔搬迁宣传纲要》《高海拔生态搬迁实施意见》《高海拔生态搬迁宣传手册》的翻译工作，字数达67556字。完成《公筷公勺倡议书》《医疗保险申请书》等的翻译任务，字数达3351字。截至年底，全年共完成357855字的翻译量，完成各类公章使用藏语汉语“双语”的审核办理，共受理开具证明118余枚(章)。

【培训指导】 年内，进一步加大基层乡镇骨干翻译人员的培训力度，根据上级业务部门的指示要求，在昂仁县藏语委办(编译局)业务工作人员紧缺的情况下，积极争取和配合上级业务部门，尽最大的努力让基层乡镇翻译骨干人员参加各类翻译业务培训班，进一步强化基层翻译人才队伍建设。

(普布卓玛)

2020年10月21日，昂仁县编译局工作人员到日吾其乡日苏村开展“中央第七次西藏工作座谈会精神”宣讲活动

科学技术

【农业科技】 年内，农业方面，为全面推广青稞良种(“藏青2000”“喜玛拉22号”)，提供技术指导率达80%以上；牧业方面，大力推广霍尔巴羊、娟姗牛、黄牛改良等，技术指导贡献率达80%以上。累计投入科技特派员980人次，平均每村开展30次技术指导服务工作。

【医疗科技成果转化】 昂仁县藏药“股乃贡炯”制剂研究与生产示范化研究项目，总投资150万元。该课题以藏药“股乃贡炯”制剂研究作为示范，已形成“股乃贡炯”生产线，并在临床上使用；藏药“股乃贡炯”医院制剂和生产工艺研究报告1份，待进一步完善研究报告；在国家或省级刊物上发表课题相关的论文2篇，完成培训50人次。

【科技精准扶贫】 年内，实施昂仁县草业科技精准扶贫技术示范与基地建设项目，总投资180万元。针对西藏农牧民增收和生态安全屏障建设的重大需求，围绕草业科技精准扶贫问题，研究构建半农半牧区草业全产业技术体系，建立草牧业科技综合示范基地。规模化种植人工牧草3180亩，短期育肥优质肉羊2000只，培育农牧民专业合作社1个，带动52户建档立卡户增收脱贫，提升草牧产业的科技支撑与服务能力。

2020年5月25日，昂仁县科学技术局组织老干局、中学开展“体验科学、创新发展、全民行动”主题活动

【项目建设】 年内，总投资50万元规范化建设文化科技园区。该项目研究以生产卡垫、氆氇、藏毯、被子、围裙等各种毛织品加工及销售为主要内容，向农业品牌方向发展，采取专业合作社形式的经营模式，通过“群、帮、贫”师傅带徒弟的方式；保护和传承昂仁地方民族手工艺，向贫困家庭子女传授绘画技能以及“拉堆羌”乐器制作和部分藏式家具制作技艺，解决贫困家庭子女就业，增加贫困家庭收入。

【人才培养】 2020年，全县共有370名农牧民科技特派员，2020—2021年度昂仁县选派“三区”科技人才10人，2020年招聘大学生村（居）科技专干11人。

【科普宣传】 年内，在县城内大力弘扬科学精神、传播科学思想、普及科学知识、倡导科学方法，举办科普宣传服务活动5场次，科普受众1000人次以上。

（塔　曲）

卫生健康

综述

【概况】 2020年，全县共有医疗卫生机构207个，其中县级医疗卫生机构2个（县医院、县藏医院）、县疾控中心1个，乡镇卫生院17个，村卫生室183个，诊所4个。

【医药卫生体制改革】 9月，昂仁县召开首届“盯紧服务流程、提升服务质量、坚定服务理念、坚决规范管理”为主题的医疗卫生事业现场会，通过总结现场会经验，对照发现的问题，横向对比，纵向对标，查找卫生机构之间的差距，为整改工作指明方向，全力推进整改工作落地生根。

为尽快适应新的医保收费方式，昂仁县卫生健康委员会重新启用西藏自治区基层卫生机构管理信息系统。10月，组织5名医务人员到萨迦县实地学习系统操作培训，培训完成后以点带面的形式全面推广应用，乡村远程医疗培训能力建设项目有序推进。

年内，昂仁县卫生健康委员会进一步规范乡镇卫生院各项资金安全管理，成立卫生院财务核算中心，通过对乡镇卫生院资金使用管理进行深入调研，广泛征求乡镇主要领导和乡镇卫生院医务人员的意见建议，除一人支持现有财务管理模式外，其他人均支持成立核算中心，进行院财局管。2020年开展对各乡镇卫生院的固定资产、车辆管理、资金使用等方面进行全面清查工作。

为进一步提升基层医疗服务能力、改善服务质量，昂仁县卫生健康委员会将桑桑镇卫生院、亚木乡卫生院作为试点，对照《西藏乡镇卫生院服务能力评价标准》（4章82条）进行逐条梳理，平均增设检验科等5个科室，建立规范诊疗等20项制度。

【人才队伍建设】 年内，实有医务人员233人，其中公益性岗位41人（执业医师62人、执业助理医

2020年9月30日，昂仁县卫健委工作人员到亚木乡卫生院开展“优质服务基层行”县级考核

师 21 人、执业护士 34 人、一般医务人员 75 人）；村医共计 370 人。2020 年，派出藏医类住院医师规范化培训 1 人，西医类住院医师规范化培训 3 人，全科医生转岗培训 1 人，儿科医生转岗培训 1 人，妇产科医生培训 1 人，藏医药知识技能培训 17 人，孕产妇“五色”管理培训 33 人，基层卫生人才培训 4 场，共 2000 余人次。

【公共卫生】 年内，全县住院分娩人数 872 人，住院分娩率达到 98.1% 以上，孕产妇死亡率控制在 76/10 万以内。出生活产婴儿 727 人，婴儿死亡率控制在 11‰以内；孕产妇保健手册建册 855 册，建册率达 98% 左右，儿童保健手册建册 7534 册，建册率达 98%，两个保健系统管理率达 80%；

年内，落实计划生育“三项”补助资金 150.54 万元，其中“奖励扶助”共 690 人，落实资金 66.24 万元、“特别扶助”共 159 人，落实资金 84.3 万元。

重大疾病筛查情况。僧尼应筛查数 410 人（编制），实际筛查数 410 人，筛查率 100%；建档立卡贫困人口应筛查数 16751 人，实际筛查数 15930 人，筛查率 95%。辖区各级医疗机构严格落实上级部门有关分级诊疗工作的相关文件精神，不断加强医院服务能力建设，逐步建立和完善分级诊疗工作制度，落实制定分级诊疗工作实施细则，明确各级各类医疗机构的诊治病种，更好地实现“小病在基层，大病到医院，康复到乡镇”的目标。

【医疗服务落实】 年内，继续做好重大疾病患者治疗工作的同时，进一步健全医疗机构、疾控机构、基层医疗机构“三位一体”管理制度，在淄博市第九批援藏工作队的帮助下，昂仁县 8 月适龄儿童先心病累计筛查 1300 余人，确诊先心病患儿 131 人，到其他省市完成手术 24 人；2020 年对全县疑似精神障碍患者筛查 116 人，确诊出 103 名严重精神障碍患者，累计向患者发放药品折合人民币 10 万元，使得患者病情得到有效控制。开展白内障复明手术。2020 年，对疑似白内障患者累计筛查 342 人，免费复明手术 122 人，斜视筛查 6 人，手术 4 人。2020 年，适龄妇女“两癌”筛查工作已完成，筛查人数 5200 人，实现全县各乡（镇）适龄妇女“两癌”筛查全覆盖，筛查率达到 71%。

【藏医药事业】 年内，昂仁县藏医院藏医门诊 12816 人次，住院诊疗 380 人次；新建医疗废水处置站，有效提升医院处置医疗废水的能力；新开展藏医适宜技术 3 种，即藏医裹隆疗法、藏医巴木觉疗法、藏医足浴疗法，持续扩充传统藏医适宜技术项目，丰富辖区群众藏医诊疗需求；藏医院院内藏药制剂室新增 3 种制剂，共能制作 5 种藏药品；17 个卫生院能够开展 6 种以上适宜技术，藏医诊疗 22663 人次，能够提供藏医服务的村的卫生室增至 38 所，藏医诊疗 4037 人次，通过不断扩大藏医药服务普及面，广泛满足群众藏医药服务需求。

【健康扶贫】 年内，昂仁县建档立卡家庭医生签约共计 4180 户 16751 人，建档立卡户家庭医生签约服务率 100%，签约随访率 100%，其中大病集中救治 95 人，累计救治 320 次，慢病签约服务管理共 353 人，累计救治 950 人次，慢病签约覆盖率 100%，随访

2020年5月13日，昂仁县卫健委组织两个县级医院开展2020年度以“服务百姓健康行动、促进健康扶贫”为主题的一系列健康巡诊活动

服务完成率100%。无重病兜底保障人员。

【“组团式”医疗人才援藏】 3月，第二批“组团式”援藏医疗队到昂仁县开展援藏医疗工作，协助医院开展第一例全身麻醉、第一例腹腔镜下阑尾切除术、第一例腹腔镜下胆囊切除术、第一例腹腔镜下胃穿孔修补术、第一例腹腔镜下十二指肠穿孔修补术、第一例剖宫产术、第一例卵巢肿瘤切除术、第一例胎心监护技术、第一例彩超引导下复杂性无痛人流术、第一例水囊引产术、第一例心脏彩超检查、第一例乳腺超声检查、第一例甲状腺超声检查、第一例血管超声检查、第一例阴囊超声检查等新技术、新业务、新项目共18项，借助互联网+远程培训，对昂仁县医院护士开展远程专科培训，带出手术室、急诊、供应室、产科4支专科护士队伍，共32人次，并将新技术、新业务逐渐在各科室推广应用，多次避免急症、重症患者的转院，努力实现急病、小病不出县。同时，医疗队员不断提高本地医务人员理论和技能实践水平，不定期进行52次理论授课及技能培训，完成对各科室人员心肺复苏技术及科室团队心肺复苏技术的考核，使全院人员的应急救治能力得到提升。

疾病防控

【传染病防控】 年内，部分学校出现流行性腮腺炎、水痘、手足口病等传染病疫情。5月26日在卫健委的统一组织下，召集相关单位负责人召开学校传染病防控工作联席会。并在上级业务部门的指导及帮助下解决3300余针应急疫苗，及时开展查漏补种及应急接种，8月均已结束。截至年底，共报告35例传染病例（水痘5例、细菌性痢疾3例、流腮20例、手足口病7例）。手足口病标本采样5例，并送到市疾控中心实验室，结果均为阳性。

鼠疫防治健康教育。工作人员以开展监测活动为契机，对外来施工及群众以“三不三报”为主进行宣传及教育，并对辖区施工单位签订《昂仁县鼠疫安全目标责任书》，发放鼠疫防治宣传手册及海报等资料。通过开展两次鼠疫监测工作，全年昂仁县鼠疫监测总覆盖11个乡（镇），包括三个疫源乡（镇），监测覆盖率为65%，按要求完成指标任务。

【免疫预防管理】 年内，全县共接种一类苗24151针次剂次，完成全年任务数的98%（实种24151针次，应种24606针次）。0—6岁儿童接种总人数7034，儿童预防接种证建证人数6950。年内，根据市疾控中心印发的《关于脊髓灰质炎灭活疫苗补种工作实施方案的通知》，10月，全县开展脊髓灰疫苗补种工作。全县需补种儿童数为516人，实际补种342人，补种率66.28%。

【疫情防控】 年内，共组织中心工作人员出动消杀200余场次；开展流调13例；标本采样送检200余份；先后2次采购应急物资品种127个，共212435个物件，共计3076631元，共下发17个乡（镇）卫生院124443个物件，共999110.9元。截至年底，库存87992个物件，共2067520.1元。上级配发28种物资，共10798个物件，下发给17个乡（镇）卫生院共9363，库存1435个物件。捐赠14种物资，共54640个物件，下发给17个乡（镇）卫生院51034个物件，库存3606个物件。

【艾滋病预防】 2020年，在大型宾馆及外来务工人员各开展1次宣传教育，宣传人数200余人，宣传材料发放280份，安全套发放80余只等。年内，艾滋病宣传日除外，利用其他卫生宣传日，共发放宣传材料300人份，发放安全套800只。年内，在县级医院HIV初筛1185人次，筛查阳性人次0。根据市疾控中心下发的《日喀则市牧区艾滋病知识知晓率调查实施方案》要求，昂仁县于9月12日组织相关工作人员共4人，抽调昂仁县人口较集中的2个乡（镇）：桑桑镇（幸福新村、西果村），切热乡（切多村、帕瓦村）作为调查对象。此次活动联合县、乡、村三级工作人员组织开展，有各村委“两委”班子联合出席。在活动现场，工作人员按照抽样要求对牧区群众进行艾滋病知识问卷调查，累计调查人数200名，并发放宣传手册、宣传单250余份，现场咨询20余人。

【地方病防控】 碘缺乏病防治。按照《中央补助地方公共卫生项目西藏日喀则市地方病防治项目技术实施方案》的要求，全县按东、西、南、北、中划分5个抽样片区，对亚木、多白、秋窝、达局、日吾其5个乡（镇）抽取200名小学生和100名孕妇开展碘缺乏病病情监测。对被抽取的孕妇及学生食用盐及尿样进行检测、数据分析及报告。

氟中毒防治工作。按照《地方病防治专项三年攻坚行动方案（2018—2020年）》和《西藏自治区重点地方病防治专项行动实施方案（2019—2020年）》要求，昂仁县于2019年9月组织相关调查人员进行安排部署，并制定《西藏昂仁县饮茶型地氟病流行现状调查方案》，要求各乡（镇）卫生院按照调查方案要求对辖区随机抽取调查村开展饮茶型地氟病流行现状调查。经调查得知调查覆盖乡（镇）数17个乡（镇），共抽取85个行政村，调查总样品人数为21692人。其中对5328人进行筛查，发现轻度氟骨症患者259人、中度119人、重度47人、符合拍片46人，初步诊断为氟中毒患者人数为426人。入户调查5444户，总采集砖茶1292块（包）；居民食用砖茶品牌均为仁增多吉、康砖。

包虫病防治工作。按照上级卫生健康委和疾控部门2020年包虫病监测点筛查工作要求，昂仁县以居民健康体检为契机，以桑桑（镇）西果村为监测点共对2113名牧民群众及733名学生进行包虫病筛查，其中发现新发包虫病4人、复查包虫病11人，学生问卷调查300余人次。2020年实际调查犬粪数量125个、牦牛脏器检查50个，两者检测结果均为阴性。2家医院医疗队作为疾病筛查及救治首要任务在居民健康体检的同时对往年累计病人（291人）进行疗效判定。往年昂仁县累计确诊包虫病患者314例，其中在定点医院已手术救治患者69例、药物治疗242例、仅随访无须治疗患者3例。

【公共卫生监测】 水质检测。年内，对全县47个农村饮水点和市政供水点进行水质安全监测采样工作，监测覆盖率100%，录入率100%、水质合格率100%。

职业病监测。年内，共对13家农村合作社进行基本情况、存在职业病危害因素种类及接触粉尘类型、物理因素、生物因素和其他因素劳动者数量及主要岗位分布情况。了解昂仁县职业病危害项目申报、职业病健康培训、工作场所职业病危害因素定期检测与职业病健康检查等职业病防治工作开展情况。建立昂仁县职业病危害现状数据库，为进一步加强职业病防治工作提供依据。摸底调查，并将相关信息录入职业病监测系统。

【慢性病防控】 年内，利用“3·24”世界防治结核病日、“4·25”全国儿童预防接种日等宣传日及全民健康体检等活动，组织工作人员以健康宣传、讲座、咨询等形式，开展慢性病、传染病，特别是新冠疫情防控健康知识等宣传。截至年底，共发放健康教育印刷资料20余种、近上万份健康教育宣传材料及物品；举办健康教育讲座3次、咨询活动次数378次，居民参与人数达2万余人次；发放各类实物累计2000余份。年内，辖区总筛查疑似重型精神病患者103例，其中登记在册的严重精神障碍患者管理97人，在管患者95人；8月25日，组织召开乡（镇）级医务人员共17人，开展精神卫生系统录入、患者随访等培训。在援藏精神卫生专家的带教和医疗筛查组的共同努力下，完成患者救治、筛查工作，为下一步开展随访工作奠定坚实的基础。

（吴　凡）

藏医藏药

【概况】 2020年，昂仁县藏医院与西藏藏医药大学签订实习医院协议，正式挂牌为西藏藏医药大学实习医院。7月6—7日，通过为期2天的评审验收工作，昂仁县藏医院制剂室符合自治区市场监督管理局规定的基层藏药制剂室运行标准，正式通过评审验收，弥补建院以来缺少藏药制剂室的空白。

年内，昂仁县藏医院正式将新建康复理疗中心运行使用，住院病床从原有18张增至32张，医院门诊人次达1.2万人次，住院人次达380人次，病床使用率达79%，相较于2019年住院人次同比增长27%，藏医特色疗法人次达 4751 人次，相较于 2019 年特色疗法人次同比增长 12%，入院与出院诊断符合率达 97.3% 以上，群众医疗服务满意度均达到 96% 以上。

【公益事业】 年内，始终坚持落实“为民办实事，为民解难事”工作，在开展日常医疗诊治工作的同时注重辖区公益事业的发展。昂仁县藏医院党支部通过调研，为辖区 1 名困难群众在院内提供工作岗位，有效减轻群众在生活上的经济负担。年内，开展免费义诊活动 5 次，受益群众达 1352 人次，免费发放藏药总价值达 38600 元；开展养老院捐赠衣物活动 1 次，受益老年人达 50 人；开展县完小捐赠书包活动 1 次，受益学生达 62 人；医护人员自发举办困难患者捐款活动 1 次，捐款金额达 2600 元。

【新冠疫情防控】 派遣医务人员参与检查站疫情防控工作 18 次，派遣医务人员参与聂拉木县樟木口岸疫情防控工作 4 次，生产藏药制剂“九味防瘟丸”共 3000 余粒，并组织医护人员开展辖区街道商户流动人员体温检测、区域消杀、县完小、幼儿园返校学生体温检测等各类疫情防控工作。

【医疗废水处置站建设】 年内，为解决昂仁县藏医院缺乏医疗废水处置设施问题，强化医院处置医疗废水的能力，进一步规范对医疗废水的管控，杜绝在医疗废水贮存和转运过程中发生的破坏辖区生态环境问题。2020 年，县政府、县环保局投资 120 万元建设标准化、规范化的医疗废水处置站。

【健康体检】 年内，昂仁县藏医院持续落实辖区全民健康体检工作，以提高人民群众健康水平为首要任务。组织 17 名医务人员到秋窝乡、达局乡、亚木乡、桑桑镇等地开展全民健康体检及相应疾病筛查工作，共计体检人数达 9869 人，其中学生达 1644 人，僧尼达 324 人。

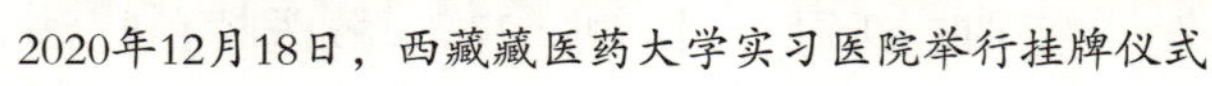

2020年12月18日，西藏藏医药大学实习医院举行挂牌仪式

【基层建设】 年内，为稳步提高辖区乡镇卫生院医务人员医技水平，持续提升乡镇卫生院整体医疗服务能力，切实筑牢基层群众健康“第一道防线”，有效减轻农牧民群众就医负担。年内，邀请全国名老专家朗嘉，联合县卫健委，组织各乡镇卫生院骨干医务人员共计 17 名，主要围绕高原、高海拔区域特异性疾病，以及各种常规疑难杂症的诊疗措施，集中开展藏医药知识技能提升培训。

（白玛罗布）

卫生服务中心

【概况】 2020 年，昂仁县卫生服务中心职工 74 人。副高级职称 1 人；中级职称 5 人，其中，医疗西医中级职称人员有 2 人、医疗藏医中级职称人员有 3 人。初级职称 14 人，其中，医疗初级职称人员有 3 人；护理初级职称人员有 6 人；药剂、检验初级职称人员有 4 人；财务初级职称人员有 1 人。

主要科室有内科、外科、妇产科、儿科、眼科、口腔科、病案科、检验科、急救创伤科、妇幼保健科、药剂科、影像科、心电图室、手麻科等临床科室。病区有总病区、产科病区和传染病区及急诊病区。

【综合服务】 2020 年，门诊（2019

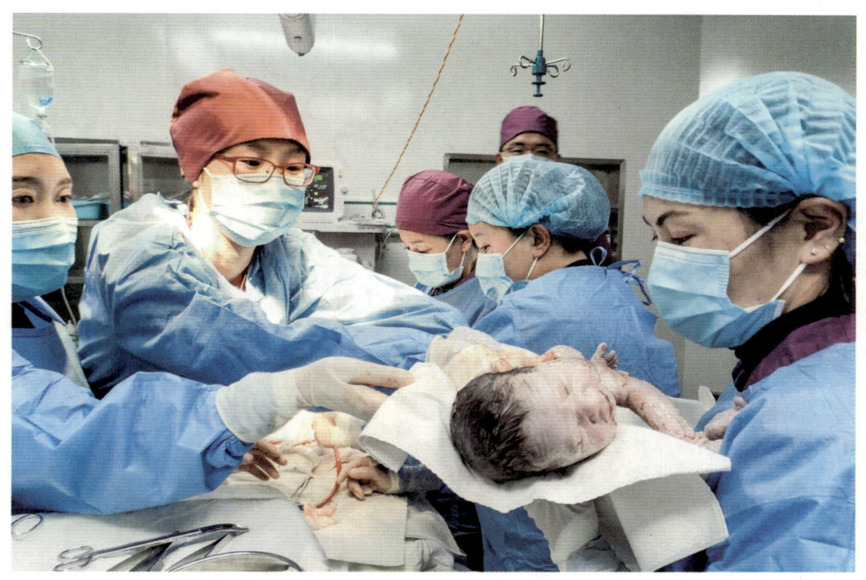

2020年5月23日，昂仁县卫生服务中心在山东省淄博市中心医院援藏专家张飞跃（左二）指导下成功开展第一列剖宫产术

年 50186 人次，2020 年 52136 人次）、住院人次（2019 年住院人数 2001 人次，2020 年住院人数 2016 人次），分别比往年同期增长 7.2% 和 0.7%，组织骨干医务人员到 17 个乡镇各个学校和寺庙开展为期 40 天的健康扶贫，免费进行居民体检暨重大疾病筛查活动。年内，体检暨重大疾病筛查 16608 人次，常规检查率 90%，抽血检查率达到 96% 以上，彩超检查率达到 97% 左右，建档率 100%，家庭签约率 100%，建档立卡贫困户随访率 70% 左右，各类疾病分类管理统计及预定治疗方案 100%。

【新冠疫情防控】 年内，根据新型冠状病毒感染的肺炎诊疗和防治工作安排要求，集中及居家隔离累计检测体温人数 404 人，累计解除隔离人数 404 人，发热门诊累计就诊人数 35 人，累计医学隔离观察人数 12 人，“人、物、食”核酸检测 121 份，专家会诊人数 4 人，下设体温检测 6 组，出动医务人员 321 人次，检验各项质控达到国家及自治区标准。9 名医务人员自愿报名增援边境一线及日喀则分流点疫情防控工作，加大学校传染病防控救治工作，开展学校卫生常识及洗手法普及工作。

【设施建设】 年内，县政府投资 600 多万元新建及装修国家二级实验室标准实验综合楼，国家投入 1000 多万元的医疗设备，包括 32 排 CT、负压救护车、核酸实验室全套设备、预检分诊成像系统、核酸实验室智慧系统等，投资 500 余万元，购置腹腔镜、腹腔镜模拟训练器、全自动麻醉机、心脏彩超、全自动化学发光仪、监护仪、综合电动产床等一大批先进医疗装备及三大系统升级、建设信息网络安全系统，使医院的科技含量得到进一步提升。2020 年，医院自筹资金 100 万元，在医院南面购置土地 4000 平方米，用于核酸实验综合楼及转染病房建设用地。同时，向县人民政府申请粮食局南院，置换划拨给医院，作为以后医院发展用地。

【人才队伍】 2020 年选派 19 名业务精、工作能力强的年轻医生到山东淄博市中心医院专科培

2020年12月31日，昂仁县卫生服务中心召开2020年度工作总结暨表彰大会

训,32 名专科护士远程培训为期 1 个月。不断提高本地医务人员理论和技能实践水平,不定期进行 52 次理论授课及技能培训,完成对各科室人员心肺复苏技术及科室团队心肺复苏技术的考核,使全院人员的应急救治能力得到提升。

（曲　宗）

2020年7月7日，昂仁县医疗保障局对定点药店开展打击欺诈骗保专项检查活动

医疗保障

【基金收支管理】 年内,县医疗保障局围绕保障医保基金安全,加强医保基金审核管理,严格把牢支付审核关,从源头上减少和避免医保基金的流失；对于不符合医保政策规定的待遇,坚决不予审批；对于不符合医保政策规定的费用,坚决不予支付。并严格按照相关政策规定进行兑现医保基金,切实提高医保基金的使用效率。年内,城乡居民基本医疗报销共计 1852.185 万元,68.854 人次（其中 2019 年报销 921.534 万元,5013 人次）；享受大病保险人数 57 人。对医疗救助对象,共救助 567.844 万元,712 人次。年内,城乡居民基本医疗保险参保率 98%,农牧民合作医疗保险参保 55748 人。及时兑现全县在职干部健康体检费 181.89 万元,1314 人次；结算支付 2 家定点医疗机构和定点药店职工居民住院、门诊费 204.1 万元。

【医保惠民】 年内,充分发挥医保功能,巩固提升医疗保障扶贫成果,坚决扛起医保脱贫攻坚政治责任,建立健全基本医保,大病保险,医疗救助三重保障体系,实现参保全覆盖,资助全落实、待遇全享受；参保时对低保户、重度残疾、孤儿、特困供养人群等实行全额资助缴费,建档立卡贫困户实行定额资助缴费（190 元从医疗救助资金中资助）,从医疗救助资金中对 16669 人落实资助参保资金 331.8 万元。建档立卡贫困人员符合规定的住院、特殊门诊医疗费用提高 5% 报销比例。

【医保基金监管】 年内,制定昂仁县打击欺诈骗取医疗保险基金专项治理行动实施方案,确定专项行动领导小组和整治方向；同县城 2 家定点医疗机构和 2 家零售药店签订服务协议,明确双方责任和义务；组织成员单位召开打击欺诈骗保专项治理行动联席会议,进一步明确相关单位的职责和开展打击欺诈骗保专项行动的重要性和必要性。联合县卫健委、县人社局、县市场监督管理局、县公安局等部门,对县城 2 家定点医疗机构,2 家定点零售药店开展监督检查,对检查发现的问题及时提出整改要求,并按照协议扣除相应的保障金,从而规范定点医疗机构和药店的服务行为。年内,通过自查、实地检查等渠道,共开展 9 次监督检查。

【政策宣传】 年内,实行县医保局、驻村驻寺、乡镇联动,充分利用座谈会、微信平台、宣传媒介等群众喜闻乐见、通俗易懂的宣传形式,宣传医保相关政策、医疗保障经办流程等,让广大干部群众对政策有更全面、更准确地了解,使政策入心、入脑。截至年底,共发放藏语汉语政策解读宣传单 12333 张,宣传手册 12333 本,累计开展宣传培训 6 次。

（卓玛普尺）

社会生活

人力资源和社会保障

【社会保障】 年内，全县工伤保险参保2229人，失业保险参保1406人，生育保险参保2066人，机关事业单位养老保险参保1872人，城镇职工基本医疗保险参保2071人，实现100%覆盖。2020年，昂仁县城乡居民基本养老保险参保28202人，完成年初目标任务100%，县级财政为5930名缴费困难及特殊人员代缴资金25.16万元。持续实施城乡居民基本养老保险发放惠民工程，提高困难群体生活质量，60—64岁人员基础养老金提高到185元/月，65—69岁人员基础养老金提高到195元/月，70岁以上人员基础养老金提高到205元/月。年内，为61578名农牧民发放基础养老金1242.82万元，为551名已故农牧民群众发放丧葬补助金一次性打入个人账户，资金达144.02万元。

推动企业有序复工复产，支持稳定和扩大就业，严格按照《西藏自治区阶段性减免企业社会保险费实施办法》，完成对企业社会保险政策减免，基本养老保险每月减免单位承担部分16%，失业保险每月减免单位部分0.5%，工伤保险减免个人部分，减免合计302669.08元（企业养老保险292275.36元，失业保险8548.05元，工伤保险1845.67元）。

严格落实责任分工，安排专人及时主动协调各单位，提早准备，科学筹划，狠抓落实，指导协调全县110个参保单位，合理布置，倒排时间表，逆向推动清算工作。实现2014年10月至2018年12月机关事业单位职业年金、养老保险清算，涉及2100余名干部职工，涉及资金达2.28亿元。

【人才培育】 年内，完成92名农牧、卫生、文化系列初级职称评聘工作，其中59名通过职称考试取得资格，33名通过政策聘任；6人申报中级职称、2人申报副高职

2020年5月27日，县委副书记、县长普布多吉主持召开昂仁县2020年第3次转移就业工作调度会

称。事业单位新招录40人，新调入5人，新招募“三支一扶”工作人员14人。

【劳动关系管理】 年内，认真开展《中华人民共和国劳动法》《中华人民共和国劳动合同法》《中华人民共和国社会保险法》《保障农民工工资支付条例》等法律法规宣传活动，共开展现场政策咨询宣传8场次，提供服务咨询96人次，发放各类宣传资料300余份；开展日常巡视检查和专项检查，先后开展4次劳动监察，监察用工单位25家，涉及243名农民工；全年接访120余人，受理各类劳动争议案件13件，为劳动者挽回经济损失149.18万元，获取经济赔偿4.8万元，结案率100%，有效维护广大农牧民工合法权益，保障县域社会持续稳定。18个项目缴纳农民工工资保证金2182430元，58个项目通过保函形式担保金额7919089元，预防和解决昂仁县建筑领域拖欠和克扣农民工工资问题，维护务工人员的合法权益，保持社会稳定，促进建筑领域的健康发展。

2020年5月27日，昂仁县召开2020年高校毕业生（中职生）创业启动资金兑现仪式暨政策培训会

【就业创业】 年内，全县实现劳务输出15714人，完成年初目标任务（14000人）的112.24%，其中建档立卡贫困户6554人，实现劳务总创收14509.98万元（其中建档立卡贫困户创收4568.59万元），完成年初目标任务（12093万元）的119.99%，实现区外就业100人，完成年初目标任务（70人）的142.86%。开展29期技能培训，其中2期“以工代训”，涉及农牧民群众1577人，完成全年目标任务（1500人）的105.13%，其中建档立卡贫困户463人，完成年初目标任务（450人）的102.89%，培训后就业人数1215人（其中建档立卡贫困户1098人），就业率达77.04%，实现总创收732.9万元，人均增收4647元。年内，全县应届高校毕业生216人，已实现就业216人，就业率达100%，其中定向生5人，通过公招就业37人，174人通过市场就业。先后为6名符合条件的创业高校毕业生兑现创业启动资金34万元。

2020年8月27日，昂仁县人力资源和社会保障局就业中心举办就业创业政策宣讲会

【失业调控】 年内，始终把扩大就业放在经济社会发展更加突出的

位置，紧密结合经济发展，找准就业增长点，落实积极的就业政策，加大就业服务力度，采取多种手段和政策措施，有效调控失业，促进就业，稳定就业局势，保持社会安定，促进经济社会全面协调发展。2020年，新增公益性岗位就业5人，全县公益性岗位在职在岗167人，全年城镇失业率控制在2.6%以内。

【工资福利】 年内，完成全县事业单位干部职工及机关事业工勤人员2019年年终奖审核发放工作，涉及干部职工478人，发放总资金达5139308元。完成2020年事业单位工作人员正常晋升工资增资，惠及464人，月增资7.81万元。按照特殊作业调资标准，4月，完成野外地质勘探工作人员工资增资，涉及6人，总增资11.06万元。

完成2020年全县事业单位干部职工、工勤人员共109人的各项固定、浮动工资，其中事业专技干部享受五年浮动60人，总月增资9657元，8年学历固定42人，总月增资7772元，16年学历固定1人，总月增资221元，20年（15）年固定1人，总月增资267元，一线固定5人，月增资1000元。完成全县事业单位干部职工2016年1月的住房补贴变动到2019年12月之间280余人所有变动的工资审批表套改工作。

【信息化建设】 年内，打造人社服务“通行证”，进一步提升社保卡管理和应用水平，提升社保卡服务能力，实现社保卡金融功能开户和社保卡制卡“一站式”服务，将社保卡成功升级为市民卡，集成社保卡、居民卫生健康卡、就诊卡、金融支付等多项功能应用。全县持卡人数达到55323人，覆盖常住人口的98%以上。

（郭德能）

民政工作

【城乡居民最低生活保障】 年内，组织召开昂仁县2020年城乡低保动态调整及民政重点工作部署会议，全面安排部署2020年全县城乡低保动态调整及民政重点工作，动态调整后全县有城乡低保972户，2367人，其中农村低保951户，2343人；城镇低保21户，24人。全县2020年落实城乡低保资金453.4984万元，其中城镇低保资金21.07万元，农村低保资金432.4318万元，困难群众补贴83.6441万元。

【临时救助】 年内，为了解决困难群众“两不愁”问题，经县人民政府同意，全县17个乡镇建立临时救助资金备用金制度，并下达资金65万元，后追加资金18万元，合计83万元。截至年底，昂仁县民政局救助因灾、因病、因学等生活上临时遇到困难的群众1167人次，解决资金64.39万元。

【残疾人救助】 3月16日，邀请县藏医院医师普琼组织工作组下乡，到17个乡镇开展残疾人筛查评定工作，历时20余天走村入户，共筛查评定360余人。截至年底，全县残疾持证人数为1600人，落实残疾人两项补贴254.28万元。大力实施残疾人无障碍改造项目，昂仁县民政局组织相关人员走村入户安排部署残疾人无障碍改造项目18户，落实资金63000元；加强落实残疾人创业2户，落实资金7万元，大力宣传鼓励残疾人自食其力、自立自强。

【关爱儿童服务保障】 年内，昂仁县通过入户调查、邻里走访等方式共核查事实无人抚养儿童9人，并及时录入系统，足额落实资金3.22万元。

积极开展孤儿摸底排查工作，及时发现需要帮助的孤儿。昂仁县新增孤儿7名，送到市福利院，全县共有孤儿47名，落实10名家庭寄养孤儿，发放生活补助金127100元。

【“双集中”工作】 年内，对特困群众开展“三大节日”期间的慰问工作，落实慰问资金5万余元，党和政府关心、关爱困难群众的生产、生活。落实分散五保户64人，落实五保户生活补助资金44.0404万元。全力以赴做好县特困集中供养中心新冠肺炎疫情防控工作，及时做好卫生清洁、消杀、发放口罩等防控工作，确保中心老人们身心健康；正式投入运行特困集中供养服务中心生态园项目，完成绿化各项建设工作。

【行政区域界线联检】 2020年是西藏自治区第六轮县级行政区域联检，通过联检昂仁县和那曲尼玛县、阿里措勤县行政区域界线两侧地貌、地物均无明显重大变化，界线实地位置清晰易认。界线、界桩方位物等与对方人民政府联合勘定的行政区域界线协议书一致。界线勘定以来，双方自觉遵守划定的界线，按法定界线行使行政管辖权，双方群众未发生界线纠纷，界桩保存完好，对石碑印字油漆掉落进行重新描写，现石碑上的刻印字清晰易认。

【基层政权建设】 2月，鉴于桑桑镇易地搬迁点安置人员及党员人数较多的情况，为更好管理搬迁点维护稳定、卫生管理及公共基础设施建设等工作，经县委、县政府同意，在桑桑镇易地扶贫搬迁安置点新设村民委员会，以幸福新村命名，现昂仁县有17个乡镇、186个行政村。

【婚姻登记】 2020年，全县共办理婚姻登记手续974对，其中结婚登记802对、离婚登记89对、补办结婚82对、补办离婚1对。

【殡葬管理】 年内，已修建的正规天葬台有1台，即亚木乡吕龙寺天葬台。

【慈善事业】 年内，因受全国新冠肺炎疫情影响，昂仁县全体干部职工、社会爱心企业都开展捐款捐物活动，县民政局及时统计并制作公告栏向社会公布基本信息，分发捐赠物资，确保了卫健委、人民医院等相关单位疫情物资，也为社会慈善事业起到引领带动的作用，2020年21家企业向县政府捐款150.69万元，物资5.49万元，折价35.13万元，全县非党员干部职工向湖北武汉疫情重灾区捐款36.8388万元。

（白　央）

扶贫开发

【概况】 2020年，建档立卡人口人均可支配收入9374元，稳定超过国家现行标准，确保如期全面建成小康社会。全县共实现4150户16958人脱贫，186个贫困村退出，建档立卡贫困人口由2016年的4343户15936人降至零，贫困发生率降至零，贫困人口已实现全部退出。

【目标任务】 年内，以“零返贫”“零致贫”为工作目标，严格落实“四个不摘”工作要求，加大政策保障，强化责任落实，把巩固脱贫成效和防止返贫摆在更加突出位置，脱贫人口“两不愁，三保障”及“三率一度”已全面达标，建档立卡贫困人口由2016年初的4343户15936人降至零，贫困发生率降至零，贫困人口已实现全部退出。

【脱贫攻坚】 年内，重点实施“十项提升”工程，着力解决基础设施和公共服务设施，注重健全稳定脱贫长效机制，确保真脱贫、脱真贫、不返贫。水利建设方面，投资2730.28万元的农村饮水安全巩固提升工程项目304个，已全部建成并投入使用，坚决让群众用上安全水、便利水、放心水。电力建设方面，新建及改造县城电网线路9公里绝缘导线，达局乡塔空寺庙及周边自然村改造10千伏3公里、400伏4.5公里，电网覆盖130个行政村，农区乡镇覆盖率达96%，电网覆盖范围不断扩大、供电稳定性持续提高。交

2020年3月20日，日喀则市政协副主席、县委书记李有平（左三），县委副书记、县长普布多吉（右一）一行到日吾其乡央曲村考察温室大棚蔬菜种植情况

通建设方面，新建3个“十项提升”项目，总投资1492.62万元。通信网络建设方面，新建85座4G基站，已覆盖186个行政村，覆盖率达100%。教育、科技、文化、卫生、社会保障社会事业方面，经几年的努力，全面改善义务教育薄弱学校基本办学条件，加大科技教育培训和推广应用，推进文化惠民和广播电视数字化工程，完善基层卫生服务体系建设，提高覆盖城乡的社会保障范围和标准，逐步实现基本公共服务均等化。

【易地扶贫搬迁】“十三五”时期共实施易地扶贫搬迁2056户7529人（其中跨县搬迁110户389人），入住率达100%。32个易地搬迁点基础设施和公共服务设施基本达到全区平均水平。

【产业发展】年内，落实“脱贫靠政策、致富靠产业”的工作思路，研究制订“十三五”扶贫产业规划，2020年共实施7个项目，总投资345.36万元，项目建设进度达到100%。年内，扶贫产业项目分红资金351.1343万元，收益建档立卡贫困户4365人，年人均增收800元以上，分红资金涉及的项目有25个。

【教育脱贫】2020年，实现贫困家庭义务教育阶段入学率达100%；贫困家庭学生资助政策全覆盖，2020年，区、市补助资金共计落实87.5706万元，惠及人数为236人次。2020年，为345名学生落实“育才基金”奖励62.6万元。

【转移就业】年内，累计实现转移就业15714人，创收1.45亿元，其中建档立卡贫困人员6554人，创收4568.59万元。全年技能培训建档立卡贫困人口463人。

【政策保障】生态补偿脱贫一批，加大生态保护修复力度，精准对接生态补偿岗位，安排有劳动力的贫困人员和低收入人员就地转成生态护林员、管护员、监督员等，2020年全年实际考核合格人数为11390人次，实际兑现3965.675万元资金，岗位履职合格的每人每年实现工资收入3500元，有效增加贫困群众政策性收入。社会保障兜底一批，按照精准认定社会保障兜底脱贫对象的要求，对全县454户1546名无劳力或缺乏劳动能力的贫困户实行社会兜底保障。医疗救助脱贫一批，全县186个行政村的村医务室都配齐2名医护人员，设备、药品配备齐全，保证农牧民群众小病不出村、不出乡；合作医疗全县实现全覆盖，建档立卡贫困签约4262户17444人，大病集中救治95人，慢病签约服务管理353人，签约率和服务率达到100%，无重病兜底保障。

【金融扶贫】金融扶持脱贫一批，累计投放5万元以下、期限3年以内、年利率1.08%的贷款金额共7530.11万元，覆盖1652户建档立卡贫困户，切实调动贫困户创业增收积极性。

【统筹资源】年内，聚焦脱贫攻坚的重点和难点，协调山东省淄博市第九批援藏工作组将88%的援藏资金投入脱贫攻坚领域。投资19975万元建设83个项目，已建成并投入使用83个项目。自2016年成立扶贫专项基金以来，引起干部职工的强烈反响，截至2019年，共收到捐款137万余元，营造全民关心、支持、参与扶贫济

2020年3月24日，日喀则市政协副主席、昂仁县委书记李有平（左二），县委副书记、县长普布多吉（左一）一行到秋窝乡藏鸡养殖合作社调研

困的浓厚社会氛围。

【定点帮扶】 年内,强化驻村工作与脱贫攻坚对接,共选派713名驻村工作队员,协助村“两委”班子推进精准扶贫工作落实;建立厅级领导干部联系4户、县级干部联系3户、科级干部联系2户、普通干部联系1户的“4321”干部帮扶机制,3036名党员干部与建档立卡贫困户结成对子、成为“亲戚”,进村入户送温暖、送政策、送技术、送信息等,发放慰问金和慰问品价值约257.21万元,入户宣讲惠民政策1.2万余人次,为民办好事办实事1200余件,帮助群众理清发展思路3200余条,激发贫困群众脱贫致富的内生动力。

【“百企帮百村”】 年内,各类企业主动参与“百企帮百村”行动,投入资金23.28万元,帮扶贫困户55个,对建档立卡贫困人口提供146个就业岗位。

【特色产业发展】 年内,桑桑牦牛、霍尔巴羊短期育肥基地,并以专合组织为纽带,通过土地草场流转、牲畜入股等盘活贫困户的资源,构建“公司+基地+合作社+农牧户”的产销对接和利益联结机制,可实现基地年育肥出栏桑桑牦牛4000头、霍尔巴羊1万只,扶贫产业分红资金达到351.1343万元,受益建档立卡贫困户4365人,辐射带动其他乡镇年出栏牦牛1万头、霍尔巴羊10万只;深挖小手艺、小特产等地方特色资源,积极实施糌粑加工、民族手工业(卡垫、六弦琴)等“短平快”项目,教授100余名贫困群众学习手工技艺,增强脱贫致富本领。

(德吉卓嘎)

民族宗教事务

民族事务

【民族概况】 年内，对全县范围内外来人口进行全面普查，全县境内居住有藏族、汉族、回族、珞巴族、侗族、白族、满族、门巴族、蒙古族、苗族等14个民族。2020年，全县总人口数为60669人。

【民族政策落实】 年内，开展民族团结宣传教育、进步表彰活动，对全县10个民族团结进步模范集体和15名民族团结进步模范个人进行表彰，并发放奖状，兑现奖金11万元。同时，对市级和自治区级的民族团结进步模范集体和民族团结进步模范个人颁发奖状、兑现奖金。

【民族政策宣传】 年内，共开展民族团结宣传教育活动14场，“民族团结进寺庙”巡回宣讲15场次，悬挂横幅14条，向各乡(镇)、学校、村(居)、寺庙发放宣传册700余本、宣传手提袋1500余件、宣传围裙400条，受教人数达3500余人次。县创建办组织全县干部职工开展条例线上答题活动，参与人数达500余人。

【民族团结进步创建活动】 年内，本级财政投入16万元用于民族团结进步示范专项经费，提供资金保障，进一步营造民族团结进步的良好氛围。充分利用“民族团结广场”、民族团结一条街、宣传栏等，在机关、学校、乡村、社会各层面广泛开展民族团结进步宣传教育和民族团结进步创建活动，不断巩固和发展民族团结社会稳定的良好局面。以日喀则市创建民族团结进步示范市活动为抓手，着力培育选树一批群众认可、特色突出的民族团结进步创建示范单位，2017年以来，精心打造48个民族团结进步示范点，充分发挥创建主阵地和示范引领作用。

宗教事务管理

【宗教事务管理】 年内，结合自治区宗教工作“五个意见”和日喀则市寺规僧约通则等有关规定要求，指导19个驻寺机构修改完善《寺规僧约》，研究制定藏语和汉语《昂仁县寺庙僧尼请销假管理制度》。

把寺庙消防安全、道路安全、建筑安全作为寺庙僧尼安全的第一要务，将宗教活动场所“三防”作为重中之重，协调县应急管理、消防、文旅等部门组成专项督导检查组，以排查整治为突破口，先后3次深入各寺庙开展安全隐患排查整治工作。年内，发现安全隐患72项(其中共性问题48项、个性问题10项，需上级部门协调解决的问题14项)。截至年底，已整改67项，未整改5项，均为寺庙主殿存在安全隐患问题，已列入“十四五”项目建设规划。

【宗教政策宣传】 年内，结合学习宣传贯彻中共十九届五中全会精神、“四讲四爱”、新修订的《宗教事务条例》《民族团结进步模范区创建条例》《中央第七次西藏工作座谈会议》精神等宣传教育模式，

2020年6月27日，西藏自治区宗教事务局相关工作人员到昂仁县拉扎寺调研

按照就近就便原则，由统战民宗干部、高僧大德组成宗教领域巡回宣讲组，先后三次深入44座依法登记寺庙的僧尼中开展巡回宣讲活动，引导寺庙僧尼树立正确的“五观”，做“政治上靠得住、宗教上有造诣、品德上能服众、关键时起作用”的先进僧尼。截至年底，已累计开展宣讲员培训3次，巡回宣讲57场次，受教僧尼达1700余人次，覆盖率达100%。

开展《藏传佛教活佛转世管理办法》巡回宣讲活动，共宣讲21场次，受教僧尼达580余名，取得良好成效。组织民宗、驻寺机构负责人共26人专题学习自治区宗教工作“七个意见”，切实提高新形势下宗教工作水平，不断增强政治敏锐性和政治鉴别力。

2020年4月2日，昂仁县民族宗教事务局局长旺堆（后排右二）到寺庙开展《民族团结进步模范区创建条例》巡回宣讲

【利寺惠僧】 年内，昂仁县民族宗教事务局会同县卫生服务中心和县藏医院，组织开展全县在编僧尼免费健康体检工作，2020年全县在编僧尼体检率达100%，并为其建立健康档案。截至年底，全县在编僧尼医疗保险参保率达100%，养老保险参保率达100%，383名特困僧尼享受低保政策，实现广大僧尼病有所医、老有所养、难有所解。

（次　仁）

曲德寺管理委员会

【寺庙教育】 年内，开展寺庙法治宣传教育和爱国爱教活动，落实“七五”普法工作和“遵行四条标准、争当先进僧尼”教育活动及“四讲四爱”教育活动，重点宣传学习社会主义核心价值观和《藏传佛教活佛转世管理办法》等内容，不断增强僧众的民族意识、国家意识、法治意识、公民意识。积极探索和创新藏语和汉语学习方式，寺庙僧人中持续开展藏语和汉语文化补习班，每周至少集中学习一次，丰富僧人的文化知识，提高他们的文化素养，努力造就政治上靠得住、宗教上有造诣、品德上能服众的宗教界爱国人士队伍。

【寺庙管理】 年内，昂仁县曲德寺管理委员会始终坚持以法律为准绳、以政策为依据，认真贯彻落实党的宗教事务管理相关法律法规，

2020年12月30日，昂仁县曲德寺管委会举办藏传佛教活佛转世管理专题培训结业典礼

全面加强寺庙管理工作。为进一步提升寺庙管理工作能力，重新制定完善《曲德寺寺规僧约》，严格遵守《昂仁县寺庙僧尼请销假制度》和全县疫情防控工作指示要求。

【寺庙服务】 年内，昂仁县曲德寺管理委员会以党员“三包”工作为工作突破口，紧密联系僧尼，尊重僧尼的信仰、着力解决僧尼在日常生活中的困难，帮助僧尼在寺庙内植树造林500余棵，完成疫情防控期间寺庙每日人员健康跟踪和寺院消杀防控工作。

【综治工作】 年内，昂仁县曲德寺管理委员会以“保护合法，制止非法，抵御渗透，打击犯罪”为宗教领域综治工作要点，以加强和创新寺庙管理工作要求，突出教育引导，着力在“导”上下功夫，做到矛盾纠纷联排联调、安全隐患联防联控、维稳责任联担联负，做到底数清、情况明。在疫情防控期间，曲德寺自愿向县委、县政府捐款5万元疫情防控资金，寺院僧尼向疫情重灾区武汉捐款10万元。

【利寺惠僧政策落实】 年内，昂仁县曲德寺管理委员会开展“三大节日”“展佛节”“立经杆”慰问活动，共送去慰问金和慰问品（各种水果、饮料）折合人民币共计4.8万元。全面落实“一覆盖”体检政策。年内，累计慰问住院僧尼3人次，慰问金1500余元。组织寺庙僧人参加健康免费体检，对体检结果进行分类统计，将体检情况编入僧尼健康状况动态数据。

（李杏磊）

乡(镇)概况

卡嘎镇

【概况】 卡嘎镇位于昂仁县西南部,位于北纬29° 28′、东经87° 53′之间,349国道横贯镇域,距县城5.7公里,全镇总面积2970平方千米,平均海拔4386米,是典型的农牧业结合乡镇。常见的自然灾害有寒冻、冰雹、干旱、暴雨、洪水、大风等,气候常年干燥多寒。镇下辖25个行政村71个自然村,有2所小学、1所卫生院、4座寺庙(曲德寺、桑旦寺、彭布其寺、达苏寺),镇区域内拥有金、玉等矿产,拥有国家保护动物藏羚羊、鹤等。全镇耕地面积14145亩,草场面积2032456亩(禁牧6000亩)。农业主要种植青稞、油菜、豌豆、土豆等农作物,畜牧业主要养殖牦牛、黄牛、犏牛、绵羊、山羊等。2020年,全镇农村经济总收入同比增长1.65%,人均纯收入9643.90元,同比增长12.68%。

2020年6月18日,日喀则市应急管理局与相关部门相关工作人员到卡嘎镇德吉林村,对该村50户非建档立卡户整体搬迁需求开展前期调研

【农牧业】 年内,召开良种推广工作安排部署会,对25个行政村进行选址,确定帕嘎村、如多村、热龙村3个村共829.69亩地进行"喜拉22号"春季播种试点。春耕期间发放化肥共计613吨,其中二铵25吨、氯化钾16吨、复混肥85吨、尿素37吨,有机肥450吨。2020年上半年共购置拖拉机25台、拖拉机机头7台、脱粒机58台、翻转犁59台、各类收割机154台、粉碎机1台、发电机1台、发动机1台、微耕机7台、播种机5台。发放口蹄疫疫苗11箱、三价疫苗类18箱、常规疫苗类10箱(青霉素、土霉素等)、羊痘疫苗两盒、疫苗稀释液4箱,发放科技特派员生活补助共30万元,草奖资金共4168446.7元。开展新技术培训共2次,通过技术培训使得农牧民在生产管理方面的技术得到较大提高。

【教育事业】 年内,召开教育工作推进会2次、义务教育阶段控辍保学工作安排会2次、中职招生工作部署会2次、教育领域的监督检查1次、控辍保学工作推进会4次、教育素质提升会1次、教育教学工作检查1次，对全镇0—20周岁人员信息库进行核查统计，完善各村辍学生数据信息，并制定年度目标责任书200多份，确保责任到人。截至年底，共收集30名辍学生相关佐证材料、321名县外就读学生就读证明、1267名县内就读学生的入学通知书和保学合同书，建立镇33名干部在完小素质教育提升包班制度，为以后的教育教学工作打下坚实基础。

【医疗卫生】 年内，镇卫生院组织医护人员及各村村医对本辖区内的各单位、商店、旅馆、寺庙、学校、茶馆等人员密集场所，通过多种手段开展新型冠状病毒感染肺炎防控知识宣传工作和周围环境消毒等75次，发放疫情宣传单300余份。对各村卫生室发放疫情物资消毒液25瓶、消毒片70片、医用口罩80只、乳胶手套80个、体温计50支。对各村重要路段设立检查点，主要对外来人员采取登记、消毒、测量体温等方式，做到"来人登记，不漏死角"，全力保障广大农牧民群众的生命健康安全。截至年底，全镇规范纸质健康档案6076份，完成群众健康体检2078人，规范0—6岁儿童档案130份，孕产妇产前健康管理数117人，产后访视79人。

年内，预防接种情况为：新生儿基础渡盐（99种）共接种138人次，共接种针次936针，往年儿童129人加强接种设盘共317针次。截至年底，就医情况为：门诊看病4957人，其中藏医看病1618人，村医327人下乡巡回医疗604人，血医门诊看病2408人，从以上家庭账户中核销折价58985.72元。截至年底，发放农牧民群众健康教育宣传材料12种，共发放247份，面对面为农牧民群众举办健康讲座16次，对25个行政村村医进行慢性病管理，预防接种，传染病防治法，妇幼保健、新冠肺炎防护知识等12次培训。

2020年4月15日，卡嘎镇组织开展国家安全日法制宣传活动

【文化事业】 年内，组建25个村级文艺演出队，在"三大节日"、"三八"国际妇女节、"3·28"西藏百万农奴解放纪念日、"五四"青年节、国庆节等重要节日节点开展文艺演出庆祝活动56场次，参加活动者达900余人次。结合戏曲进乡村活动要求，组织"帕嘎谐庆"到各村开展文艺演出13场次，群众在多姿多彩、喜闻乐见的文化活动中获得精神滋养，增强精神力量。切实发挥镇新时代文明实践所和各村新时代文明实践站的文化引领作用。截至年底，建立志愿队伍9个691人，其中服务型志愿者队伍1个154人、专项服务型志愿者队伍4个123人、综合服务型志愿者4个414人，共计开展67场新时代文明实践活动，其中政治环境卫生活动43次、宣传教育活动20次、专项活动4次。

【民政工作】 年内，通过低保申请、入户调查、审核审批等方式。落实好低保户一卡通和现金（无卡户），兑现低保及提标资金。截至年底，兑现落实99户127人资金共328260元。兑现享受低保老人17人每人600元，共计10200元；兑现寿星老人95人，兑现资金31500元。对2020年的残疾人信息管理系统进行动态更新，排查剔除去世及户口迁出人员共256人，兑现残疾两项补贴资金51.6万元，摸底调查无障碍残疾房屋改造1户，兑现资金3800元，实地送门服务鉴定，新增48个残疾人员。对4户分散特困供养人员落实2020年供养资金共26700元。年内，发放社会救济救助资金共4.7万元，共计救助16户，其中建档立卡9户、一般贫困5户、边缘户2户。截至年底，建档立卡户、低保户、大病、残疾一二级报销医疗救助共137户。

【社会保障】 年内，深入宣传城乡居民医疗保险、养老保险政策，为全镇8286人登记医疗参保信息，2020年实际参保缴费7280人，征缴医疗保险费59.508万元。2020年，养老保险4086人参保，参保率达99.59%，征缴保费77.64万元。进一步完善养老保险兑现程序，实现养老金的社会化发放，为772人次兑现养老保险待遇及一次性丧葬补助共计181.51187万元。传达上级技能培训通知15次，全镇全年技能培训参训314人次，其中建档立卡97人，提升了群众的就业能力；全年劳务转移就业1816人，劳务收入达1539.57万元；全年应届毕业生80人，通过电话、微信等途径向应届毕业生发送各类创业就业政策文件、招聘信息40余条，促进73名应届生实现就业，就业率达91%。

【脱贫攻坚】 年内，召开脱贫攻坚动员部署会，镇党委分别与各村签订2020年脱贫攻坚目标责任书。结合20个“紧盯”，进村入户发现问题、解决问题，补齐短板、巩固脱贫成果，共召开推进会14次、发现问题63条、整改问题63条；2020年上半年生态岗位有1133个，发放资金1982750元，下半年生态岗位有1130个，发放资金1977500元；发放2019年勤劳致富“以奖代补”资金850246元；奖励78名应届大学生147000元（其中建档立卡贫困户23名，非建档立卡贫困户55名）和资助50名贫困大学生272682元；截至年底，卡嘎镇有建档立卡贫困户602户2251人，其中2016年脱贫54户235人、2017年脱贫191户759人、2018年脱贫288户1153人、2019年脱贫69户104人。2020年，全镇农村经济总收入同比增长1.65%，人均纯收入9643.90元，同比增长12.68%。

【安全生产】 年内，坚持“安全第一、预防为主、综合治理”的方针，充实调整安全生产工作领导小组，召开安全生产安排部署会，对全镇25个行政村进行安全生产教育，同时以各类宣传活动为契机，大力宣传安全生产相关知识，发放安全生产资料1000余份，悬挂横幅4条，开展安全生产检查活动30余次，卡嘎镇群众牢固树立安全生产观念。

【生态环保】 年内，充实调整生态环保工作领导小组，召开环保工作会议6次，借助各类宣传教育活动，观看微电影2次，悬挂横幅9条，发放宣传单2000余张，多角度进行环保知识的教育。着力改善人居环境，建立垃圾池25座，配备环境督导员25名，公路沿线村配备垃圾清运车11辆，努力打造生态宜居的美丽乡镇。

【自然灾害】 年内，2条通村道路受灾；房屋受灾7户33人；农田受灾163户876人，绝收36.36亩，轻度受灾1072.3亩；1处村水利设施受灾。

【项目建设】 年内，对接监督实施唐嘎村等5个村的水源点及附属工程维修项目；对接曲充村迪吾自然村饮水项目、防冻水龙头新建项目；对接曲充村德吾自然村5户28人参与地质灾害避让搬迁项目；对接德吉林村修桥、路肩墙及道路维修项目，拨付三项资金81960元；对接帕热村修八字墙、修路项目，拨付两项资金1.9万元；对接2019年汛期雇佣挖掘机、装载机保通帕吾片公路项目，拨付资金15350元；对接卓日村央嘎沟路肩墙项目，拨付资金1.6万元；对接唐嘎村和通门村两项修路项目，拨付资金1万元；申请如多村、热龙村2019年城乡建设用地增减挂钩项目；对德吉林村50户281人非建档立卡户整体搬迁需求开展前期调研；监督落实并联合县水利局验收措松村防洪堤坝项目。

（陈亚梅）

桑桑镇

【概况】 桑桑镇位于昂仁县西南部，349国道横贯镇域，距县城67

公里，东连卡嘎镇，西邻切热乡、阿木雄乡，北靠达若乡、雄巴乡，南与日吾其乡、多白乡毗邻。桑桑镇整体地势较高，属高寒地区，平均海拔4560米，是昂仁县牧业大镇，也是日喀则市西部重镇。2020年，桑桑镇共有1140户、4698人。镇域总面积为2830平方千米，草场面积240万亩，可利用草场面积227万亩，耕地面积为1015亩。2020年，全镇农村经济总收入为6993.21万元，同比2019年增长23.9%；农村居民人均可支配收入为14885.51元，同比2019年增长23.4%。

【医疗卫生】 年内，新型冠状病毒感染肺炎疫情发生，桑桑镇党委、政府及时研究部署全镇新冠肺炎疫情防控工作，使全镇防控工作形成全面联控机制。并根据工作要求和职责，落实职责明晰、分工明确、各司其职、密切配合工作方针，实行全天候保障防控，所有人员在岗在位，听从指挥，服从调度。通过加大宣传力度、加强摸底排查、加强保障工作、落实疫情防控常态化要求等措施，使桑桑镇在2020年中全镇未出现或发生感染情况。

【项目建设】 年内，实施农村安全饮水巩固提升工程，实现安全饮水全覆盖，有效解决群众安全饮水问题。全镇16个村均已连接上国家电网，全镇广大农牧民群众的生产生活用电得到保障和满足。全镇16个行政村7个自然村均实现道路硬化，且连接至各家各户门口，方便农牧民群众的出行。年内，共实施危房改造88户。全镇16个行政村7个自然村的通信网络实现全覆盖，为广大农牧民群众的业余文化生活和对外沟通提供保障。

【脱贫攻坚】 年内，桑桑镇认真贯彻中央、区、市、县扶贫工作会议和文件精神，始终坚持“真扶贫、扶真贫”理念，紧紧围绕“两不愁、三保障”，扎实推进扶贫开发措施落实，制定扶贫发展规划，积极争取项目，多方筹资，健全扶贫机制，强化扶贫责任。疫情期间一手抓疫情防控、一手抓脱贫攻坚，保障人民身体健康，同时帮助解决受疫情影响农牧户稳定就业，帮助他们解决生产生活中的问题，真正做到疫情防控和脱贫攻坚两不误。年内，组织召开桑桑镇脱贫攻坚指挥部会议6次、脱贫攻坚专题会议8次，镇扶贫包村干部走村入户3000余次，为全面打赢脱贫攻坚战夯实基础。

【农牧业】 年内，桑桑镇大力发展特色产业，加大扶贫产业力度，组织15个行政村创办牛羊养殖合作社，实现全镇所有草场入股、所有牲畜入股，通过整合资源、优化畜群结构、改变传统放牧观念、解放劳力资源、产品面向市场等方式，共解放劳动力537人。截至年底，全镇合作社共入股4000多名村民，5万余头（只、匹）牲畜，200万余亩草场。完成达仓、西果、番巴3个村的畜群调整，实现从传统畜牧业向现代化畜牧业的转变。

桑桑镇农牧综合服务中心共有12名专业技术人员，其中1名主任、1名聘用干部兽医。根据乡镇农牧综合服务中心职责，紧紧围绕农牧技术推广、农机、种子推广、科技培训、蔬菜种植、草原管理、畜牧兽医、兽防、野生动物保护和水利等工作要求，合理设置岗位，确保第一产业这一支柱产

2020年8月25日，桑桑镇在赛马节活动期间组织开展农牧民运动会

业稳步发展。对各村兽医、科技特派员实施年度考核制度，对工作职责落实不到位、群众反映强烈、考核不合格的村级兽医、科技特派员进行及时调整，2020 年共调整 2 名科技特派员。

年内，桑桑镇将接羔育幼作为牧业发展的根本任务，通过引进优质种牛 21 头、种羊 384 只等方式，确保适龄母畜的受孕率，安排牧业经验丰富的人员做好母畜疫病的防治工作，确保仔畜的成活率。2020 年，桑桑镇共有 25347 头牦牛、24164 只绵羊、1611 只山羊，在能繁殖母畜中参配率达 95% ，受孕率达 80%，切实为牲畜产业发展打下基础、提供保障。

【产业发展】 年内，依托桑桑镇酥油、牦牛肉、奶渣等特色产品，引导全镇农牧民群众和建档立卡户参与畜牧养殖业生产。按照“合作社 + 贫困户”模式，整合村级发展资金、中央专项扶贫资金等发展产业。年内，全镇 15 个行政村和 7 个自然村中已组建养殖合作社 16 个，各村养殖合作社主要从事牲畜养殖。在村内大力宣传组建发展养殖合作社的好处，并积极鼓励农牧民群众入股投资合作社。年内，全镇所有贫困户均已入股合作社，已将合作社产生的收益按照入股投资的百分比进行分红，切实为全镇建档立卡户带来一定的收益，同时还带动 50 余名劳动力不离乡不离土便实现就业。

【生态环境】 年内，桑桑镇坚持以习近平新时代中国特色社会主义思想为指导，全面贯彻党的十九大和十九届历次会议精神和习近平总书记对西藏工作的系列重要指示批示精神，牢固树立“绿水青山就是金山银山”的理念，奋力创建生态文明家园。2020 年，桑桑镇在原有的环卫工人的基础上，再次招聘录用环卫工人 3 名。同时在各村由驻村工作队和乡村振兴专干在村内积极开展户内户外、家庭卫生等评比活动，大力开展宣传“四讲四爱”的活动内容，加强村内环境卫生整治，提高农牧民群众爱卫生、讲卫生的生活习惯，通过各项活动的开展，使得各村环境卫生“脏乱差”现象得到有效扭转。截至年底，全镇共计打扫清理白色垃圾 162 吨，建筑垃圾 208 吨，组织人员 5000 余人次，调动车辆 2000 余台次。

【安全生产】 年内，桑桑镇全面响应党中央、国务院及区、市、县党委政府关于安全生产工作部署要求，认真贯彻落实县安委办下发的《昂仁县安全生产专项整治三年行动计划》，始终坚持以保障人民群众生命财产安全作为各项工作的出发点和落脚点，始终保持高度负责的责任感、使命感，以前所未有的工作力度，坚持“以人为本”和“安全第一”的方针，开展安全生产各项工作，进一步强化安全生产工作的针对性和实效性。

年内，桑桑镇深入开展安全隐患大排查、大整治，安全生产状况有大幅度的改善，安全形势稳中有升，有效预防各类生产安全事故，尤其是杜绝重特大事故发生，为安全稳定和经济发展起到良好的服务保障作用。截至年底，桑桑镇共开展安全生产大检查 8 次，组织召开会议 4 次。

【社会保障】 年内，共临时救助 6 户，发放临时救助金 18400 元。2020 年，全镇共有农村低保共 102 户 164 人，并为残疾人发放“两项补贴”，发放人数 76 人，发放资金 151200 元；享受老年人两项补贴 35 人，发放资金 2.1 万元；享受残疾人燃油补贴 41 人，发放资金 15580 元；享受分散供养人员生活补贴 3 人，发放资金 20025 元；享受低保补助 164 人，资金 181332 元。

年内，桑桑镇农村建档立卡贫困人口农村合作医疗参合率达到 100%。深入开展农村贫困人口大病专项救治和慢性病签约服务管理，贫困人口家庭医生签约服务率达到 100%。2020 年度，农村合作医疗参合人数为 4740 人，共筹资金 449660 元，完善社会保障体系，帮助农民抵御重大疾病风险，缓解农民因病致贫、因病返贫，有效解决广大农民看病难、看不起病的问题。

【教育事业】 年内，桑桑镇在校在园就读有学前幼儿园 255 人、小学生 431 人、初中生 268 人、高中生 91 人、中职生 68 人、大学 74 人，送教上门 4 人。全镇适龄建档立卡学生入学率和巩固率都达到 100%，适宜就读的残疾儿童入学率达 100%，无辍学生。全镇下辖完小小学1所、幼儿园3所，共有教师40名，其中幼儿园教师8名。

【特色产业】 年内，桑桑镇党委、政府以桑桑酥油为突破口，利用一年一度的“八一赛马节”，组织开展酥油品鉴会，对全镇16个行政村所生产的酥油进行评鉴，通过此种方式，在进一步提高全镇酥油的知名度的同时，也可以增加农牧民群众的经济收入。年内，全镇对外出售酥油达14875公斤，出售奶渣29750公斤，牦牛肉937吨，切实为农牧民群众人均收入带来较大的收益。

【乡村振兴】 年内，桑桑镇共有乡村振兴专干13名，各村乡村振兴专干努力工作，扎实有为。积极参与村级活动，帮助村“两委”在村内开展“3·28”西藏百万农奴解放纪念日、开展卫生评比等活动，引导农牧民群众爱卫生、讲卫生，感党恩、听党话。积极配合镇组织开展党的路线方针政策宣传宣讲工作，利用宣传的时间，加强对农牧民群众思想引导，同时也加强了自身理论学习；帮助村“两委”完成党建工作，进一步提高各村规章制度落实，加强党的建设，提高村“两委”工作作风效率。

（杨　秋）

切热乡

【概况】 切热乡位于昂仁县西部，距日喀则360公里，距昂仁县城150公里，平均海拔5035米，系纯牧业乡，乡域面积184.75万亩。乡域北部有多雄藏布江流过，219国道横贯乡域，西邻萨嘎县、仲巴县、阿里地区，北部连接如萨乡、阿木雄乡，交通便利。乡主要收入来源为畜牧业和劳务输出，自然灾害有泥石流、洪涝、雪灾、水灾、风、冰雹等。

2020年，共有322户1422人，其中农村劳动力764人。切热乡共有建档立卡贫困户104户403人，其中低保5户21人、五保8户9人。

【经济发展】 年内，全乡农村经济总收入1921.18万元，其中第一产业收入为1114万元、第三产业收入为807.18万元。全乡草场面积1797397.78亩，禁牧面积237900.01亩，草畜平衡面积1559497.77亩，草畜平衡载畜量为47691.06只绵羊单位。截至年底，牲畜存栏18071头（只、匹），其中牦牛8549头、马31匹、绵羊9341只、山羊150只。人均纯收入为13510.40元，比2019年增长16.3%。

【教育医疗】 年内，切热乡党委、政府把控辍保学工作作为教育事业发展的重要组成部分，小学生和中学生入学率均达到100%，保证让每一个适龄儿童都能得到良好的教育机会。乡党委、政府高度重视跨县易地搬迁这项工作，定期召开专题工作会议，研究解决切热乡完小搬迁过程中存在的问题，顺利完成跨县易地搬迁工作。年初，切热乡党委进一步细化疫情防控工作任务，要求所有干部职工及医务人员必须按照区、市、县三级对疫情防控工作的部署要求，提高思想政治站位，切实增强“四个意识”、坚定“四个自信”、做到“两个维护”，深刻认识做好疫情防控工作的重要性和紧迫性。要求认识到疫情防控在整

2020年7月1日，切热乡党支部召开“共产党员恪守不信仰宗教底线，坚决与十四世达赖及达赖集团划清界限，旗帜鲜明反分裂、保稳定”专题组织生活会

体工作中的重要作用，加强本辖区内外来人员的疫情监测工作，充分发挥村级医务人员的作用，强化各村内外来人员的体温监测及消毒工作，加强与县卫健委的沟通协调，备足疫情防控的医疗器械和药物，确保辖区内疫情防控工作落实到位。

加强农村基层卫生队伍建设，提高卫生人员专业知识和医疗水平，做到小病不出村、大病不出乡、控制传染病。大力开展爱国卫生运动，普及全民卫生知识，倡导和培养健康的生活方式，改变牧民群众脏、乱、差等不良卫生习惯，营造良好的卫生环境；为巩固提高农村新型合作医疗制度，切实解决牧民看病难、看病贵的问题，农牧民新型合作医疗每年参合率达到100%；每个村有1个标准化卫生室；对6个行政村的2名村医进行业务集中培训，做到小病不出村、大病不出乡。年内，乡卫生院进行4次卫生食品安全排查，对人员密集的商店或茶馆等场所进行食品安检，要求如发现过期食品，在乡政府的监督下进行统一销毁，确保牧民群众食品安全。

【文化事业】 年内，切热乡党委、政府高度重视对牧民群众的文化推广，在“3·28”百万农奴解放纪念日等重大节日期间，专门组织牧民群众举行一系列的活动。进一步丰富切热乡广大牧民群众的文化生活，推动切热乡基层精神文明建设，开阔广大群众及学生的视野，得到群众的一致好评。安排专人负责农家书屋的日常管理和书籍更新整理工作。

2020年11月8日，切热乡派驻萨迦县扯休乡极高海拔生态搬迁安置点干部开展日常工作

【社会保障】 年内，切热乡农村医疗保险参加人数为1422人，参保率为100%；认真贯彻落实农村最低生活保障制度，2020年农村低保人口共21人，占总人口的1.5%；积极开展对困难家庭扶助、特困群众扶助及对80岁以上寿星老人的扶助，2020年切热乡“三老”人员及特殊群体补贴已全部落实。组织开展法治教育宣传活动。为不断深化全乡法治教育，推动“法律进牧民群众”活动的深入开展，努力营造牧民群众“学法、懂法、守法”的良好氛围，提高牧民群众的法律素质和法治意识，全力构建和谐文明乡镇。乡人大组织机关代表、乡综治办、派出所联合开展法治教育宣传活动，主要宣传《中华人民共和国宪法》《中华人民共和国婚姻法》《中华人民共和国劳动法》《中华人民共和国合同法》等法律法规，培养群众的法律意识，有效预防和减少矛盾纠纷。

【生态环保】 年内，6个村驻地卫生由驻村工作队组织村党员每周进行打扫。碘盐发放方面，由村两委统一收取碘盐款，并于6月8日及时发放碘盐。成品油购买方面，由村民携带身份证等有效证件，到乡政府开取相关证明后方可购买。乡政府与乡派出所不定期对各村进行成品油检查，坚决杜绝成品油囤积情况，杜绝安全事故的发生。

【脱贫攻坚】 年内，为确保切热乡同昂仁县脱贫工作实现同步，切实完成好切热乡脱贫任务，市包乡领导、县包乡领导及乡全体干部职工从2月开始长期到各村开展调查摸底及精准扶贫政策宣讲，通过与结对户交心谈心，全面掌握联系贫困家庭信息及致贫的根本原因，提出切实可行的巩固措施。全乡干部职工、驻村工作队为贫困户累计帮扶物资、资金折算17.9万元，用于购买糌粑、衣服、粮油、面粉和棉被等生活必需品；动员干部职工25人于4月、8月、10月3次进村入户，了解结对户每阶段家庭经济情况，从思想、物质和就业等方面进行帮扶。切热乡党委、政府定期召开扶贫推进会，及时研究解决脱贫工作中存在的问题及困难。在包乡领导和全乡干部的共同努力下，较好地完成切热乡脱贫任务。跨县易地搬迁项目上，协调配合施工方科学施工，组织乡人大代表、政协委员、农牧民群众和村务监督员监督施工进度和质量次数18次。易地搬迁项目于10月验收合格，10月29日开始搬迁入住工作。

【特色产业】 年内，严格按照草场分划分，保护好禁牧草场，利用好可利用草场，把草畜平衡成果继续巩固，保护生态环境，切实提高工作实效。把有放牧经验、热爱放牧、群众口碑较好的年轻优秀牧民选拔为放牧员，优化畜种，提高畜产品质量和成活率。搞好产业经营工作，达到牲畜出栏和育肥目标迅速运转经营收入，增加家庭收入。将地方牧区传统手工技术和其他技术（如卡垫、缝纫等技术）传承发扬。年内，切热乡依托产业扶持带动贫困户104户403人，实现产业分红14.5万元。

【农牧统计】 年内，切热乡继续加大对各种疫病的防治力度，高度重视牲畜的防疫工作，确保畜牧业生产健康发展和农牧民群众生命财产安全。依法加强对“五号病”“包虫病”等各种疫情的监控和防治力度，切实抓好疫情防治工作，2020年在昂仁县农牧局的指导下，对各村牲畜注射密度达到100%，并逐一填写牲畜免疫注射登记卡；草原生态补助奖励机制工作，事关切热乡牧民群众的切身利益，为切实保证切热乡2020年草奖工作顺利完成，乡草奖工作人员不辞辛劳按时完成草奖相关工作，为努力做好草奖的每一项工作环节奠定坚实基础，顺利通过2020年的草奖验收。完成上级统计部门交办的各项统计任务，顺利完成2020年接羔育幼、牲畜清点和国民经济等各项统计工作。

【基础设施惠农项目】 年内，切热乡组织各村进行村道维修3次，组织道路维修参与人数40人左右，道路维修总长共0.7公里。通过开展道路维修养护工作，缓解各村群众的出行难点，提高牧民群众交通便利；全面推进社会主义新农村建设，针对6个行政村、264户实施跨县易地搬迁项目，切热乡党委安排村“两委”人员、搬迁群众进行工程质量监督管理，确保工程质量达标。各项基础建设已全部完成，搬迁住户已于10月开始入住工作。

（李泽标）

秋窝乡

【概况】 秋窝乡位于西藏自治区西南部、日喀则市西部雅鲁藏布江上游，位于昂仁县东部，地处雅鲁藏布江西南部，位于北纬29° 22′、东经87° 27′之间，属于农业大乡。距县城30公里，平均海拔4160米，是著名的一世班禅诞生地。全乡下辖23个行政村、49个自然村，共有1651户、8106人；有耕地面积16962.42亩、草场面积937365.03亩，其中可利用草场面积889815亩。2020年，全乡生产总值完成12965.93万元，比2019年的8627.4万元增长50.29%；农民人均纯收入由2019年的8733.81元增长到10586.45元，增幅21.21%；粮油总产量5200吨；牲畜存栏27469头（只、匹），牲畜出栏25668头（只、匹）。秋窝乡属于高原中低山地地貌，高原温带半干旱大陆季风气候，年日照时数为3000小时，年平均气温8.6℃，年均降水量300毫米，年均蒸发量2505毫米；主要种植的农作物为青稞、小麦、油菜、豌豆、土豆。

【农牧业】 年内，坚持把农业作为全乡经济发展的根基，摆在优先位置。不断优化种植结构，大力宣传和推广青稞良种，建设推广“喜马拉22号”二级种子田550亩，“百亩千斤”高标准农田创建200亩，推广“喜马拉22号”和“藏青2000”优良品种种植面积1万余亩。着力提高农业生产机械化水平，通过农机补贴政策购买拖

2020年3月11日，西藏自治区副主席、日喀则市委书记张延清（左二）相关工作人员到秋窝乡南木加村调研

拉机100余台，落实补贴62万余元，机耕、机播、机收率基本提高到90%以上，农业生产效率大幅提高，极大缩短农忙时间。推进畜牧稳定发展，坚持草畜平衡，合理利用全乡93.7万亩草场，逐步推行舍饲等科学养殖方式，牛羊等牲畜总存栏量为27469头，出栏量25668头，出栏率93.44%。

【教育事业】 年内，秋窝乡全面落实教育体制改革和教育“三包”政策，“两基”攻坚顺利通过国家检查验收；不断完善教育设施，使教育质量大幅提升。认真落实领导干部联系学校制度，学前教育、双语教育全面发展。切实做好控辍保学工作，全乡初中入学率达到99.8%，小学入学率达到100%，学前一年制、三年制入园率97.04%、87.05%。

【医疗卫生】 年内，合作医疗覆盖率达100%，报销率达85%以上，16—59岁参保人数为4032人，农村养老保险参加率达100%，全乡农牧民住院分娩率达95%。继续落实好以免费医疗为基础的农牧区医疗制度，扎实开展计生妇幼工作，建档立卡贫困户实现全覆盖体检筛查2246人，大病集中救治12人，其中建档立卡贫困户12人；慢病签约管理23人，其中建档立卡贫困户23人。贫困患者健康体检率、建档立卡贫困户参保率、建档立卡贫困户患者签约率均达100%，全面实现基本医疗保障目标。全乡实现医疗救助164人次，报销资金364.46万元。

【文化事业】 年内，全乡文化事业健康发展，各大节日组织演出与外出演出78场次，兑现23支文艺演出队和各村文化资金115万元。各村“农家书屋”充实各类书籍1000余册，充分发挥农家书屋作用，满足农牧民群众和中小学生假期求知、求乐的需要。

【社会保障】 年内，将156户285人次纳入农村最低生活保障范围，落实低保资金221.16万元，实现集中供养五保户4户、分散供养五保户8户；完成全乡854名残疾人状况和需求专项调查，落实残疾人补助资金10.47万元；落实五保资金40050元、寿星老人资金27500元，落实奖励扶助及特补资

2020年7月1日，秋窝乡尼布村开展卫生评比活动

金191760元、精神病补贴7200元，落实监督员资金654066元。

【生态环保】 年内，落实生态岗位资金1327人464.45万元，在实现生态好转的同时增加群众的经济收入，同时积极组织干部职工和生态岗位人员开展环境卫生清理工作，节假日及重要节点全乡开展卫生大扫除203次，参与干部群众共8300余人次，清理垃圾130余吨；完成乡政府驻地街道改造项目，与各住户签订门前“三包”责任书，并聘请一名环卫工人日常打扫路面，使街容街貌焕然一新。

【乡村振兴】 年内，坚持做好疫情防控和农牧业生产“两手抓”“两不误”，着力提高农业生产机械化水平，通过农机补贴政策购买拖拉机100台，落实补贴62万余元，机耕、机播、机收率基本提高到90%以上。全面开展人居环境整治行动。为破解农村牧区生活垃圾难题，秋窝乡积极推广生活垃圾集中收集处理模式，全乡所有生活垃圾均得到有效治理，建设垃圾池30余个，配备垃圾转运车24台。全力实施农村饮水安全巩固提升工程，安全饮水工程惠及全乡8000余名农牧民。同时，加大农村环境综合整治力度，加强生态环境治理。全面落实“河长制”、消除“无树户”，进一步加大草原生态保护与建设力度，积极组织干部职工和生态岗位人员开展环境卫生清理工作。

【产业发展】 年内，秋窝乡各大产业持续发展，当通村温室项目、霍尔巴羊育肥基地项目、康萨村多雄朵堆糌粑加工厂、康萨村奶牛项目、人工种草项目（1800亩）等发展良好，其中当通温室大棚实现纯利润25万余元，实现分红3万元；康萨粮油加工实现纯利润30万余元，带动就业13人，建档立卡贫困户6人，人工种草项目总计实现收入137万余元，有效带动全乡产业发展。同时，坚持以乡村振兴为切入点，鼓励农牧民建设发展农村专合组织，不断激发农村经济活力，推进农村扶贫由“输血式”向“造血式”转变，截至年底，农牧民共计出资1347.08万元，组建23个农牧民专业合作社，其中森岗民族手工艺农民专业合作社和上白玛民族手工艺农民专业合作社等一批合作社发展良好，利润逐年上涨。成功创建当通吉雄种植市级示范合作社和上白玛村服饰制造、龙木其村藏鸡养殖等一批效益好、潜力大、管理规范的示范合作社。

2020年8月12日，秋窝乡统一购买拖拉机并发放补贴

【自然灾害】 年内，及时开展防汛抢险应急演练和宣传工作，并多次组织人员对辖区的电站、江河流域、险工险段等重要设施部位进行全面排查。2020年，全乡因强降雨、泥石流、冰雹等上报灾情5起，受灾人口592人，农作物受灾1067.36亩，牲畜死亡21只，道路、防洪堤坝冲毁约300米，落实救灾资金55.21万元。

【项目建设】 年内，行政村水泥路通畅率达100%，全乡农村公路通车总里程达84.6公里，建成嘎日大桥等一批重大控制性交通枢纽，综合交通运输网络构建日趋完善；争取援藏项目资金320万元，改扩建乡政府驻地街道和统一粉刷沿街房屋墙面。

【脱贫攻坚】 年内，落实生态岗位资金1327人464.45万元，实现生态好转的同时增加群众的经济收入；制造金融扶贫小额贴息贷款政策，为325户办理贷款1617.8万元，有力帮助贫困群众发展生产；大力发展5个村集体经济，23个农牧民经济合作社，将2263名建档立卡贫困户和187名边缘户全部纳入合作社中；建档立卡贫困户人均可支配收入达1万元，脱贫攻坚普查满意度达100%。

【特色产业】 年内，秋窝乡产业因地制宜持续发展，形成一批以当通村温室项目、康萨村多雄朵堆糌粑加工厂、康萨村奶牛项目、人工种草项目（1800亩）、森岗民族手工艺、上白玛村服饰制造、龙木其村藏鸡养殖等一批特色产业，其中当通温室大棚实现纯利润25万余元，实现分红3万元；康萨粮油加工实现纯利润30万余元，带动就业13人，建档立卡贫困户6人，人工种草项目总计实现收入137万余元，成功创建当通村吉雄种植市级示范合作社。上白玛村服饰制造、龙木其村藏鸡养殖等一批效益好、潜力大、管理规范的示范合作社，有力地带动全乡产业发展。

【宣传教育】 年内，持续深入开展“四讲四爱”主题教育实践活动，坚持探索创新，利用广播、舞蹈等各式的宣传方式方法，切实引导群众成为讲党恩爱核心、讲团结爱祖国、讲贡献爱家园、讲文明爱生活的好公民；结合“千名党员入户大宣讲”、政治辅导员讲党课等，组织开展淡化宗教消极影响专题宣传46场，覆盖群众7000余人。认真落实党委书记上党课制度，开展党性教育6次。发挥区、市、县驻村工作队优势，在辖区内大力开展信访、交通、民生、惠民政策等相关法律知识，提高辖区群众知法、懂法、用法意识。乡政府联合派出所开展法制宣传活动8次，共发放宣传单320余份；继续开展“扫黑除恶、打非治乱、扫黄打非”专项整治工作，开展宣传工作9次，发放宣传手册280余册；张贴统一制作标语、口号等信息120余条；由乡综治办牵头，下村筛查、访民生、听民怨、收集线索16次，协调上报扫黑除恶线索1条，已由县公安局立案处理。利用产业大赛、演讲比赛、收青稞和扶贫日等重要活动和时间节点，积极开展宣讲工作。截至年底，共开展大型宣讲活动4次，专项宣传活动12次，并且全乡干部在下村开展工作时主动加强精准扶贫宣讲。

（陈　豪）

达局乡

【概况】 达局乡位于昂仁县东南部，距离昂仁县政府驻地55公里，东连彭措林乡，西邻秋窝乡，北靠亚木乡，南与曲下乡毗邻。达局乡辖区有15个行政村（达局、多洛、克吾、江嘎、桑嘎、帮玉、赤纳、伦定、纳古、谢如、其素、通、珠吾、柱、粗），26个自然村，7座寺庙，20个基层党支部。乡域面积1300平方千米，平均海拔4200米。全乡共有908户4912人，其中农户883户4728人、牧户25户184人。2020年是决胜全面建成小康社会、决战脱贫攻坚之年，也是“十三五”规划收官之年。达局乡坚持以习近平新时代中国特色社会主义思想为指导，以实现乡村振兴为目标，以“稳定、扶贫、发展、生态”四件大事为落脚点，以脱贫攻坚重点工作为主线，全乡广大干部群众锐意进取、攻坚克难，各项事业呈现出稳中向好、

2020年5月28日，西藏自治区党委宣传部副部长普布（左三）到达局乡督导检查“四讲四爱”群众教育实践活动开展情况

稳中趋优的发展态势。2020 年，全乡生产总值达 7989.234 万元，同比增长 33.8%；人均可支配收入达 10493 元，同比增长 20.6%。

【农牧业】 年内，达局乡农作物播种面积 7828.05 亩，其中粮油作物 7453.4 亩、经济作物 237.65 亩、饲料作物 137 亩。推广青稞良种 5843 亩，安排二级种子田 800 亩、豌豆种植 147.76 亩。2020 年，粮食产量达 2165300.71 公斤，青稞产量达 2124026.24 公斤，粮油平均每亩产 286.275 公斤。牲畜总存栏 19269 头（只、匹），新生仔畜 6306 头（只、匹），仔畜存活 5770 头（只、匹），成活率 91.05%；成畜死亡 310 头（只、匹），成畜死亡率 1.47%。全年共发放兽药 3062 瓶，涉及牲畜 18834 头（只），开展口蹄疫、包虫病等牲畜疫病筛查工作 8 次。

【教育事业】 年内，严格落实建档立卡贫困家庭大学生享受一次性资助金政策，扎实贯彻“三包”政策，教育扶贫结对帮扶实现全覆盖，做到“应资助尽资助”。认真贯彻落实义务教育惠民政策，确保每一名义务教育阶段学生不因家庭经济困难而失学。全力创造均等教育机会，全乡义务教育均衡发展水平不断提升，确保义务教育阶段适龄儿童无辍学，全乡适龄儿童、少年入学率达 100%。

【医疗卫生】 年内，全乡城镇居民医疗保险参保率达 100%，医疗报销达 22 万余元，切实减轻农牧民群众就医经济负担。乡卫生院住院分娩人数达 73 人，住院分娩率达 100% 以上，新生婴儿 73 人，无婴儿死亡；全乡建档立卡和边缘户 334 户 1516 人，家庭医疗服务签约实现全覆盖；全乡包虫病实现应治尽治，“三病”综合防治工作超额完成，传染病发病率持续降低，“两降一升”指标持续向好。新冠肺炎疫情防控工作有序推进，干部群众众志成城，实现重点地区返乡人员及其他重点人员的排摸、居家观察全覆盖，下发疫情防控小知识宣传画 245 张，严格实行网上注册登记制度，全面落实“健康码 + 测温”。

【文化事业】 年内，开展意识形态领域群众教育实践活动 57 次，参与人数达 14000 余人次。乡党委持续以“四讲四爱”群众教育实践活动为抓手，以新时代文明实践创建活动为契机，组建文艺演出队 15 个，广泛开展群众宣传教育活动，在丰富群众业余生活的同时大力引导群众理性对待宗教、淡化宗教消极影响、杜绝宗教高消费。

【社会保障】 年内，落实分散特供人员补助 73425 元，落实残疾人“两项补贴” 187200 元；全乡农村低保 122 户、311 人，落实资金 397038 元，落实低保老人“两项资金” 24900 元；针对达局乡遭遇突发事件、意外伤害、重大疾病或其他特殊原因导致生活困难的群众开展临时救助工作，全年开展救助 34 户群众，救助资金 5 万元；开展农牧民劳动技能培训 4 次，共 91 人，共计劳务输出 1090 人次，实现劳务收入共计 798 万元；通过不断拓宽增收渠道，有效地带动和引领群众转变“等靠要”思想，逐步实现共同富裕。

【生态环保】 年内，乡党委、政府把农村环境综合治理工作作为全乡环境保护工作的重中之重来抓。签订环境保护目标责任书，

2020年10月23日，日喀则市委副秘书长罗桑次仁（后排左一）相关工作人员到达局乡宣讲中央第七次西藏工作座谈会精神

2020年9月6日，达局乡农牧民运动会代表队参加昂仁县第二届“唐东杯”农牧民运动会

开展环境保护宣传教育，全面贯彻《环境保护法》，广泛开展环境保护宣传教育活动。截至年底，共计落实退耕还林资金97575元，涉及人数180人；落实重点公益林管护人员资金103850元；中央森林生态效益林补偿资金272911元，涉及人数90人，集体管护人员资金18700元；全面落实“厕所革命”工作，坚持政府引导、农户自愿的原则，实施改厕327户，累计投入资金共计65.4万元。

【安全生产】 年内，在全乡范围坚持“安全第一，预防为主，综合治理”的方针，大力做好安全生产宣传教育工作。扩大宣传的覆盖面，加大宣传教育力度，明确工作职责，建立健全安全生产规章制度，形成层级负责的安全生产机制，制定隐患排查治理具体方案，抓好例行检查，结合节假日，抓好专项安全生产检查整治工作。截至年底，开展法治宣传教育8次，开展矛盾纠纷排查6次，组织协调工青妇、治保调解组织、民兵组织参与群防群治工作1000余人次；共发放安全知识手册150余册，开展专项检查18次，排查安全隐患22处，已整改22处。

【项目建设】 年内，乡政府致力于“十项提升”工程建设，加快改善农村基础设施建设，特别是重点解决安全饮水、道路交通、电力覆盖、通信网络等群众最迫切的问题；现伦定至江嘎农村公路、桑嘎至通村已全部完工并投入使用，实现公路村村通全覆盖；全乡实现12个新建和3个改扩建村活动场所标准化建设，乡级客运站已建成落地，乡派出所搬迁工程已开工建设。

【脱贫攻坚】 年内，在包乡县级领导的带领下，在乡党委政府的全面统筹安排下，各扶贫专干及全体干部职工尽心尽责、加班加点，各驻村工作队、村“两委”班子及包村干部始终坚守基层一线，全力助推脱贫攻坚。年内，达局乡对328户建档立卡贫困户进行逐户走访，深入开展脱贫攻坚自查自纠工作，重点对扶贫对象动态管理、数据信息采集以及建档立卡户“两不愁、三保障”各项政策指标落实情况进行核准，深度掌握全乡脱贫攻坚工作进度，对存在问题现场逐一形成问题清单，及时召开专题会议研究，制定整改措施，按期如实整改。截至年底，共落实生态岗位资金3281250元，涉及人数共939人；落实产业分红资金5.64万元，共18户80人；落实“以奖代补”资金406489元，共212户1608人。

【特色产业】 年内，达局乡高原养殖产业发展方面，纳古村藏鸡养殖基地，饲养规模515只，基地产出9800只；帮玉村藏鸡养殖基地，饲养规模620只，基地产出7000只；赤纳村绵羊养殖基地，饲养规模1792只，基地产出150只。伦定村农民养殖合作社以养殖合作社分红+工资形式为31户贫困户发放70250元，伦定村农机合作社分红粮食18606斤，折合人民币为59539.2元，其中预留50%的流动资金，最高一户分红资金高达2649.6元。

（陈　操）

贡久布乡

【概况】 贡久布乡位于昂仁县西北部，距昂仁县城277公里。

地理位置：北纬 30° 38′，东经 87° 3′。北部与那曲地区尼玛县甲谷乡接壤，东部与尼玛县吉瓦乡接壤，南部与措迈乡相邻，西北部与尼玛县达果乡相邻。平均海拔 4800 米，全乡总面积 1700 平方千米，草场总面积为 1557215.02 亩，其中可利用草场面积为 1315719.81 亩、草场禁牧面积为 249145.21 亩。贡久布乡属于高原中低山地地貌，高原温带半干旱大陆季风气候，年均日照为 3420 小时，年均日照率为 85.5%。降雨主要集中在 7—9 月，占年降水量的 95% 以上。北部高海拔牧区年降水量在 250 毫米左右，贡久布乡乡政府驻地孜热村，全乡下辖 6 个行政村（分别为孜热、色聂、孜果、次如、松多、甲内），是纯牧业乡，有 17 个自然村，共有 346 户 1393 人。全乡共有干部职工 45 名（包括卫生院、派出所、学校职工），“双联户”单位 43 个，牲畜存栏 29024 头（只、匹），出栏 19125 头（只、匹）。劳务输出达到 765 人次，乡国民经济总收入 1624.23 万元，人均收入 11660.00 元。

【农牧业】 2020 年，贡久布乡牲畜总头数 29024 头（匹、只），其中有牦牛 3669 头、绵羊 22426 只、山羊 2892 只、马 37 匹。以专合组织为畜牧业跨越发展的新平台，利用好科技特派员、兽医等技术人员优势，以接羔育幼、畜群结构优化、科技支撑等为抓手，新生仔畜成活率为 95.1%，成畜死亡率控制在 1.7%，出栏率达 57.95%，同比增长 22.18%；基础母畜和适龄母畜占比总数上升，基本达到 80%。山羊存栏占比总量严格控制并逐步放弃养殖需求。

【教育医疗】 年内，贡久布乡完小有教师 10 名，学生 134 名，班级 5 个，幼儿园有 2 名教师、105 名学生。年内，小学入学率达 100%，巩固率 100%；初中入学率达 100%，巩固率 100%。乡卫生院 1 所，医护人员 4 名，村医 12 名。2020 年，医疗卫生工作取得新成效，乡政府组织农牧民群众体检，0—6 岁儿童保健、老年人健康管理、孕产妇保健、糖尿病健康管理、卫生监督管理、突发传染病管控、高血压服务管理、包虫病预防工作取得新成效，乡政府、乡卫生院积极开展健康教育宣传工作，广大群众健康知识水平明显提高。全年就诊 2560 人次，住院治疗 35 人次，其中住院分娩 31 例。乡卫生院积极开展健康教育宣传工作，广大群众健康知识水平明显提高，住院分娩率达到 99%，新型医疗参保人数 1393 人，参保率 100%。

2020年5月29日，贡久布乡村“两委”主要领导、人大代表到孔隆乡学习合作社规范运行管理经验

【文化工作】 年内，贡久布乡以节庆活动为主线，办好节庆文体活动。丰富群众节假日文化生活，在“三八”国际妇女节、“3・28”西藏百万农奴解放纪念日、“六一”国际儿童节、“八一”赛马节和珠峰文化节等节庆中，乡村两级干部开展跳锅庄舞、拔河等文体活动庆祝，展示乡村干部热爱党、热爱祖国、朝气蓬勃、奋发向上的精神面貌。充实乡、村两级文化活动中心，形成“农家书屋”、棋牌室、电子阅览室等阵地，极大地丰富广大群众的文化生活。

【生态环保】 年内，落实环保资金共 15 万元，配备垃圾车 2 台、垃圾箱 4 个、垃圾桶 113 个，用于日常生活垃圾清理。对易地搬迁点建筑垃圾进行清理并对生活垃圾

2020年8月18日，贡久布乡举办农牧民运动会

统一填埋,新建垃圾填埋点1处。对昂孜措生态保护区进行深入排查清理,推进环境综合整治工作。

【乡村振兴】 年内,坚持规划引领,积极推进各村合作社、基础设施建设。积极推广“专合组织+农牧户”联结模式,组建畜牧合作社6家,入股合作社总人数1375人,总收入达26万元。配备乡村振兴专干6名,深入各村进行工作。以合作社方式规范整合好乡驻地燃气油零售点,保障牧民用油需求。6个行政村实现掌上银行全覆盖和配备1名保险专干,建设好乡三农保险服务站。6个行政村4G网络覆盖率达100%(信号不稳定),确保农村基础设施逐步提升。

【脱贫攻坚】 年内,始终坚持问题导向,认真整改巡视巡察、考核评估、督导检查中发现的问题,做到问题及时发现、整改落实到位。成立脱贫攻坚领导小组,配备专干4人、包村干部12人。全面排查核实群众返贫致贫风险,建立防返贫致贫预警机制,认真贯彻落实“四个不摘”“四个只增不减”工作要求,充分利用乡村振兴战略支持政策,巩固提升脱贫攻坚成果,着力推动脱贫攻坚巩固提升工作,按照“四个不摘”的工作要求不动摇。

【特色产业】 年内,6家牛羊养殖合作社的肉、皮、羊毛、羊绒、酥油、奶渣等畜产品在12月投入到日喀则和拉孜县、尼玛县等地市场,实现入股分红50余万元。

(扎西多吉)

亚木乡

【概况】 亚木乡位于昂仁县东北部,距昂仁县城93公里,乡域面积1300平方千米,平均海拔4250米,是一个农牧结合、以农业为主的乡镇。南接达局乡,东接谢通门县列瓦乡,北接谢通门县达木夏乡,梅曲藏布河横贯乡域。乡辖区有耕地1.096905万亩,粮食总产量2605.49吨;草场面积98.4713万亩,可利用草场面积93.8425万亩,牲畜总头数29723头。乡政府驻地为支荣村,全乡下辖20个行政村、36个自然村,共有1448户、7003人,外出务工1845人,建档立卡贫困户646户、2710人,边缘户94户、432人。

【经济发展】 年内,亚木乡第一产业产值3504.31万元、第二产业产值424.04万元、第三产业产值6548.57万元,同比分别增长9.77%、8.46%、12.2%;农村经济总收入10476.92万元,纯收入7943.69万元,人均纯收入1.13万元,同比分别增长8.23%、11.22%、8.58%。

【农牧业】 年内,亚木乡农作物播种面积10969.05亩,其中粮食作物9138.34亩、经济作物1356.71亩、饲料作物474亩。调运“喜马拉雅22号”13055公斤。加大良种推广力度,推广青稞“喜马拉雅22号”746亩、“藏青2000”5820亩,粮食产量达到253.42万公斤,其中青稞产量达到235.67万公斤、油菜产量达到7.75万公斤、蔬菜产量达到141万公斤、青饲料作物产量达到168.935万公斤。严控农药、化肥使用,推广有机种植。年内,调运化肥137吨(尿素35吨、二铵20吨、氯化钾12吨、

2020年4月3日，日喀则市扶贫办相关工作人员到亚木乡曲康普村调研脱贫攻坚工作

复混肥70吨），同比减少10%；农药调运0.5吨，调运有机肥400吨。2020年，亚木乡总计牲畜存栏29328头（只、匹），总折羊数为43507.20只，其中成畜绵羊6940只，仔畜绵羊2723只，成畜山羊9832只，仔畜山羊3854只，成畜牦牛1979头，仔畜牦牛218头，成畜（黄牛、奶牛、犏牛）2203头，仔畜（黄牛、奶牛、犏牛）811头，成畜马19匹，仔畜马9匹，成畜驴710头，仔畜驴30头。年内，草场面积为（草畜平衡点面积）93.34万亩，禁牧草场面积5000亩，2020年草奖奖励机制补助共有1954299.06元，其中禁牧补助3万元，草场监督员补助（2人）10800元。

【脱贫攻坚】 年内，亚木乡共有41户178人返贫致贫监测对象，其中17户88人属于边缘户监测对象，24户90人属于建档立卡返贫监测对象。建档立卡贫困户中慢病签约46人，大病救治6人。加大贫困户劳力外出务工力度和技能培训，2020年贫困户中外出务工人员达803名。通过增加劳务输出力度和技能培训这一系列有效措施，为贫困户家庭实现稳定的增收目标。结合“一村一合”工作，让不愿意外出的劳动力转移到合作社中以增加收入。全乡共350户1471人享受易地搬迁政策，其中集中安置点5个94户，分散安置256户，已全部搬迁完成，排水、电力设施等“十项提升”工程已全覆盖。

返贫检测方面，为把脱贫户、边缘户情况搞清楚，3月，乡扶贫办组织扶贫干部、村干部、驻村工作队围绕义务教育、基本医疗、住房、饮水安全、发展生产资金短缺、外出务工就业难等重点内容对全乡贫困人口、边缘户及五类对象重点人员开展全面大排查，共有41户178人返贫致贫监测对象。6月，对所有建档立卡户、低保户、分散供养特困人员和贫困残疾人家庭的住房已全部鉴定完毕，其中鉴定安全320户，改造安全326户，并及时上报县脱贫攻坚指挥部办公室。

【农牧民专业合作社】 截至年底，亚木乡共成立20个农牧民专业合作社，成员5298人，成员出资总额558.046万元，资产总额504.246万元。2020年，乡农牧民专业合作社经营收入总额达52.8万元，其中亚木村哲贡塘人工种草农民专业合作社经营收入达32.4万元，成员年平均收入270元。

【项目建设】 年内，亚木乡实现20个行政村道路通达，其中硬化路段13个，砂石路段7个，其中在修缮路段4个。2020年，为保障乡群众冬季用水需求，20个行政村共建设80余个防冻供水台，排查水利基础设施6次，共涉及7个村水利基础设施维修（石布村、杰村、钦普村、钦达村、给龙多村仁岗自然村、支荣村、曲康普村、哲宗村）项目，资金共计20.47万元。为保证道路安全、防范交通隐患，2020年投入5400元对萨那达村至同色村段进行道路养护。亚木乡至同色村路段，近年交通事故多发，道路隐患较大，在该路段上设立减速板8个，带爆闪灯4个，共投入10400元。

【安全生产】 年内，对建筑领域、学校、寺庙、交通、商铺等领域的安全生产、安全隐患等方面进行多次排查，共排查有安全隐患的6处，并下达整改通知书，要求限期整改。派出所民警积极配合乡综治办人员，加大夜巡力度，大大减少偷盗案件，以上工作，充分得到群众的认可，使群众的安全生活环境越来越好，群众安全感不断提高。对因受到泥石流、洪水等自然灾害影响的群众，联合乡保险公司派驻工作人员开展紧急救助行动，2020 年亚木乡受灾群众有 533 人，经核查后确认需要救助的有 438 人，后续将由县层面统计拨付资金，以资金补偿的方式给予救助。

【教育事业】 截至年底，亚木乡现有 1 所中心小学和村级幼儿园 6 所（杰村、亚木村、康萨村、钦达村、萨那达、支荣 ），小学在校生 894 人，教职工 45 人（其中乡小学 24 人），小学生入学率为 97.89 %，中学生入学率为 81.72 %，学前教育 273 人。2020 年，完成亚木乡小学室外运动场建设项目，为学生和教职工创造便利的体育教学条件；持续开展控辍保学工作，经县乡两级、多部门联合开展工作，通过多种方式，保障学生就学权利，劝返失学学生 30 余名，部分学生因家庭、身体等原因而转学、送教上门的，均已提供相关证明；积极推动中招招生工作，10 月，在市县两级教育部门的积极协调和大力宣传下，共有 10 名适龄学生报名中职院校。

【医疗卫生】 年内，亚木乡卫生院给广大人民群众进行免费体检，体检人数达到 2696 人，其中筛查关节病总人数 7 人；包虫病总人数 41 人；高血压总人数 173 人；结核病总人数达 15 人，其中死亡人数达 7 人，好转 8 人；心血管疾病总人数为 43 人。乡卫生院对慢性病筛查做到 90% 以上，随访率达到 90% 以上；给群众健康提供有力的保障，2020 年门诊看病人达 6800 人，住院人次 100 人，从县卫生局领药 307843.2 元，核销金额 205350.87 元，现库存结余 102492.33 元。自 2020 年开始做好学校及公共卫生场所的疫情防控工作；做好应急物资储备；按照“外防输入、内防反弹”工作原则，继续落实落细疫情防控措施。

【生态环保】 年内，林草工作方面，为全乡享受补偿政策的群众兑付相关资金：易地搬迁点造林管护费共计 26265 元（加冲自然村、领不自然村、亚木村、朗孜村、萨那达村）；中央森林生态效益管护费 1 万余元（龙玛村）；萨那达领不自然村 2006 年退耕还林工程 2020 年补助 27750 元；给龙多村 2018 年新一轮第二次退耕还林补助 30300 元。年内，乡植树造林开展情况良好，杰村、亚木村、萨那达村、龙玛村、乡政府院内及党员公益林树苗栽种面积 10 亩，成活率约 70%，“五消除” 工作持续进行。

【自然灾害】 7—9 月，汛期期间由于雨水较多，泥石流等地质灾害频发，发生大大小小道路堵塞 6 处，投入保通救灾资金 3 万元；因自然灾害受损耕地 40 亩（涉及 61 户）；受损房屋 2 间（涉及 2 户）；受灾群众 438 人，落实年度冬春救助资金 246300 元。

【文化事业】 年内，设立“新时代文明实践所” 21 处，其中乡层面 1 处、各村层面 20 处；由上级部门统筹部署，为乡里购置 3 台公共文化一体机，进一步提高乡村与现代化信息内容的交流交互；在自

2020年6月8日，亚木乡召开中央第三巡视整改工作推进会

治区统筹安排、市级协调部署、县级组织领导下，成立20个村级文艺队，队内成员共计100人。年内，各行政村共开展文艺演出活动20次。在全乡范围内扎实开展“四讲四爱”活动，利用驻村工作队、乡村振兴专干以及包村干部等资源，在群众之间长期进行“四讲四爱”宣传，全年共计举办宣讲活动140次，累计受宣人次约10000人次，除去常年在外务工人员，保证全乡农牧民至少参加2次活动。

（王梦月）

达若乡

【概况】 达若乡位于昂仁县西北部，东面与谢通门县接壤，南面与雄巴乡、桑桑镇、查孜乡接壤，距离县城163公里，平均海拔为5156米，总面积约1792平方千米。乡政府下辖4个行政村（分别为其日、夏拉、查庆、强玛）、17个自然村，全乡共有牧业户159户658人，乡政府驻地在其日村。境内属山地草原气候，年平均气温-4℃—0℃。经济收入以畜牧业为主，草原面积达203.56万亩，其中可利用草原面积有199.06万亩。

【牧业发展】 年内，畜牧业稳中求进，为确保养殖业稳步发展，达若乡建立起较为完备的防疫队伍，定期入户进行防疫。截至年底，达若乡牲畜总存栏12768头（只、匹），其中当年生仔畜2220头（只、匹），出售和自宰的肉用牛达1786头，羊4776只。产出247.53吨牛奶、82.16吨羊奶，牛毛产出1.23吨，羊毛产出5.61吨，牛皮产量1793张，羊皮3751张。乡政府每年向农牧局申请各类药品与育苗，年内，达若乡牲畜接种和育苗种植覆盖率达到百分之百。同时做好草畜平衡工作，保障草原生态可持续发展。

【教育工作】 年内，严格落实建档立卡贫困家庭大学生享受一次性资助金、扎实贯彻“三包”政策、教育扶贫结对帮扶全覆盖，做到“应资助尽资助”。全力创造均等教育机会，全乡义务教育均衡发展水平不断提升，建档立卡贫困户适龄儿童、少年都能按时入学，全乡义务教育阶段适龄儿童无辍学，适龄儿童入学率小学达100%、初中入学率达100%。同时，积极做好“送教上门”工作，为残疾儿童以及生活不能自理的儿童制定专门的教学方案，每周开展送教上门活动，确保每一名儿童都能得到良好教育，做到不抛弃不放弃。

【卫生工作】 年内，医务人员走村入户，宣传传染病防治、计生、降消项目等合作医疗政策，使相关惠民政策家喻户晓、人人皆知，同时发放相关宣传单200余份。落实上级分配的《深入贫困地区乡村两级临床服务能力建设资金》通知要求，按照11万元乡卫生院医疗设备和村卫生室运转经费使用2万元改善资金使用要求，及时购买一批医疗设备，改善乡卫生院医疗设备条件，为下一步提供更好的救治环境，改善乡村卫生院医疗设备及配套设备，满足了广大人民群众的医疗需求。

【文化工作】 年内，利用上级拨付的5.5万元购买跑步机、动感单车、羽毛球、篮球、乒乓球等健身器材，丰富了干部职工的业余生活，也增强了同志们的身体素质。进一步推进精神文明建设，以农

2020年6月29日，达若党委书记云旦（后排中）到夏拉村宣讲高海拔生态搬迁相关政策

牧村党员远程教育站点为助手，达若乡党委、政府进一步加大对农牧村文化活动室建设力度，充实村文化室报刊、书籍，提升了村级文化阵地的为民服务能力。并以“3·28”、元旦、春节、“七一”等节庆日为契机，组织农牧民开展集体锅庄、个人演唱、舞蹈等文艺活动，丰富了农牧民群众文化生活。

【社会保障】 年内，达若乡以构建和谐社会为目标，建立和谐化管理服务长效机制，完善新型农村养老保险，扎实做好农保工作，不断提高群众参保率。2020年，达若乡参加新型农村养老保险人数为670名，参保率达100%，同时抓好劳动力转移培训和劳务输出工作，拓宽群众就业空间，有效解决群众的就业问题。

【生态环保】 年内，在全乡范围内建立环境卫生管理长效机制，加大村容、村貌建设和管理力度，加大乡村公路沿线清洁力度，帮助农牧民群众树立科学、文明的生活习惯。

【产业发展】 年内，全乡经济持续快速增长，呈现出跨越式发展的强劲态势，跃上了更高的发展平台，经济主体地位得到进一步体现。截至年底，经济总收入9981630.81元，群众人均收入增至14635.82元。

【特色产业】 年内，作为“三农”工作重要抓手、乡村振兴战略实施过程中的必要措施，自上级通知开展“一村三合”工作以来，一直将此项工作作为一项重要的政治任务，全面抓好落实。通过研究讨论、周密安排、走村入户、制定措施，确保合作社工作扎实有序、高效开展。截至年底，4个行政村畜牧养殖合作社共投入牲畜3217头牛1341只羊，折合1675.55万元。在群众参与方面，共有154户683人参与，其中建档立卡群众25户111人；草场入股1923270.4亩，上级扶持资金共2953700万元。截至年底，达若乡各村合作社已实现盈利分红1795919.95元，其中结算放牧人员工资454645.58元。

（陈 航）

措迈乡

【概况】 措迈乡位于昂仁县西北部，距县政府驻地223公里，位于北纬86.910269°、东经30.416241°，平均海拔为4822米。东接贡久布乡，西邻查孜乡，北靠那曲，南接达若乡，总面积2038平方千米，人口0.17万人。全乡总草场面积297.2427万亩，可利用草场面积271.5127万亩。辖地热、甭那、林久、热欧、贡琼、丁仁、欧荣、亚明、地沙布9个村委会。为纯牧业乡，牧养牦牛、绵羊、山羊等。措迈乡45个自然村共448户1737人。

【医疗卫生】 年内，在措迈乡卫生院工作人员的大力宣传和指导下，群众自愿参加健康咨询活动达到1300人次，普通门诊就诊2984人次，住院45人次，急诊15人次，全乡住院分娩率达到100%，2020年在卫生院住院分娩62人次，下村巡诊每季度开展2次。截至年底，共出生新生儿62人。

【文化事业】 年内，文化站开展丰富多彩的节日文体活动，促进创建工作和文体事业向纵深和更高层次发展。坚持每季度一次职工乒乓球和篮球等比赛；结合“3·28”西藏百万农奴解放纪念日、“五四”青年节、“七一”中国共产党建党日、“十一”国庆节等法定节日重大活动；以及结合本乡牧民群众的夏季欢聚节等传统节日，举办歌咏、舞蹈、知识竞赛等各类比赛，丰富和活跃群众精神文化生活，陶冶群众情操，受到群众的一致肯定和欢迎。

【社会保障】 年内，措迈乡全面调查村情民意，对低保对象进行全面入户调查，召开党员大会、村民代表大会，进一步核实本村享受低保人员，是不是因保进保，有没有人情保、错保。

【生态环保】 年内，措迈乡结合“讲贡献、爱家园”的主题，以习近平新时代中国特色社会主义思想为指导，全面贯彻中共十九大精神，深入贯彻落实总书记关于生态环境保护的重要指示批示精神和自治区有关部署，牢固树立“四个意识”，坚决做到“两个维护”，践行“绿水青山就是金山银山”理

2020年10月13日，县委副书记、县长普布多吉到措迈乡宣讲中央第七次西藏工作座谈会精神

念，坚持保护优先、节约优先、自然恢复为主的方针，坚持问题导向、举一反三，坚持夯实责任、齐抓共管，聚焦“五乱”等突出问题，严惩违法行为，加大保护力度，加强督查检查，完善长效机制，切实筑牢生态安全屏障，努力把措迈乡打造成为生态环境保护最佳区域。

【产业发展】 年内，措迈乡把畜牧业作为牧区村经济新的突破口和增加农民收入新的增长点，采取一系列发展措施，使措迈乡畜牧经济保持持续、快速、健康的发展势头。截至年底，全乡牲畜存栏数30196头（只、匹），其中大畜5878头（只、匹），小畜24318头（只、匹），出栏率达30%，新生仔畜11321头（只、匹），成活率达97%成畜死亡数549只，死亡率控制在0.03%内。

【脱贫攻坚】 年内，措迈乡党委、政府高度保持斗争精神，勇于担当，敢于直面风险挑战。在脱贫路上，充分发挥党员先锋模范作用，时刻牢记肩负的职责和使命，实施精准扶贫，解决“两不愁、三保障”，实现2020年全乡贫困户顺利脱贫，全乡贫困户人均收入达6500元以上。全面调动乡党委政府、驻村干部、村第一书记和村“两委”班子成员等多方力量，认真部署脱贫攻坚巩固工作，协调推进脱贫攻坚与乡村振兴战略目标，以高度负责的态度持续巩固提升脱贫群众的经济收入，提高群众生活质量，为他们谋求更多更广的致富门路。

（尼玛次仁　多吉次仁）

宁果乡

【概况】 宁果乡位于昂仁县西北部，西接阿里地区措勤县，北接那曲市尼玛县，东靠昂仁县查孜乡，南邻昂仁县孔隆乡，平均海拔在4800米，距离县城320公里。是日喀则市昂仁县偏僻寒冷的高寒牧区乡。全乡草场面积178.96万亩，其中可利用草场面积175.35万亩，禁牧31.61万亩，人工种草面积60亩。宁果乡北面毗邻达果山脉，属于高山地带，空气干燥、稀薄、太阳辐射较强，气温比较低，多风寒冷，呈半干旱气候，年平均气温4℃以下，年降雨量约300毫米。宁果乡辖区内湖泊较多，主要形成方式为冰川水汇聚而成，西藏著名的第三大湖——扎日南木措就坐落于宁果乡辖区内。辖区内野生动物资源丰富，有黄鸭、雪豹、藏羚羊、黄羊、狐狸、狼、棕熊等。全乡有6个行政村（坚定、萨那、夏卡、宁果、门庆、夏尔嘎），全乡共376户1768人。

【农牧业】 宁果乡为高海拔纯牧业乡镇，年内，成畜存栏数量为25026头（只），仔畜成活10512头（只），成活率93%，成畜死亡211头（只）。截至年底，宁果乡“三毛”产品共卖出1.8万公斤，收入达82.6万元。

【教育工作】 年内，严格落实建档立卡贫困家庭大学生享受一次性资助金、扎实贯彻“三包”政策、教育扶贫结对帮扶全覆盖，做到“应资助尽资助”。认真落实义务教育惠民政策，确保每一名义务教育阶段学生不因家庭经济困难而失学。全力创造均等教育机会，全乡义务教育均衡发展水平不断提升，建档立卡贫困户适龄儿童、少年都能按时入学，全乡义务教育阶段适龄儿童无辍学，适龄儿童入学率小学达100%、初中入学率达100%。

【卫生工作】 年内，建立家庭医生与重大疾患人群签约服务关系，采取分类分批救治、先诊疗后付费等措施，乡卫生院每2个月开展1次家庭签约服务，做到送医入户，解决看病难的问题；全乡近3年来共签约重大疾患21人，并专门建立每户合作医疗家庭台账。乡党委、政府大力开展食品安全专项整治行动，确保食品安全日常监管工作到位。配合上级开展食品安全检查工作，加强对伪、劣、假的食品的打击力度，并做好乡卫生院的药品使用监督管理。年内，未曾发现食品、药品安全事件，有效保护了人民群众的食品安全。

【文化工作】 年内，宁果乡政府坚持普及与提高并重，面向群众、面向基层，组织开展丰富多彩的文体活动。以节庆活动为主线，办好节庆文体活动，丰富群众节假日文化生活。

在“三八”国际妇女节、“3·28”西藏百万农奴解放纪念日、“八一”赛马节、珠峰文化节、国庆节等节点，乡村两级干部开展跳锅庄、拔河等文体活动，展示乡村干部热爱党、热爱祖国、朝气蓬勃、奋发向上的精神面貌。充实乡、村两级文化活动中心，建立“农家书屋”、棋牌室等，极大地丰富广大群众的文化生活。

【社会保障】 年内，宁果乡6个行政村适龄参保人数为906人。为进一步把政策落到实处、惠到百姓，宁果乡政府工作人员根据县人社局提供的名单，细化各村名单把资金兑现表，交由各包村干部，将年度应发资金落实到符合条件的参保人手中。2020年，兑现新型农村社会养老保险金共210.096万元。乡党委、政府高度重视农牧民技能培训工作，先后派出26名农牧民到市里参加劳动技能培训。同时，将各类劳资纠纷及时解决在基层，确保全年无任何劳资纠纷上访事件发生。及时落实上级单位所发放的有关农牧民的各项生活补贴，2020年宁果乡低保户17户69人，农村低保户11户63人，僧尼低保户6户6人，2020年度落实低保资金19.7万元。残疾人69人，共发放“两项”补贴340000元。2020年，五保户2户2人，均为分散供养，共发放资金15000元。

【生态环保】 年内，在全乡范围内建立环境卫生管理长效机制，加大村容、村貌建设和管理力度，加大乡村公路沿线清洁力度，帮助农牧民群众树立科学、文明的生活习惯。

【产业发展】 年内，宁果乡开始盈利的合作社7个，主要是各村的畜牧养殖合作社以及萨那村劳务输出合作社均有收益。年内，畜牧养殖合作收益可观，人均分红500余元，进一步壮大乡村集体经济，增加群众收入，巩固脱贫攻坚成果。劳务输出合作社带动就业群众20余人，稳定向那曲、阿里地区输出劳动力，拓宽群众就业面，促进稳定增收。

【自然灾害】 年内，宁果乡发生2次灾害，1次为雪灾，1次为风灾，受灾群众共计21户，直接经济损失12000余元。

2020年4月20日，日喀则市发改委干部到宁果乡检查脱贫攻坚工作

【项目建设】 年内，宁果乡修建太阳能机井13个，进一步保障全乡干部群众的用水问题；修建应急物资储备仓库1所，放置紧急物资；针对路况最差的巴荣拉路段进行道路整治，保障全乡道路交通出行顺利。对卫生院医疗卫生设备进行补充，医疗条件得到提升；6个行政村共建设26个牛羊圈，进一步提高了牲畜存活率，加大了牛羊出栏率。

【脱贫攻坚】 宁果乡建档立卡贫困户96户429人（2户五保户逝世），2018年实现整乡脱贫，兜底户7户21人于2019年脱贫，实现全乡脱贫摘帽的目标任务要求。2020年具有返贫和致贫风险户21户，为进一步巩固脱贫攻坚成果，宁果乡党委、政府制订《宁果乡2020年脱贫攻坚工作计划》《宁果乡2020年脱贫攻坚巩固提升实施方案》和《宁果乡防止返贫致贫工作实施方案》，与村“两委”、包村干部、驻村干部签订目标责任书，压实责任、明确目标，制定产业扶贫、易地搬迁扶贫、劳动力转移就业、健康扶贫、教育扶贫、生态扶贫、党建促扶贫等行业精准扶贫巩固方案，形成专项扶贫、行业扶贫、社会扶贫协调联动的“大扶贫”工作格局。组织扶贫培训5次170人次参加，6名村党支部书记、主任参加自治区、市、县各级组织的能力培训班。

以扩展二、三产业就业空间为目的，督促具备技能培训条件的贫困户人员积极参加培训，努力实现“一人就业全家脱贫”，全年动员参加培训人员共27人，实现就业2人。按照生态岗位的相关政策，确定287个生态岗位。实现生态受保护和农牧民得到实惠的双赢目标，促进贫困户人员脱贫致富。结合现有牧业等产业基础，在符合草畜平衡条件下申报扶贫养殖项目，实施集体牧业管理，鼓励发展牧区专业合作社，按照养殖（如牦牛、绵羊、山羊等）、加工结合（牛肉、奶渣、山羊羊绒等）方式，引导扶贫户发展牧业，充分推介牧户特色产品。进一步加强贫困户思想教育，讲明讲透高海拔易地搬迁政策，使贫困户没有后顾之忧。截至年底，帮扶工作主要围绕认亲慰问开展，贫困户户均收到物资折合人民币500元。发挥乡党委、政府协调作用，引导群众就业。一方面借助驻村优势，积极申报项目，拓展贫困户就业渠道；另一方面联系本地施工队伍，签订用工协议，保障贫困户优先用工，增加贫困户现金收入，规范贫困户脱贫程序。

2020年3月28日，宁果乡开展庆祝“3·28”西藏百万农奴解放纪念活动

【特色产业】 年内，宁果乡政府鼓励人工种草，储备饲草，增强防抗灾能力，采取“党支部领头种一片、村委会组织种一片、联保单元自行种一片”的办法，有计划地组织群众对荒地进行人工成片种草，人工种草基地达60余亩，年产干草1000公斤。

（曹　阳）

孔隆乡

【概况】 孔隆乡位于昂仁县西北部，距县城290公里，东靠查孜乡，南邻如萨乡，西靠阿里地区措勤县，北邻宁果乡，平均海拔5030米，位于北纬30° 27′ 33″、东经85° 58′ 33″，乡域总面积2280平方千米，草场总面积182.4万亩，可利用草场总面积176.2万亩，禁牧面积32.92万亩。孔隆乡属于多风寒冷、半干旱气候，年平均气温4℃以下。乡下辖4个行政村、25个自然村，共223户，总人数892人。2020年，全乡牧业收入638.74万元，交通运输收入14.82万元，商品收入6.8万元，其他收入（村干部补贴、赤脚医生补贴、草奖补贴、生态岗位补贴、低保五保补贴、其他政策性补贴）共计737.69万元，农村经济总收入达1398.05万元。人均可支配收入为12552.5元（现金收入为6885.7元），较2019年增长22.6%。

【牧业发展】 截至年底，孔隆乡牲畜存栏16868头（只、匹），存栏折羊数20524头（只、匹），其中牦牛2137头、绵羊13328只、山羊1403只。全年幼畜共出生11783头（只、匹），其中成活10841头（只、匹），仔畜成活率达92.01%。成畜死亡共计430头（只、匹），死亡率为2%。牲畜出栏11114头（只、匹），出栏率达65.8%。存栏适龄母畜共12778头（只、匹），牲畜短期育肥共360只。2020年，牛肉产量70.38吨，绵羊肉产量92.96吨，山羊肉产量37.87吨，肉类总产量201.2吨；牛奶产量81.47吨，羊奶产量162.34吨，奶类总产量243.81吨；奶渣总产量10.16吨。绵羊毛产量9.02吨，山羊绒产量0.31吨，牛绒产量0.52吨。

【教育工作】 年内，全面扎实推进义务教育均衡发展工作，落实“学生三包”政策，完善各项教育激励机制，严格执行控辍保学措施。2020年，全乡就读幼儿园学前生20人，小学生96人，初中生54人，高中生4人，职校生11人，大学生3人，适龄儿童义务教育阶段入学率100%。

【医疗卫生】 年内，孔隆乡有卫生院1个，4个村级卫生室，干部职工5人，2020年全乡新农村合作医疗参保892人，参保率达100%。乡党委、乡政府及卫生院积极开展健康教育宣传工作，广大群众健康知识水平明显提高。全年卫生院就诊2867人次，住院治疗23人次，走村入户问诊1300人次。

2020年6月9日，县委副书记、县长普布多吉（右三）一行到孔隆乡仲都村合作社牛羊暖圈建设项目实地查看施工进度

【文化事业】 年内，为了进一步提升孔隆乡牧民群众文化生活环境，提高文化生活质量，乡党委、政府充分利用“3·28”西藏百万农奴解放纪念日、“五一”国际劳动节、“七一”中国共产党建党日、赛马节、国庆节等重大节假日活动契机，结合“四讲四爱”群众教育实践活动，广泛开展群众喜闻乐见的歌唱比赛、舞蹈大赛等活动，在丰富群众精神文化生活的同时，积极引导群众摒弃不良的生活习惯，让群众明白幸福生活靠双手，发家致富靠努力，为其他工作的开展创造良好氛围。

【社会保障】 年内，孔隆乡把“双供养”工作作为民生保障的首要任务，全乡分散供养五保户6人，供养率达到100%；按时完成低保调整工作，规范农村低保申请、受理、审核、审批、公示等环节，杜绝“关系保”“人情保”“保人不保户”等现象的发生，切实做到“应保尽保”“应退尽退”。截至年底，防抗灾物资筹备饲草7吨，饲料20吨，按目标责任书如实完成筹备任务，并成立防灾减灾工作领导小组，加强灾情信息统计工作，加大受灾群众救助力度，及时全面掌握受灾群众的实际困难，及时上

2020年7月12日，孔隆乡党委书记王斌（后排左一）到拿那村组织开展"四讲四爱"示范宣讲会

报。及时足额落实低保资金、五保资金、残疾人两项补贴等资金，落实单原件报送县民政局，复印件一份存档乡财务室，一份存档乡民政办公室。做到资金及时落实、足额发放，未出现挪用、套用、占用等现象。

【生态环保】 年内，孔隆乡严格落实县环保局工作要求，做到年初有计划，年底有总结，并严格按照工作计划开展工作，在全乡范围内建立起环境卫生管理长效机制，加大村容、村貌建设和管理力度，加大乡村公路沿线清洁力度，帮助农牧民群众树立科学、文明的生活习惯。乡党委、政府结合乡域实际情况，每周一组织全体干部职工及各村生态岗位人员对乡驻地和各村进行环境卫生大扫除。

【脱贫攻坚】 年内，孔隆乡党委、政府坚持贯彻县精准扶贫战略部署，建机制、立责任，在完成"规定动作"的同时，结合自身实际，创新"自选动作"，成效显著、亮点纷呈；乡党委、政府把精准扶贫工作作为全乡工作的重中之重，统一思想认识，强化组织领导，按照精准扶贫、精准脱贫的要求，全面动员，迅速行动，深入贫困家庭入户走访调研，详细制定帮扶措施，狠抓工作落实。截至7月，孔隆乡建档立卡贫困户已全部脱贫，其他配套条件也顺利通过脱贫验收，确保全面建成小康社会一个不落、一个都不能少。

（史国岗）

如萨乡

【概况】 "如萨"，藏语意为新的部落，属纯牧业乡，平均海拔5200米，位于昂仁县西北部，与孔隆乡、查孜乡、阿木雄乡、切热乡、曲洛乡（措勤县）接壤，距离县城360公里。乡域总面积3420平方千米，天然草场213.95万亩。主要畜牧产品有牦牛、山羊、绵羊、牛奶、酥油、奶渣等，有盘羊、藏羚羊、藏野驴、岩羊、藏原羚、黑颈鹤、黄鸭、白鸭等数十种珍稀野生动物，拥有铅、锌等矿产资源。全乡共有227户873人，中学生46名，小学生115名，学前生28名，入学率达100%。"双联户"户长26人，村医10人，村兽医5名，下辖5个行政村、23个自然村。

【经济发展】 年内，如萨乡实现生产总值1669.32万元，其中第一产业收入1034.51万元、第三产业收入634.81万元，同比增长16.1%。农村居民人均可支配收入13490元，同比增长10.1%。

【基础设施建设】 年内，全乡农村饮水安全工程共新修建13口机井，保证易地搬迁点和9个自然村群众的供水、饮水安全。年内，县农电公司给全乡5个村共发放光伏一体机51台，加上各村已有的光伏发电机，可以基本保障各村每户的家庭用电。全乡与5个行政村之间道路已100%通达。年内，在包乡领导的大力帮助下，乡人民政府积极向县交通局提出新建2座桥梁申请，并经过层层审批，最后确定在路唐村新建24米（长）×5.5米（宽）、共计投资198000元的桥梁，在查琼村与松多村之间新建9米（长）×5.5米（宽）、共计投资99000元的桥梁。5个行政村信号、投资讯号已100%覆盖。

【脱贫攻坚】 年内,集中安置点达到通路、通水、通信,确保基本实现公共服务设施,基本公共服务内容全覆盖。如萨乡集中易地搬迁安置点44户174人,入住达到100%;44户全部在原村以牲畜、草场、劳力入股的方式加入到该村合作社,产业覆盖率达到100%;易地搬迁点统一由路丰村管理,基层组织、公共服务、驻村工作队覆盖率、群众满意度均达到100%。2020年开展结对帮扶活动2次,向贫困群众送去慰问品共计2.64万元,厘清发展思路25条,办实事、解难事18件,送教育120余次,及时传递党和政府对贫困群众的关爱。

【安全生产】 年内,深刻汲取教训,加强对重点领域、重点部位的监管力度。乡政府牵头派出所干警组成治安巡逻队不定时对乡政府周边道路、超市、茶馆、商户以及乡小学等重点活动场所进行排查巡逻,排查整治道路交通安全隐患15次,对辖区重点人口密集场所、易燃易爆场所排查消防安全隐患21次,排查整治食品安全隐患16次,登记和没收过期食品6次。

【牧业发展】 年内,狠抓接羔育幼工作。为进一步规范养殖合作社行为,形成合力、不断壮大,降低牛羊新生仔畜死亡率,改善牛羊生长环境,各村自建牛羊圈。新生仔畜4529头(只、匹),成活4338头(只、匹),成活率96%,成畜死亡652头(只、匹),死亡率控制在3%。大力实施草场生态奖励机制,紧紧围绕县委、县政府草场生态奖励机制工作会议精神,在草场承包到户的基础上,加强草原建设管理工作,高度重视草畜平衡工作,基本解决草畜矛盾问题,共兑现2019年草畜平衡奖励资金及禁牧补助资金共计4172160.32元。

2020年5月17日,如萨乡党员突击队帮助牧民建设牛羊圈

【教育工作】 年内,严格按15年义务教育要求,多措并举控辍保学,严格落实教育“三包”政策。截至年底,乡幼儿园有幼教和保教员各1名,乡完小有教职工7名,后勤人员4名;学前教育28名,小学生117名,中学生53名,(高中)中职生37名,大学生2名,控辍保学率达100%。同时,加大对均衡教育的投入力度,乡政府在财力有限的情况下,想方设法为乡完小筹资5.5万元,用于改善办学条件和教学设施。

【卫生工作】 年内,如萨乡牧民总人数为873人,合作医疗个人筹资人数也为873人,农牧民参加合作医疗制度自愿基础上筹资率达到100%,个人缴费也不低于60元。截至年底,乡卫生院门诊看病人次为1631人,其中包括村卫生室看病人次。急诊人数320人,住院治疗患者有30人,下村巡回医疗87人次。门诊共销售76000元药品,乡住院共销售23000元的药品。如萨乡患有包虫病的有9人,9人都已经得到有效的治疗,2017—2019年已确诊的儿童先心病患者有3人,已痊愈。

【交通工作】 年内,如萨乡政府重点整治道路交通问题6次,在路口设立警示牌,重点区域排查交通隐患15次。确保道路畅通,避免出现交通安全隐患。入冬季节,乡政府针对乡至芝麻茶馆冰雪路段进行路面凿冰和平整,解决群众通行难的问题。

2020年7月15日，如萨乡组织开展为贫困户捐赠物资活动

【文化工作】 年内，成功举办群众性文艺联欢活动、“四讲四爱”歌咏知识等比赛活动，在全乡上下营造欢乐、喜庆、祥和的氛围，参与人数达812人次。通过举办高原牧民赛马节等形式，丰富农牧民群众文化生活。

【环境保护】 年内，认真履职尽责，加大对辖区环境整治工作力度，多措并举，开展环境保护工作。如萨乡新建一个200平方米的垃圾池，解决乡政府驻地垃圾处理问题。乡驻地采取“住户门前三包责任制、乡干部职工每周清扫一次、全乡每月大扫除一次”等方式，保证全乡的环境卫生整洁。严格按照市、县要求，确定生态岗位人员。年内，安排生态岗位170个，兑现生态岗位资金59.5万元。截至年底，动员生态岗位人员达901人次，开展生活垃圾清理、乡村道路养护、湿地巡逻保护、水源监护、地质灾害巡查等工作。

【特色产业】 年内，依托地域优势和资源禀赋可持续发展牧畜业，围绕牧业以持续增收为目的，坚持就近就变，充分利用213.95万亩天然草场大力发展畜牧养殖，按照县委、县政府决策部署，全乡5个行政村共成立15个专合组织，其中查琼村和松多村养殖合作社效益明显，经过一年的努力实现分红。查琼村分红78.5158万多元，松多村实现分红59.4547万多元，辐射和带动当地贫困户实现增收致富。2020年，分三批产业实现分红，昂仁县扶贫综合商业服务用房建设项目兑现资金3万元，受益群众8户27人。桑珠孜区3900青稞米加工分红项目兑现资金3.45万元。昂仁县人工种草分红项目兑现资金4.810437万元，受益群众25户104人。

（朱征宇）

阿木雄乡

【概况】 阿木雄乡位于昂仁县西南部，219国道沿线，雅鲁藏布江上游，距昂仁县政府驻地150公里，地处北纬29°，东经86°，东邻桑桑镇，南邻切热乡，北与如萨乡、查孜乡相邻，全乡平均海拔4900米，属于高原中低山地地貌，高原温带半干旱大陆季风气候，水资源丰富，气候条件恶劣。全乡下辖6个行政村（即甭那村、热果村、果纳村、山仓村、江木巴村、欧木村）和一个易地搬迁新村，全部以牧业生产为主，全乡共成立6个农牧民养殖专业合作社。

2020年，阿木雄乡共有203户879人（不含高海拔已搬迁群众），新生儿出生人数为13人，人口出生率为3.4%，人口自然增长率为2.5%，人口死亡率为0.85%。地域面积157600.14公顷。2020年，阿木雄乡人均可支配收入达15116.06元，同比增长3.41%。2020年末，牲畜存栏10077头（只、匹），出栏7412头（只、匹）。国家级野生动物有棕熊、藏野驴等。2020年，完成生产总值15358629.38元，同比增长4%；第二产业完成为零；第三产业完成59.96万元，同比增长1%。截至年底，全乡参加社保879人，参保率达100%。

【牧业经济】 年内，持续完善14个牛、羊圈舍以及配套工程的建设，进一步解决403人就业问题，激发牧民群众的内生动力。

2020 年，全乡农村经济总收入由 7000001.13 元提高到 17724556.8 元，比 2016 年增长 153.2%；农牧民人均纯收入由 8363.22 元提高到 15711.5 元，比 2016 年增长 87.86%。全乡肉产量 286.1 吨，其中牛肉 214.9 吨、绵羊肉 57.8 吨、山羊肉 13.4 吨，毛产量 5 吨，奶产量 335.8 吨。劳务输出人数达 450 人，收入 420 万余元。全乡行政村 6 个，深度贫困村 2 个，识别建档立卡贫困户 51 户 181 人，贫困发生率 4.9 %，累计实现脱贫 51 户 181 人，人均纯收入从 5069.4 元提升至 11170.2 元。

【教育事业】 年内，阿木雄乡完小有教职工 15 人(含 1 名公益性岗位、4 名炊事员、1 名保安、1 名保育员、8 名教师)，在校生 148 人，其中乡完小 106 人，双语幼儿园 42 人。乡完小入学率为 100%，学前入园率提升为 92%。阿木雄乡完小始终秉承“没有教不会的学生，只有不会教的老师”理念，注重“德、智、体”全面发展；在营养上，严格按照要求，全面落实“三包”、营养餐计划、大学生资助政策，使每一名适龄儿童都能享受到免费教育。同时，对因残疾等因素不能按时到校的学生实行“送教上门”服务，共为 2 名因病、因残不能按时就学的学生提供“送教上门”服务。乡完小全面贯彻落实习近平总书记关于“改变西藏面貌，根本要靠教育”的政治要求，确保求学之路上“一个都不能少”。

【医疗卫生】 年内，阿木雄乡有卫生院 1 所，负压式救护车 1 辆，医护人员 6 名，病床 6 张，村医 13 名，整合村级卫生所 6 处，全部达到“两室分离”的要求，形成完善的医疗防护网络体系。建立家庭医生与重大疾患人群签约服务体系，截至年底，进行政策宣讲 15 场次，发放宣传单 263 张，开展对医保对象摸底、登记工作 2 次，参保群众 879 人，参保率达 100%。

2020年5月17日，日喀则市政协副主席、昂仁县委书记李有平（左三）到阿木雄乡调研今冬明春畜牧安全工作

【食品安全】 年内，阿木雄乡按照“民生无小事”原则，对乡域所有商店、餐馆等涉及食品安全的场所进行大排查、大清理。截至年底，对阿木雄乡 3 家商店和 6 家餐馆进行零死角、全方位排查 23 场次，收缴和销毁过期产品与“三无”产品涉及 40 多个品种，对相关违法人员进行批评教育和组织学习 5 场次，切实保障群众的利益。

【生态环保】 年内，阿木雄乡以脱贫攻坚巩固提升工作为契机，结合乡生态岗位工作需求，对具备劳动能力和有意愿的建档立卡等贫困人口就地转成护场员、草原监督员、水管员等生态保护人员。生态管护人员定期在自己管辖的区域进行值班巡山，开展生态保护和修复工作，全乡共安排生态保护人员 139 人。年内，利用 LED 电子滚动屏幕向牧民群众开展环境保护知识宣讲 5 场次，受教育群众 681 人，乡域、村域环境大排查工作 16 次，清理垃圾 9 吨，集中填埋和焚烧垃圾 6 吨，回收医疗废弃垃圾 0.2 吨。

【民生改善】 年内，国家投入资金并建设 219 国道阿木雄乡转桥至过那村段沥青路 53 公里，江木巴村至放牧点曲庆段的土路 35 公里，完成乡政府至 6 个行政村道路硬化。在水利建设方面，得到上级各部门的大力支持，年内，全乡 20 个保暖井、光伏机井已竣

2020年3月11日，昂仁县教育局局长吴琼一行到阿木雄乡完小检查指导开学常规工作

工验收完成；持续完善易地搬迁建设方面，完成3座水井的投入使用，放置18个垃圾箱，配套设施得到完善。截至年底，所有牧户开通金太阳户用光伏电，完善通信设施建设，实现村村通电话、村村有信号，卫星电视普及率达80%以上。

【脱贫攻坚】 年内，全乡6个行政村都配备驻村工作队和第一书记，同时，每个贫困户都有帮扶责任人，实行“一对一认亲戚”式结对帮扶政策。按照上级精准扶贫工作要求，全乡51户贫困户，贫困人口181人，扎实按照“两不愁、三保障”标准认真贯彻落实，推进精准脱贫工作。全乡有建档立卡43户，兑现生态岗位扶贫资金262500元。年内，阿木雄乡6个养殖专业合作社，得到规范化发展，实现“五个100%”全覆盖，彻底改变传统养殖、放牧等方式，从而解放大量的劳动力。2020年，完成劳务输出248人，其中有组织劳务输出139人，实现劳务收入任务完成180.6万元。同时，通过脱贫攻坚政策宣讲、培养致富带头人等方式，让群众不离乡、不离土，就近就便增加收入。

（代林丹）

查孜乡

【概况】 查孜乡位于昂仁县西面，距县城185公里，东与措迈乡、西与如萨乡、南与阿木雄乡、北与宁果乡接壤。平均海拔4878米，辖5个行政村、26个自然村，有354户1501人。乡政府驻查孜村，海拔4868米。全乡总面积210平方千米，约315万亩，草场总面积为212.4万亩，其中可利用草场面积查孜村268139.5亩、加布庆村300754.48亩、纳德村585375.4亩、唐琼村350935.35亩、夏龙村476577.47亩，共计198.2万亩。全乡以牧业经济为主要收入来源，2020年全乡国民经济总量为2561万元，年人均可支配收入为13093.3元。

【牧业生产】 年内，全乡牲畜出栏5145头（只、匹），折羊为5906只绵羊单位，成畜死亡为127头（只、匹），成畜存栏为23001头（只、匹），折羊为28488只绵羊单位，新生仔畜存栏为8890头（只、匹），折羊为4969.5只绵羊单位，合计折羊为33457.5只绵羊单位，全乡实现草畜平衡。

【教育事业】 年内，查孜乡完小有教师9名，休产假1名，学生221名，班级5个。幼儿园1所，学生101名。年内，幼儿园入学率达95%以上，巩固率100%；小学入学率达100%，巩固率100%。在教育教学和营养方面，严格按照西藏自治区的要求贯彻落实。

【医疗卫生】 年内，乡卫生院1所，医护人员8名，村医10名。查孜乡政府、乡卫生院积极开展健康教育宣传工作，医疗卫生工作取得新成效，广大群众健康知识水平显著提高。

【文化事业】 年内，乡党委举办通林寺文化节、割草节、“四讲四爱”等活动，丰富牧民群众的业余文化生活，促进干部与群众之间的交流。

【旅游业】 查孜乡下辖景点3处。

乡寺庙1座(通林寺),位于查孜乡东南部,面积约1180平方米;乡湖泊1片(许如措湖),又名仙女湖,为碱水湖,面积431682亩;乡温泉多口,位于通林寺脚下,水温可达86℃,富含硫、硒、钙等多种微量元素,可以治疗痛风等多种疾病。查孜乡以畜牧业为主,畜牧产品资源丰富。珍稀野生动物有藏羚羊、獐子、狐狸、棕熊、豹子、黑颈鹤、野驴等,药材有麝香、马勃、木香、梭砂贝母等,风能、太阳能资源潜力大。

2020年5月26日,县委常委、县人大常委会主任旦木真(右一)到查孜乡查孜村检查合作社运行情况

【生态环保】 年内,乡党委始终牢固树立"绿水青山就是金山银山,冰天雪地也是金山银山"的理念,年内,查孜乡组织干部职工、生态岗位人员在辖区内深入开展环境卫生治理工作;设有草场监督员,定期巡视辖区内草场和开展生态保护工作;引导牧民群众进行"门前三包",保证辖区内住宅、商铺周边的卫生环境;共计召开座谈会2次,组织干部职工、生态岗位人员清理乡周边环境卫生24次,组织发放环保宣传手册50册,让牧民群众知道什么是环保、为什么环保以及怎么去保护环境,养成保护生态环境的良好习惯。

【乡村振兴】 年内,为了巩固脱贫攻坚成果,实现脱贫攻坚与乡村振兴有效衔接,查孜乡政府注重乡村振兴专干培养与管理。年内,查孜乡乡村振兴专干共计5人,2人被评为优秀,3人被评为称职。

【项目建设】 年内,查孜乡高度重视人畜饮水机井项目建设,不定期组织工作人员对项目质量进行监督检查,确保项目于6月完工。人畜饮水机井项目建成后,解决查孜乡人畜饮水问题,使村民们就近就能很轻松地打到水。

【脱贫攻坚】 年内,根据上级指示精神和实际工作需要,查孜乡组织召开专题会议近20次,就"两不愁、三保障"落实情况、结对帮扶落实情况等方面进行入户排查,对贫困户户档数据不一致等存在问题立行立改,进一步巩固全乡脱贫成果。

(尹竹林)

2020年6月17日,昂仁县人大常委会相关工作人员到查孜乡检查乡卫生院药品有效期以及管理情况

日吾其乡

【概况】 日吾其乡位于昂仁县西南部，雅鲁藏布江上游，是著名的西藏桥梁大师、藏戏鼻祖唐东杰布的成名地、迥巴藏戏的发源地。东邻昂仁县多白乡，南邻聂拉木县锁作乡，西与萨嘎县接壤，北靠昂仁县桑桑镇，距县城108公里，行政区域面积114115.44公顷，平均海拔4180米，雅鲁藏布江贯穿全乡，属于半农半牧乡。日吾其乡下辖14个行政村38个自然村，共有1063户5659人，有1所小学，34名教职员工，502名在校生。

【农牧业】 日吾其乡是一个农业为主牧业为辅乡，积极引导农牧民进一步转变思想观念，走农业产业化道路。年内，全乡耕地面积12249.96亩，实播面积为12249.96亩，粮食作物产量3812.73吨；推广良种“藏青2000”250亩和“喜马拉雅22号”100亩，绿色高质高效130亩；牲畜存栏36398头（只、匹），牲畜出栏27638头（只、匹），肉产量516.64吨、奶产量达329.03吨。仔畜数15179头（只、匹），成活率达97.65%，成畜死亡数558头（只、匹），死亡率控制在1.2%。

狠抓春秋两季的预防工作，注射“五号病”疫苗，注射密度达100%，全乡未出现重大的传染性疾病。全乡草场面积1057329亩，其中禁牧面积5000亩、实施草畜平衡奖励面积1052329亩，草畜平衡率达到100%，兑现资金为1608493.5元，其中禁牧补助3万元、草畜平衡奖励1578493.5元。

【教育事业】 年内，全面落实教育体制改革和教育“三包”政策，持续加大对“两后生”政策的宣传，争取做到全乡辍学率降低至零，保障适龄儿童入学率达100%，2020年新建2所村级幼儿园，教育设施不断完善，中小学入学率明显提升，大学升学率同比增长76.47%，切实做好控辍保学工作；在淄博援藏的关心支持下，新建日吾其乡小学塑胶跑道，给日吾其乡小学生强身健体和开展文体活动创造了良好环境。

【医疗卫生】 年内，深入推进医疗保险制度改革，全乡医保参保5600人，其中建档立卡1730人，特殊群体医保参保率达100%；乡卫生院门诊大楼投入使用，医疗卫生设备进行补充，医疗条件得到提升，建立家庭医生与重大疾患人群签约服务关系，采取分类分批救治、先诊疗后付费等措施，乡卫生院每月开展1次家庭签约服务，做到送医入户，解决看病难的问题；年内，乡卫生院带头，全乡干群团结一心，深入一线主动扛起新冠肺炎疫情防控责任，确保全乡零病例零感染。

【文化事业】 年内，努力满足群众精神文化需求，大力支持“迥巴藏戏”的传承和弘扬，做好文物保护与挖掘工作，积极成立14支群众文艺演出队，合理使用每年乡文化站5万元经费及村级文化活动经费14万元，做到账目清晰、支出有据。文化设施逐步完善，广播电视覆盖率达100%。在全乡干部群众的共同努力下，在昂仁县第二届“唐东杯”农牧民运动会上获得综合奖第一名。

【社会保障】 年内，五保户集中供养5户5人，分散供养1户1人，

2020年4月4日，西藏自治区副主席、日喀则市委书记张延清（前排右二）一行到日吾其乡调研

实现有意愿集中供养五保户供养率 100%；享受农村最低生活保障政策共有 77 户 304 人；享受残疾人两项补贴的有 91 人，其中重度残疾 25 人；2020 年度日吾其乡 14 个行政村养老保险适龄参保人数有 2883 人，缴费金额为 63.49 万元。

2020年4月24日，日吾其乡党委经济工作会议召开

【旅游业】 年内，充分利用日吾其金塔、唐东杰布遗址、铁索桥等旅游景点的人文特色旅游资源，将藏戏“鼻祖”唐东杰布故居地品牌做大、做强。

【生态环保】 年内，完成 357 户“无树户”消除工作，造林成活率均保持在 90% 以上。动员生态岗位工作人员开展植树造林，扩大林业面积。植树造林 400 余亩。完成达夏村、色米村 2 个整村搬迁的植树造林任务。

【乡村振兴】 年内，全面实施农村环境综合整治推进工作，在县环保局的支持下，添置一批环卫设施，购买垃圾转运车 15 台、垃圾箱 500 余个。按照“农村厕所革命”要求，完成 14 个行政村 745 户厕所的改造工程。

【产业发展】 年内，因地制宜，充分发挥自然资源优势，在产业发展和村集体经济发展结合上“下功夫”。2020 年，日吾其乡筹备建立 14 个村级农牧民专业合作社，其中藏鸡养殖合作社 9 家和亚龙村牦牛养殖合作社及布热村旅游资源开发农民合作社、热村藏式服装合作社、古入村农机维修合作社、普夏村芸青自然资源开发合作社，真正使村集体经济从无到有，逐步走向自强自立、自我服务、自我发展的轨道。

【项目建设】 年内，桑桑镇至日吾其乡，日吾其乡到聂拉木县锁作乡公路于 2020 年全面投入使用。乡政府至 9 个行政村公路建设完毕，已投入使用。年内，在山东省第九批援藏工作组的无私帮助下，日吾其雅江大桥至金塔修建齐雅大道，总投资 1300 多万元，并安装太阳能路灯和垃圾箱；日吾其金塔旅游景区广场总投资 1000 万元的项目已建设完并投入使用。对农村群众用水用电用网进行升级改造，全乡 14 个行政村 38 个自然村均已实现人、畜安全饮水工程，农村电网全覆盖。2018 年因自然灾害对 3 户农牧民危房进行改造，使群众住房安全得到保障。截至年底，14 个行政村村级组织活动场所已修建完成，并投入使用。

【脱贫攻坚】 2020 年上半年签订生态岗位协议 1540 人，已落实上半年生态岗位补助资金共 269.5 万元和下半年生态岗位 1548 人，落实补助资金 270.9 元，并紧紧围绕“两不愁三保障一达标”关键指标，强化组织领导，创新工作思路，突出重点、多措并举，脱贫不脱政策，要求扎实有效开展脱贫攻坚巩固工作，动员全乡干部职工积极完成了脱贫攻坚普查任务和市级脱贫攻坚成效考核工作；脱贫攻坚普查满意度达 100%。

【特色产业】 年内，开发利用日吾其乡云青温泉资源，增加农牧民收入的同时，给当地农牧民群众和游客带来方便。打响乡特色藏鸡蛋、达夏村手工藏陶瓷等特色产品，持续增加日吾其乡整体经济收入，带动贫困户增产增收。

【宣传教育】 年内，持续深入开展“四讲四爱”群众教育实践活动，坚持探索创新，利用广播、舞蹈等宣传方式方法，切实引导群众成为讲党恩爱核心、讲团结爱祖国、讲贡献爱家园、讲文明爱生活的好公民，结合新时代文明实践工作，着力开展精神文明活动，取得较为不错的成效。认真落实党委书记上党课制度，开展党性教育4次。发挥市、县驻村工作队优势，在辖区内普及信访、交通、民生、惠民政策等相关法律知识，提高辖区群众知法、懂法、用法意识，乡政府联合派出所开展法治宣传活动10余次，积极发放宣传单、张贴宣传标语，滚动播放电子横幅，营造良好的宣传氛围；继续开展“扫黑除恶、打非治乱、扫黄打非”专项整治工作，着力做好“扫黑除恶”收官工作。

（旦增南木加）

多白乡

【概况】 多白乡地处昂仁县西南部，距县城65公里，东连卡嘎镇，西邻日吾其乡，北靠桑桑镇，南接定日县盆吉乡，政府驻地多白村，平均海拔4080米。乡域总面积1930平方千米，共有1210户6330人，辖18个行政村、41个自然村，创建有53个合作社。全乡以农业生产为主，耕地面积14542.5亩，草场面积90.36万亩。

【经济发展】 年内，全乡生产总值达到7416.02万元，粮油总产量达508.768万公斤，牲畜存栏32101头（只、匹），人均收入达到9159.76元，经济持续稳定发展。

【农业工作】 年内，推广优质青稞品种，根据生产条件和区域特点，推进青稞增产行动，推广青稞良种种植，把“喜马拉22号”作为主推品种，共计推广种植青稞良种“喜马拉22号”青稞种子17200公斤。加大种子田建设，全乡共安排二级种子田面积550亩，其中叶村200亩、措布龙村150亩、多白村100亩、楚龙村100亩，“百亩千斤田”赤嘎村100亩。青稞优良品种产量突出，为多白乡粮食增收奠定了坚实基础。

【畜牧业】 年内，全面推行标准化养殖，加快合作社与农户养殖建设步伐，积极引导专业合作社合理运作。为多白村、赤嘎村藏鸡养殖合作社发放1000只鸡，加快发展建设；对德夏村牦牛养殖场投入15万元，购买牦牛扩大养殖规模；同时积极动员广大农户发展养殖业，力促全乡畜牧业上规模、上水平；切实加强动物防疫工作，乡卫生院发放相关药品，并协助农户进行疫苗注射；及时落实兽医的工资待遇，狠抓兽医技术培训，并与各村签订目标责任书，今年春秋季防疫工作成效良好。实现畜牧业牲畜存栏32101头（只、匹）。

【林业工作】 年内，完成147户“无树户”消除工作，造林成活率均保持在85%以上。在4个易地搬迁安置点造林1285株。在植树节期间，对历年重点区域造林、中央重点公益林等进行补植补栽。

【教育事业】 年内，积极争取县级和援藏资金对多白乡小学、荣努小学校舍、食堂、操场等进行新建和维护维修。收到中国航天科工

2020年12月1日，昂仁县政协委员一行到多白乡组织召开乡镇政协委员联络办专题培训会

二院七〇六所、西藏合众实业有限公司援助的价值30余万元的学习用品，助力白乡教育事业更好更快发展。

【医疗卫生】 年内，多白乡卫生院稳步推进医改工作，积极进行医疗改革，使老百姓得到更大实惠。开展居民健康体检并完善居民健康档案，共建立居民健康档案1221份，全民医保参保任务达100%，每年居民健康体检率达95%以上，特别是建档立卡户体检率达100%，同时做好家庭医生慢性病签约服务；到龄人员信息采集完成任务数100%，并及时完成上级有关部门和相关领导交付的工作任务以及各项卫生健康领域统计报送工作。截至年底，乡卫生院门诊看病为6199人次，其中包括村卫生室看病2299人次。急诊人数513人次，住院治疗患者有44人次，下村巡回医疗3120人次。

【文化事业】 年内，多白乡陆续举办庆祝中华人民共和国成立70周年、西藏民主改革60周年、“3·28”西藏百万农奴解放纪念日等大型活动，并认真组织开展文化下村活动，全年共开展18场次文化宣讲，直接受益人达5000余人次。

【社会保障】 年内，推进结对帮扶活动，帮助贫困户切实解决问题300余个，全乡553户2485名贫困人口实现脱贫出列，贫困发生率降至0%。关注社会临时救助，扎实做好五保、低保、残疾人的核查调整工作。2020年全乡共有五保户9户，低保户154户、440人。新农保参保人数累计达到2734人，年参保率均达到95%以上。2020年，发放城乡居民养老保险及死亡丧葬补助资金1647620.99元，切实维护了村民群众的合法利益。

2020年5月4日，县委组织部相关工作人员到多白乡督导村级组织活动场所建设工作

【生态环保】 年内，紧紧围绕农村人居环境存在的突出问题，大力推进各项整治工作，建立规范激励机制，进一步提高农民生活质量，改善农村人居环境。改建农村垃圾收集池3个，农村改厕503户；总计完成县委、县政府下达的农村户用厕所改造11户；组织党员干部职工及村民群众集中开展环境卫生整治活动36次，全年共集中清理街道、公路两侧、雅江沿线的垃圾约8吨；推行门前“三包”等管理制度，鼓励群众讲卫生、树新风、除陋习；让群众参与到治理工作中来；提高和改善农民清洁卫生意识和行为习惯，营造和谐、文明的社会新风尚。

【自然灾害】 年内，受强降雨、大雪等自然气候影响，多白乡灾情频发，导致群众农田被淹、牲畜死亡，财产损失极为严重。总计受灾111户667人，其中农作物绝收23.64亩，严重受灾458亩，死亡牲畜59头。

【项目建设】 年内，多白乡17个行政村村级组织活动场所新建和1个改扩建工程，已全面完成验收工作，可以正常投入使用。

【脱贫攻坚】 年内，多白乡经过长时期、不间断地对贫困户走访、摸底、调查，将贫困户人口信息、住房等基本信息进行归档整理，并认真组织开展“回头看”工作，全面完成全乡547户2498人的建档立卡工作。以产业培育、富民增收为核心，加强合作社发展

2020年6月20日，多白乡农民对青稞田进行除草

运营指导，以奖代补资金鼓励合作社发展，共计发放资金 36.11 万元。组织引导输转农村剩余劳动力 1999 人次，总收入 1067.41 万元，进一步增加劳务创收。

【劳务工作】 年内，把发展劳务经济作为增加农民收入的重点来抓，建立劳务工作组织网络和运行机制，完成劳动力资源普查，在政府引导下有组织、成建制、规模化输转劳动力方面有大的突破。全乡劳动力输转人数达到 1990 人，占总劳动力的 63%，劳务收入达到 1067.41 万余元，劳务经济实现有序稳定增收。

【抗击疫情】 年内，加强交通卡点管控，在多白乡各村交通要道设置交通卡点 18 处。实行科级干部值班，积极发动乡村干部、党员、志愿者等 300 余人对过往车辆、人员进行检查登记，监测车内人员体温，消毒车辆；暂停公共场所营业，组成联合执法队伍，对辖区内饭店、宾馆等场所进行检查，要求暂停营业及活动；加大宣传力度，通过广播、发放宣传单、悬挂条幅、张贴通知等多种形式，向村民宣传普及疫情防控知识，解读防控政策。在各村主干道悬挂横幅标语 20 余条，发放宣传海报、防疫宣传知识手册等共计 1200 余份。

【人口普查】 年内，成立多白乡人口普查工作领导小组，全面负责全乡人口普查工作，明确各村普查员和普查指导员。多次召开会议研究部署第七次全国人口普查工作，围绕普查员和普查指导员承担的工作职责，层层分解任务、压实责任。制作宣传横幅 20 条，发放普查宣传资料 500 份，开展全方位宣传，积极引导全乡群众配合人口普查工作，如实申报普查数据信息。组织开展第七次全国人口普查综合业务培训会 2 次，系统学习普查方案和工作细则，明确普查主要环节和内容，熟练掌握工作流程、入户技巧、普查表填报、对比复查、数据采集等各项具体操作要求，切实提高普查队伍素质，确保人口普查工作顺利进行。

【安全生产】 年内，全面落实安全生产责任制，不断加大安全生产检查和隐患排查力度。积极履行“党政同责”“一岗双责”安全管理职责，严格落实安全生产月例会制度、月排查工作制度、安全隐患整治盘点销号制度和安全生产责任追究制度，安全生产工作常抓不懈，全乡安全生产形势持续稳定向好。

【食品安全】 年内，乡党委、政府与 18 个行政村的食品生产经营企业、小学、幼儿园和商店等签订责任书，开展食品安全专项整治活动，确保食品安全日常监管工作到位。配合上级查处食品安全工作，加强对伪、劣、假的食品的打击力度。2020 年没有发生食品安全事件，有效保障多白乡人民的食品安全。

（朱柯宇）

雄巴乡

【概况】 雄巴乡位于昂仁县西北部，距昂仁县城 63 公里，乡域面积 953.56 平方千米，平均海拔 4860 米，是一个农牧结合，以牧业为主的乡镇。东和谢通门县接界，南邻昂仁县卡嘎镇，西与桑桑镇隔江相望，北靠昂仁县达若乡。东南部海拔较低区域有林地6.86万亩、草场119万亩，其中可利用草场96.21万亩，总载畜为29655只绵羊单位，南面普扎村海拔略低，位于多雄藏布江边，有耕地177亩，主要种植本地青稞。

雄巴乡地貌以高山和盆谷平原为主，地势北高南低，起伏较大，南北高差达1200余米，属典型的高原半干旱大陆季风气候。乡域内阳光充沛，年均日照为3419.1小时，年均日照率为85.5%。降雨主要集中在7—9月，占年降水量的95%以上。北部高海拔牧区年降水量在250毫米左右，南部河谷地带年降水量在470毫米，年均蒸发量2527.9毫米，年均气温为4.7℃。

【经济发展】 年内，雄巴乡国民经济净收入达1328.46万元，人均可支配收入为15537.53元，相比2019年增长17.1%；过去5年实现每年约14%的经济增长速度。

【农牧业】 年内，全乡有177亩耕地，均分布在普扎村辖区内，其中种植青稞155.85亩、饲草21.15亩，全乡人工种草面积200亩；2020年青稞产量3.3万公斤、蔬菜产量0.6吨、饲草饲料产量74.5吨。全乡草场面积为119万亩，其中可利用草场面积96.21万亩、禁牧面积22.79万亩，核定载畜量29655只，牲畜存栏数14452头（只、匹），其中大畜3555头（只、匹）、小畜10897头（只、匹）。2020年出栏数为6520头（只、匹），出栏率达45%；新生仔畜6355头（只、匹），成活率达95%；牲畜死亡数206只，死亡率控制在1.4%以内。

【新冠疫情防控】 年内，制定印发《雄巴乡新型冠状病毒感染的肺炎疫情联防联控工作方案》，成立疫情联防联控工作领导小组，负责全面协调指挥全乡新型冠状病毒感染的肺炎疫情联防联控工作。加强信息报送，每日按时向县乡两级新冠肺炎疫情联防联控领导小组办公室报送工作信息，保障信息及时畅通。密切联系群众，组织党员进行疫情防控宣传，引导农牧民群众理性看待疫情，共发放宣传册300余份。设立疫情防控关卡，严格控制进出雄巴乡人员，对外出返乡人员采取“14天隔离+3天监测”管控措施。截至年底，全乡未发现感染病例。

【脱贫攻坚】 年内，落实工作保障，全面迎接普查工作，召开推进部署会，做实做细普查工作各环节以及4个行政村清查摸底工作，统筹各相关部门配合好普查工作，完成普查大考。落实惠民资金，为28户建档立卡贫困户发放牛羊养殖产业项目分红资金75000元，为22户贫困户发放2019年产业扶贫“以奖代补”资金42093元，切实增强贫困户发展产业致富的信心。年内，积极开展建档立卡贫困户结对帮扶活动2次，为全乡建档立卡贫困户28户105人送去面粉、大米、砖茶和食用油等生活用品，累计帮扶约合人民币2.6万元。落实党员服务，上半年组织多隆村村“两委”、乡村振兴专干为该村贫困大学生捐款人民币2800元整，并为该名贫困大学生申请5000元育才基金。

【农牧民专业合作社】 年内，坚

2020年6月12日，县委副书记、县长普布多吉（左三）到雄巴乡调研

持发展与规范并举、数量与质量并重，全乡共组建畜牧养殖专业合作社 4 家，入社农户 199 户，入社率达 100%。通过积极探索“基地 + 龙头公司 + 合作社”的经营模式，年底实现合作社分红。规范管理运营，实地参观学习兄弟乡镇在合作社运营管理方面的好典型、好做法、好经验，为雄巴乡农牧民专业合作社发展拓展了思路，并召开合作社发展座谈会，制定分红方案，谋划发展蓝图，进一步规范合作社发展和管理模式。保障合作社牛羊安全，上半年在 4 个行政村内 8 个养殖基地建设牛暖棚 23 个、羊暖棚 12 个，总占地面积约 6000 平方米，为 480 头牦牛、1300 只绵羊提供更安全的生长条件。大力发展村集体经济，各村从 2020 年党建经费中支出 1 万元，以村集体经济名义入股合作社，积极为普扎村申请 50 万元中央扶持壮大村集体经济发展资金，全乡实现村级集体经济、合作社全覆盖。

【项目建设】 年内，推进安全饮水工程，在全乡范围内修建 22 口由太阳能光伏发电的 20—30 米深水井，极大方便干部群众更安全、更方便取水用水。

【人社工作】 年内，推进群众福利保障，农牧民群众社保信息采集全部完成，发放社保卡 166 余张，兑现新型农村社会养老保险金及丧葬补助共计 10.37 万元，进一步把政策落到实处、惠到百姓。抓好劳动力的培训和转移就业工作，先后组织农牧民群众 7 人到日喀则市进行厨师、电焊、农机维修等劳动技能培训，其中 6 人已实现转移就业，贫困户每户至少有一名参加技能培训，农牧民群众内生动力进一步激发。年内，全乡劳务输出 208 人，收入达 135.42 万元，人均 1.09 万元。

【安全生产】 年内，雄巴乡及时成立安全生产工作领导小组，并与各村签订 2020 年安全生产目标责任书，严格落实安全生产目标责任管理制和各项防范措施，对乡完小食堂、库房、乡政府驻地商店、茶馆和寺庙等场所进行安全检查 6 次，对过期、“三无”食品进行收缴和集中处理，全年无食品中毒案例。对成品油和液化气实施严格管控，及时督促雄居公路施工单位集中兑现工程款 35 万元。深入排查化解矛盾纠纷，及时组织开展矛盾调解工作，年内，排查纠纷 20 余次，调解纠纷 6 起，保障全乡社会和谐稳定。扎实开展安全监督检查和宣传活动，发挥“双联户”优势，常态化排查治理饮水安全、道路、食品、药品、消防等领域安全隐患，2020 年乡辖区内未发生任何一起安全生产事故。

【教育事业】 年内，全乡有完全小学和附属幼儿园各 1 座，教职工 18 名，学生 167 名，其中学前 52 名，7—12 周岁 115 名，适龄儿童入学率为 100％。年内，加强控辍保学工作，严格执行学生“三包”政策，持续改善教育教学条件，投入 1 万元建立完善乡完小“职工书屋”，投入 5 万元用于学生宿舍和食堂硬件设施改善，组织学生每天打扫校园及周边卫生，每周进行卫生评比，每隔一周开展社团活动，学生环境进一步改善。

【医疗卫生】 年内，全乡有 1 个乡卫生院和 3 个村卫生室，乡卫生院配有 6 名医护人员，村卫生室

2020年8月24日，九届昂仁县委第九轮巡察组巡察雄巴乡党委情况反馈会召开

各配有2名村医。2020年,门诊人数1164人次,住院治疗27人次,其中住院分娩14人次。年内,有序开展全民卫生与健康工作,认真组织开展"基本公共卫生服务""脱贫攻坚健康医疗工作""新型冠状病毒肺炎疫情防控工作"等活动,扎实开展家庭医生签约服务,已完成建档立卡贫困户28户105人家庭医生签约服务,签约率达100%。全乡医疗保险参合人数780人,参合率100%,有力缓解因病致贫、因病返贫问题。2020年,全乡未出现食品、药品安全事件。

2020年9月26日,雄巴乡青年团员志愿服务一行到杂日村开展"金秋助农"志愿服务活动

【生态环保】 年内,牢固树立"绿水青山就是金山银山,冰天雪地也是金山银山"的理念,每周五组织乡在家干部群众开展打扫清洁卫生,各村自行组织开展环境卫生治理,减少"白色垃圾"污染。加大环保督导检查力度,对各村环境卫生、家庭卫生和水沟、河流沿岸的卫生等进行检查,对环境卫生不理想的村,督促整改落实。乡域内全年空气质量优良,水质不存在污染。按照一户一桶的标准,免费为群众发放100升绿色垃圾桶147个,方便群众处理生活垃圾。在乡政府驻地、主街道、乡完小等地新配备3个2800升铁制垃圾箱,进一步改善乡容乡貌。

【文化事业】 年内,授牌成立1个新时代文明实践所和4个新时代文明实践站,在各村组织成立文艺演出队,以庆祝新中国成立71周年、纪念西藏民主改革61周年、"六一"国际儿童节和"七一"中国共产党建党日等重大节日活动为契机,开展各类文艺会演20余次。全乡党员干部职工、农牧民群众积极开展唱红歌、跳锅庄、拔河等丰富多彩的文体活动。

(李 伟)

荣誉榜

受县（区）级以上表彰的先进集体名录

表2

获奖单位	获奖名称	表彰时间	授予单位
昂仁县卫生服务中心	全国结核病实验室分子生物学检测技术能力单位	2020年	中国疾病预防控制中心
昂仁县曲德寺	“遵行四条标准、争做先进僧尼”教育实践活动模范寺庙	2020年	中国西藏自治区委员会、西藏自治区人民政府
日喀则市生态环境局昂仁县分局	西藏自治区第二次全国污染源普查工作表现突出集体	2020年	西藏自治区第二次全国污染源普查领导小组办公室、西藏自治区生态环境厅
昂仁县小学	全区优秀少先队中队	2020年	西藏自治区少工委
昂仁县卫生服务中心	艾滋病检测技术能力单位	2020年	西藏自治区疾病预防控制中心
昂仁县文化和旅游局	“珠峰谐韵”舞蹈大赛组织奖	2020年	中共日喀则市委员会、日喀则市人民政府
昂仁县曲德寺管理委员会	“遵行四条标准、争做先进僧尼”教育实践活动优秀组织单位	2020年	中共日喀则市委党委、日喀则市人民政府
昂仁县曲德寺	“遵行四条标准、争做先进僧尼”教育实践活动模范寺庙	2020年	中共日喀则市委党委、日喀则市人民政府
昂仁县秋窝乡人民政府	市委、市政府给予嘉奖	2020年	中共日喀则市委员会、日喀则市人民政府
昂仁县宁果乡门庆村	2019年市级先进集体	2020年	中共日喀则市委员会
昂仁县雄巴乡人民政府驻多隆村工作队	市级“四讲四爱”群众教育实践活动先进集体	2020年	中共日喀则市委宣传部
昂仁县雄巴乡杂日村	市级“四讲四爱”群众教育实践活动先进集体	2020年	中共日喀则市委宣传部
昂仁县公安局卡嘎公安二级检查站	集体嘉奖	2020年	日喀则市公安局
昂仁县人力资源和社会保障局	日喀则市2020年第三届珠峰工匠技能大赛优秀组织奖	2020年	日喀则市人力资源和社会保障局

续表2

获奖单位	获奖名称	表彰时间	授予单位
昂仁县国家安全工作领导小组	先进集体	2020 年	日喀则市国家安全人民防线领导小组
昂仁县人民政府	2020 年度全市“先进双联户”创建活动先进县（区）三等奖	2021 年	日喀则市委平安日喀则建设领导小组办公室
昂仁县人民政府办公室	先进党支部	2020 年	中共昂仁县委员会、昂仁县人民政府
昂仁县交通运输局	优秀代表意见建议承办单位	2021 年	中共昂仁县委员会、昂仁县人民政府
昂仁县日吾其乡小学	规范化管理学校	2020 年	中共昂仁县委员会、昂仁县人民政府
昂仁县曲德寺管理委员会	“遵行四条标准、争做先进僧尼”教育实践活动优秀组织单位	2020 年	中共昂仁县委员会、昂仁县人民政府
昂仁县曲德寺	“遵行四条标准、争做先进僧尼”教育实践活动模范寺庙	2020 年	中共昂仁县委员会、昂仁县人民政府
昂仁县曲德寺	消防宣传工作先进集体	2020 年	中共昂仁县委员会、昂仁县人民政府
昂仁县卡嘎镇人民武装部	昂仁县 2020 年度征兵工作先进单位	2020 年	中共昂仁县委员会、昂仁县人民政府
昂仁县卡嘎镇强基惠民活动办	昂仁县创先争优强基础惠民生活动优秀组织单位	2020 年	中共昂仁县委员会、昂仁县人民政府
昂仁县卡嘎镇人民政府	昂仁县第二届“唐东杯”农牧民运动会体育道德风尚奖	2020 年	中共昂仁县委员会、昂仁县人民政府
昂仁县卡嘎镇综合治理办公室	昂仁县 2020 年度“先进双联户”先进集体	2020 年	中共昂仁县委员会、昂仁县人民政府
昂仁县卡嘎镇人民政府	县级人大工作先进集体	2020 年	中共昂仁县委员会、昂仁县人民政府
昂仁县桑桑镇人民政府	昂仁县创新争优强基础惠民生活动优秀组织单位	2020 年	中共昂仁县委员会、昂仁县人民政府
昂仁县桑桑镇人民武装部	2020 年征兵工作先进单位	2021 年	中共昂仁县委员会、昂仁县人民政府
昂仁县贡久布乡人民政府	昂仁县综合治理二等奖	2021 年	中共昂仁县委员会、昂仁县人民政府
昂仁县阿木雄乡人民政府	昂仁县第二届“唐东杯”综合三等奖	2020 年	中共昂仁县委员会、昂仁县人民政府
昂仁县如萨乡人民政府	先进基层党组织	2020 年	中共昂仁县委员会
昂仁县如萨乡人民政府	先进妇联组织	2020 年	中共昂仁县委员会
昂仁县秋窝乡人民政府	人大工作先进集体	2020 年	中共昂仁县委员会
昂仁县秋窝乡人民政府	2020 年度“先进双联户”创评工作先进集体	2020 年	中共昂仁县委员会
昂仁县秋窝乡人民政府	人大工作先进集体	2020 年	中共昂仁县委员会

续表2

获奖单位	获奖名称	表彰时间	授予单位
昂仁县桑桑镇人民政府	先进基层党组织	2020 年	中共昂仁县委员会
昂仁县政法系统党总支第一支部委员会	先进基层党组织	2020 年	中共昂仁县委员会
昂仁县应急管理局	五四青年先进集体	2020 年	中共昂仁县委员会
昂仁县教育局机关党支部	先进基层党组织	2020 年	中共昂仁县委员会
昂仁县秋窝乡人民政府	2020 年度征兵工作先进单位	2021 年	昂仁县人民政府

说明：由于各单位资料提供不全，可能有遗漏

受县(区)级以上表彰的先进个人名录

表3

姓名	性别	民族	工作单位	荣获名称	表彰时间	授予单位
白玛多吉	男	藏族	日喀则市生态环境局昂仁县分局	第二次全国污染源普查表现突出个人	2020年	国务院第二次全国污染源普查领导小组办公室
次成江措	男	藏族	日喀则市生态环境局昂仁县分局	西藏自治区第二次全国污染源普查表现突出个人	2020年	西藏自治区第二次全国污染源普查领导小组办公室、西藏自治区生态环境厅
卓玛次仁	女	藏族	日喀则市生态环境局昂仁县分局	西藏自治区第二次全国污染源普查表现突出个人	2020年	西藏自治区第二次全国污染源普查领导小组办公室、西藏自治区生态环境厅
洛桑尼玛	男	藏族	昂仁县卡嘎镇人民政府	自治区脱贫攻坚先进个人	2020年	中共西藏自治区委员会、西藏自治区人民政府
索朗片多	女	藏族	昂仁县如萨乡人民政府	先进驻村工作队员	2020年	中共西藏自治区委员会、西藏自治区人民政府
白玛普赤	女	藏族	昂仁县卫生服务中心	自治区先进驻村工作队员	2020年	西藏自治区人民政府
贵　确	男	藏族	昂仁县桑桑镇人民政府	全区第三批优秀村(社区)党组织第一书记	2021年	中共西藏自治区党委组织部
边俊沛	男	汉族	昂仁县公安局	中华人民共和国成立70周年大庆安保个人嘉奖	2020年	西藏自治区公安厅
久美次旦	男	藏族	昂仁县公安局	中华人民共和国成立70周年大庆安保个人三等功	2020年	西藏自治区公安厅
豆　军	男	汉族	昂仁县公安局	中华人民共和国成立70周年大庆安保个人三等功	2020年	西藏自治区公安厅
扎西顿珠	男	藏族	昂仁县公安局	中华人民共和国成立70周年大庆安保个人嘉奖	2020年	西藏自治区公安厅
白玛顿珠	男	藏族	昂仁县公安局	西藏网警科安全短视频大赛优秀奖	2020年	西藏自治区公安厅
次仁扎西	男	藏族	昂仁县日吾其乡小学	“101教育PPT杯”全区第二届中小学教师信息化应用大赛小学组优秀奖	2020年	西藏自治区教育厅
旦增卓玛	女	藏族	昂仁县脱贫攻坚指挥部	全区脱贫攻坚先进个人	2020年	西藏自治区脱贫攻坚指挥部
次　吉	女	藏族	昂仁县脱贫攻坚指挥部	全区脱贫攻坚先进个人	2020年	西藏自治区脱贫攻坚指挥部
赤列群培	男	藏族	昂仁县脱贫攻坚指挥部	自治区事业单位脱贫攻坚嘉奖	2020年	西藏自治区人力资源和社会保障厅
艾增保	男	汉族	昂仁县脱贫攻坚指挥部	自治区事业单位脱贫攻坚专项奖励嘉奖、优秀公务员	2020年	西藏自治区人力资源和社会保障厅
张　恒	男	汉族	昂仁县公安局	新冠疫情防控工作模范退役军人	2020年	河南省商丘市退役军人事务局
王玉峰	男	汉族	昂仁县委政法委	2020年度国家安全先进个人	2020年	中共日喀则市委员会、日喀则市人民政府
边　巴	男	藏族	昂仁县曲德寺管理委员会	“遵行四条标准、争做先进僧尼”教育实践活动先进寺管干部	2020年	中共日喀则市委员会、日喀则市人民政府

续表3

姓名	性别	民族	工作单位	荣获名称	表彰时间	授予单位
次成江措	男	藏族	日喀则市生态环境局昂仁县分局	在和谐文明幸福美丽日喀则建设中成绩优异三等功	2020年	中共日喀则市委员会、日喀则市人民政府
格　旦	男	藏族	昂仁县教育局	日喀则市创先争优强基础惠民生活动先进驻村(居)工作队员	2020年	中共日喀则市委员会、日喀则市人民政府
普　布	男	藏族	昂仁县秋窝乡第二小学	日喀则市优秀校(园)长	2020年	中共日喀则市委员会、日喀则市人民政府
边巴仓拉	女	藏族	昂仁县小学	日喀则市模范班主任	2020年	中共日喀则市委员会、日喀则市人民政府
德吉普赤	女	藏族	昂仁县日吾其乡小学	日喀则市优秀教师	2020年	中共日喀则市委员会、日喀则市人民政府
益西次旦	男	藏族	昂仁县双语幼儿园	日喀则市优秀教师	2020年	中共日喀则市委员会、日喀则市人民政府
索朗塔杰	男	藏族	昂仁县查孜乡小学	日喀则市优秀教育工作者	2020年	中共日喀则市委员会、日喀则市人民政府
次仁罗布	男	藏族	昂仁县中学	日喀则市优秀教育工作者	2020年	中共日喀则市委员会、日喀则市人民政府
扎西顿珠	男	藏族	昂仁县教育局	日喀则市优秀教育工作者	2020年	中共日喀则市委员会、日喀则市人民政府
拉　琼	男	藏族	昂仁县措迈乡小学	日喀则市优秀教育工作者	2020年	中共日喀则市委员会、日喀则市人民政府
次旺央拉	女	藏族	昂仁县阿木雄乡小学	日喀则市思想政治教育先进工作者	2020年	中共日喀则市委员会、日喀则市人民政府
次　旦	女	藏族	昂仁县小学	日喀则市思想政治教育先进工作者	2020年	中共日喀则市委员会、日喀则市人民政府
张智伟	男	汉族	昂仁县卡嘎镇人民政府	2020年市级优秀驻村工作队员	2020年	中共日喀则市委员会、日喀则市人民政府
洛桑扎西	男	藏族	昂仁县桑桑镇人民政府	日喀则市创先争优强基础惠民生活动先进驻村(居)工作队员	2020年	中共日喀则市委员会、日喀则市人民政府
李　伟	男	汉族	昂仁县雄巴乡人民政府	2020年春季学期优秀学员	2020年	中共日喀则市委党校、日喀则市行政学院
格桑朗杰	男	藏族	昂仁县公安局	"坚持政治建警 全面从严治警"教育整竞赛二等奖	2020年	日喀则市公安局
次仁扎西	男	藏族	昂仁县日吾其乡小学	优秀工会积极分子	2020年	日喀则市教育局、日喀则市教育工会委员会
扎西顿珠	男	藏族	昂仁县中学	优秀工会积极分子	2020年	日喀则市教育局、日喀则市教育工会委员会
扎西顿珠	男	藏族	昂仁县教育局	优秀工会干部	2020年	日喀则市教育局、日喀则市教育工会委员会
格桑央吉	女	藏族	昂仁县小学	五好文明家庭	2020年	日喀则市妇女联合会

续表3

姓名	性别	民族	工作单位	荣获名称	表彰时间	授予单位
次仁加布	男	藏族	昂仁县秋窝乡第一小学	日喀则市第五届珠峰好教师	2020 年	日喀则市教育局
德吉巴宗	女	藏族	昂仁县雄巴乡小学	日喀则市第五届珠峰好教师	2020 年	日喀则市教育局
旦增白姆	女	藏族	昂仁县宁果乡小学	日喀则市第五届珠峰好教师	2020 年	日喀则市教育局
普布次仁	男	藏族	昂仁县达局乡第一小学	日喀则市第五届珠峰好教师	2020 年	日喀则市教育局
强巴次仁	男	藏族	昂仁县达若乡小学	日喀则市第五届珠峰好教师	2020 年	日喀则市教育局
尼　欧	男	藏族	昂仁县桑桑镇小学	日喀则市第五届珠峰好教师	2020 年	日喀则市教育局
次仁加布	男	藏族	昂仁县切热乡小学	日喀则市第五届珠峰好教师	2020 年	日喀则市教育局
次　扎	男	藏族	昂仁县亚木乡小学	日喀则市第五届珠峰好教师	2020 年	日喀则市教育局
嘎　珍	女	藏族	昂仁县中学	日喀则市优秀实验指导教师	2020 年	日喀则市教育局
张正操	男	汉族	昂仁县委组织部	优秀公务员	2020 年	中共昂仁县委员会、昂仁县人民政府
热布旦	男	藏族	昂仁县委组织部	优秀公务员	2020 年	中共昂仁县委员会、昂仁县人民政府
洛桑旦增	男	藏族	昂仁县委组织部	优秀公务员	2020 年	中共昂仁县委员会、昂仁县人民政府
旦巴次仁	男	藏族	昂仁县人大常委会办公室	2020 年度县级先进个人	2021 年	中共昂仁县委员会、昂仁县人民政府
旦木真	男	藏族	昂仁县人大常委会	2020 年度县级先进个人	2021 年	中共昂仁县委员会、昂仁县人民政府
普布多吉	男	藏族	昂仁县人民政府	优秀公务员	2020 年	中共昂仁县委员会、昂仁县人民政府
杨　洋	男	苗族	昂仁县人民政府	优秀公务员	2020 年	中共昂仁县委员会、昂仁县人民政府
次　琼	女	藏族	昂仁县人民政府	优秀公务员	2020 年	中共昂仁县委员会、昂仁县人民政府
彭天亮	男	汉族	昂仁县人民政府办公室	优秀公务员	2020 年	中共昂仁县委员会、昂仁县人民政府
王文武	男	汉族	昂仁县人民政府办公室	三等功、优秀公务员	2020 年	中共昂仁县委员会、昂仁县人民政府
付芪秋	男	汉族	昂仁县人民政府办公室	优秀公务员	2020 年	中共昂仁县委员会、昂仁县人民政府
巴桑次仁	男	藏族	昂仁县机关后勤服务中心	优秀公务员	2020 年	中共昂仁县委员会、昂仁县人民政府
琼次仁	男	藏族	昂仁县机关后勤服务中心	优秀公务员	2020 年	中共昂仁县委员会、昂仁县人民政府

续表3

姓名	性别	民族	工作单位	荣获名称	表彰时间	授予单位
屈小刚	男	汉族	昂仁县纪律检查委员会(监察委员会)	优秀公务员	2020年	中共昂仁县委员会、昂仁县人民政府
黄增顺	男	苗族	昂仁县纪律检查委员会(监察委员会)	优秀公务员	2020年	中共昂仁县委员会、昂仁县人民政府
索朗加措	男	藏族	昂仁县纪律检查委员会(监察委员会)	优秀公务员	2020年	中共昂仁县委员会、昂仁县人民政府
许超	男	汉族	昂仁县纪律检查委员会(监察委员会)	优秀公务员	2020年	中共昂仁县委员会、昂仁县人民政府
王琦	女	汉族	昂仁县纪律检查委员会(监察委员会)	优秀党员	2020年	中共昂仁县委员会、昂仁县人民政府
谢亚兵	男	汉族	昂仁县纪律检查委员会(监察委员会)	优秀党员	2020年	中共昂仁县委员会、昂仁县人民政府
巴旺	男	藏族	昂仁县委国家安全委员会办公室	优秀公务员	2020年	中共昂仁县委员会、昂仁县人民政府
王玉峰	男	汉族	昂仁县委政法委	优秀公务员	2020年	中共昂仁县委员会、昂仁县人民政府
达瓦次仁	男	藏族	昂仁县委政法委	优秀公务员	2020年	中共昂仁县委员会、昂仁县人民政府
李慧	女	汉族	昂仁县公安局	优秀公务员	2020年	中共昂仁县委员会、昂仁县人民政府
扎西多吉	男	藏族	昂仁县公安局	优秀公务员	2020年	中共昂仁县委员会、昂仁县人民政府
吴琼次仁	男	藏族	昂仁县公安局	优秀公务员	2020年	中共昂仁县委员会、昂仁县人民政府
罗桑查巴	男	藏族	昂仁县公安局	优秀公务员	2020年	中共昂仁县委员会、昂仁县人民政府
边巴索朗	男	藏族	昂仁县公安局	优秀公务员	2020年	中共昂仁县委员会、昂仁县人民政府
格桑拉巴	男	藏族	昂仁县公安局	优秀公务员	2020年	中共昂仁县委员会、昂仁县人民政府
西热顿珠	男	藏族	昂仁县公安局	优秀公务员	2020年	中共昂仁县委员会、昂仁县人民政府
索朗旺久	男	藏族	昂仁县公安局	优秀公务员	2020年	中共昂仁县委员会、昂仁县人民政府
班旦	女	藏族	昂仁县公安局	优秀公务员	2020年	中共昂仁县委员会、昂仁县人民政府
多布杰	男	藏族	昂仁县公安局	优秀公务员	2020年	中共昂仁县委员会、昂仁县人民政府
石达次仁	男	藏族	昂仁县公安局	优秀公务员	2020年	中共昂仁县委员会、昂仁县人民政府

续表3

姓名	性别	民族	工作单位	荣获名称	表彰时间	授予单位
边巴次仁	男	藏族	昂仁县公安局	优秀公务员	2020年	中共昂仁县委员会、昂仁县人民政府
阿旺坚才	男	藏族	昂仁县公安局	优秀公务员	2020年	中共昂仁县委员会、昂仁县人民政府
扎　西	男	藏族	昂仁县公安局	优秀公务员	2020年	中共昂仁县委员会、昂仁县人民政府
贡　嘎	男	藏族	昂仁县公安局	优秀公务员	2020年	中共昂仁县委员会、昂仁县人民政府
白玛顿珠	男	藏族	昂仁县公安局	优秀公务员	2020年	中共昂仁县委员会、昂仁县人民政府
久美次旦	男	藏族	昂仁县公安局	优秀公务员	2020年	中共昂仁县委员会、昂仁县人民政府
普扎西	男	藏族	昂仁县公安局	优秀公务员	2020年	中共昂仁县委员会、昂仁县人民政府
布　桑	男	藏族	昂仁县公安局	优秀公务员	2020年	中共昂仁县委员会、昂仁县人民政府
旺　久	男	藏族	昂仁县公安局	优秀公务员	2020年	中共昂仁县委员会、昂仁县人民政府
次珠巴旦	男	藏族	昂仁县公安局	优秀公务员	2020年	中共昂仁县委员会、昂仁县人民政府
巴桑次仁	男	藏族	昂仁县公安局	优秀公务员	2020年	中共昂仁县委员会、昂仁县人民政府
次仁桑珠	男	藏族	昂仁县公安局	优秀公务员	2020年	中共昂仁县委员会、昂仁县人民政府
索朗多吉	男	藏族	昂仁县公安局	优秀公务员	2020年	中共昂仁县委员会、昂仁县人民政府
达　瓦	男	藏族	昂仁县公安局	优秀公务员	2020年	中共昂仁县委员会、昂仁县人民政府
晋　美	男	藏族	昂仁县公安局	优秀公务员	2020年	中共昂仁县委员会、昂仁县人民政府
白玛朗加	男	藏族	昂仁县公安局	优秀公务员	2020年	中共昂仁县委员会、昂仁县人民政府
旦增贡顿	男	藏族	昂仁县公安局	优秀公务员	2020年	中共昂仁县委员会、昂仁县人民政府
洛桑尼玛	男	藏族	昂仁县公安局	优秀公务员	2020年	中共昂仁县委员会、昂仁县人民政府
纪志全	男	汉族	昂仁县公安局	优秀公务员	2020年	中共昂仁县委员会、昂仁县人民政府
土旦曲培	男	藏族	昂仁县公安局	优秀公务员	2020年	中共昂仁县委员会、昂仁县人民政府

续表3

姓名	性别	民族	工作单位	荣获名称	表彰时间	授予单位
国　吉	男	藏族	昂仁县公安局	优秀公务员	2020年	中共昂仁县委员会、昂仁县人民政府
扎西普拉	男	藏族	昂仁县公安局	优秀公务员	2020年	中共昂仁县委员会、昂仁县人民政府
罗桑扎西	男	藏族	昂仁县公安局	优秀公务员	2020年	中共昂仁县委员会、昂仁县人民政府
普布多吉	男	藏族	昂仁县公安局	优秀公务员	2020年	中共昂仁县委员会、昂仁县人民政府
康松占堆	男	藏族	昂仁县公安局	优秀公务员	2020年	中共昂仁县委员会、昂仁县人民政府
李　波	男	汉族	昂仁县公安局	优秀公务员	2020年	中共昂仁县委员会、昂仁县人民政府
扎西平措	男	藏族	昂仁县公安局	优秀公务员	2020年	中共昂仁县委员会、昂仁县人民政府
巴　桑	男	藏族	昂仁县公安局	优秀公务员	2020年	中共昂仁县委员会、昂仁县人民政府
尼玛次仁	男	藏族	昂仁县公安局	优秀公务员	2020年	中共昂仁县委员会、昂仁县人民政府
尼　旺	男	藏族	昂仁县公安局	优秀公务员	2020年	中共昂仁县委员会、昂仁县人民政府
索朗次旦	男	藏族	昂仁县公安局	优秀公务员	2020年	中共昂仁县委员会、昂仁县人民政府
扎　西	男	藏族	昂仁县公安局	优秀公务员	2020年	中共昂仁县委员会、昂仁县人民政府
格桑罗布	男	藏族	昂仁县公安局	优秀公务员	2020年	中共昂仁县委员会、昂仁县人民政府
胡　维	男	汉族	昂仁县公安局	优秀公务员	2020年	中共昂仁县委员会、昂仁县人民政府
琼　达	男	藏族	昂仁县公安局	优秀公务员	2020年	中共昂仁县委员会、昂仁县人民政府
索朗扎西	男	藏族	昂仁县公安局	优秀公务员	2020年	中共昂仁县委员会、昂仁县人民政府
白云龙	男	汉族	昂仁县公安局	优秀公务员	2020年	中共昂仁县委员会、昂仁县人民政府
张蕴伟	男	汉族	昂仁县公安局	优秀公务员	2020年	中共昂仁县委员会、昂仁县人民政府
坚　才	男	藏族	昂仁县公安局	优秀公务员	2020年	中共昂仁县委员会、昂仁县人民政府
普布旺拉	男	藏族	昂仁县公安局	优秀公务员	2020年	中共昂仁县委员会、昂仁县人民政府

续表3

姓名	性别	民族	工作单位	荣获名称	表彰时间	授予单位
梁小凤	女	汉族	昂仁县公安局	优秀公务员	2020年	中共昂仁县委员会、昂仁县人民政府
何静	女	汉族	昂仁县公安局	优秀公务员	2020年	中共昂仁县委员会、昂仁县人民政府
顿珠	男	藏族	昂仁县公安局	优秀公务员	2020年	中共昂仁县委员会、昂仁县人民政府
穷珠	女	藏族	昂仁县公安局	优秀公务员	2020年	中共昂仁县委员会、昂仁县人民政府
旺拉	男	藏族	昂仁县公安局	优秀公务员	2020年	中共昂仁县委员会、昂仁县人民政府
边索	男	藏族	昂仁县人民检察院	优秀公务员	2020年	中共昂仁县委员会、昂仁县人民政府
琼达	女	藏族	昂仁县人民检察院	优秀公务员	2020年	中共昂仁县委员会、昂仁县人民政府
尼多	男	藏族	昂仁县发展和改革委员会	优秀公务员	2020年	中共昂仁县委员会、昂仁县人民政府
格桑多吉	男	藏族	昂仁县发展和改革委员会	优秀公务员	2020年	中共昂仁县委员会、昂仁县人民政府
达娃卓玛	女	藏族	昂仁县发展和改革委员会	优秀事业干部	2020年	中共昂仁县委员会、昂仁县人民政府
拉姆央拉	女	藏族	昂仁县审计局	优秀公务员	2020年	中共昂仁县委员会、昂仁县人民政府
参决卓拉	女	藏族	昂仁县商务局	优秀公务员	2020	中共昂仁县委员会、昂仁县人民政府
拉平	男	藏族	昂仁县交通运输局	优秀公务员	2020年	中共昂仁县委员会、昂仁县人民政府
李涛	男	汉族	昂仁县住房和城乡建设局	优秀公务员	2020	中共昂仁县委员会、昂仁县人民政府
多吉	男	藏族	昂仁县城市管理和综合执法局	优秀公务员	2020年	中共昂仁县委员会、昂仁县人民政府
次成江措	男	藏族	日喀则市生态环境局昂仁县分局	优秀公务员	2020年	中共昂仁县委员会、昂仁县人民政府
白玛多吉	男	藏族	日喀则市生态环境局昂仁县分局	优秀事业工作者	2020年	中共昂仁县委员会、昂仁县人民政府
平措	男	藏族	昂仁县教育局	昂仁县创先争优强基础惠民生活动先进驻村(居)工作队员	2020年	中共昂仁县委员会、昂仁县人民政府
王丽萍	女	汉族	昂仁县卫生服务中心	优秀党员	2020年	中共昂仁县委员会、昂仁县人民政府
曲宗	女	藏族	昂仁县卫生服务中心	优秀党务工作者	2020年	中共昂仁县委员会、昂仁县人民政府

续表3

姓名	性别	民族	工作单位	荣获名称	表彰时间	授予单位
边　加	男	藏族	昂仁县民政局	优秀公务员、2018—2020年嘉奖、记三等功	2021年	中共昂仁县委员会、昂仁县人民政府
白　央	女	藏族	昂仁县民政局	优秀公务员、2018—2020年嘉奖、记三等功	2021年	中共昂仁县委员会、昂仁县人民政府
索朗卓拉	女	藏族	昂仁县人力资源和社会保障局	优秀公务员	2020年	中共昂仁县委员会、昂仁县人民政府
达瓦卓嘎	女	藏族	昂仁县人力资源和社会保障局	优秀公务员	2020年	中共昂仁县委员会、昂仁县人民政府
乔永涛	男	汉族	昂仁县人力资源和社会保障局	优秀公务员	2020年	中共昂仁县委员会、昂仁县人民政府
格桑曲珍	女	藏族	昂仁县行政审批和便民服务局	优秀公务员	2020年	中共昂仁县委员会、昂仁县人民政府
边　巴	男	藏族	昂仁县曲德寺管理委员会	“遵行四条标准、争做先进僧尼”教育实践活动先进寺管干部	2020年	中共昂仁县委员会、昂仁县人民政府
边　巴	男	藏族	昂仁县公安局曲德寺警务室	“遵行四条标准、争做先进僧尼”教育实践活动先进寺管干部	2020年	中共昂仁县委员会、昂仁县人民政府
央　玛	女	藏族	昂仁县曲德寺管理委员会	优秀公务员	2020年	中共昂仁县委员会、昂仁县人民政府
李杏磊	男	汉族	昂仁县曲德寺管理委员会	优秀公务员	2020年	中共昂仁县委员会、昂仁县人民政府
桑旦扎西	男	藏族	昂仁县脱贫攻坚指挥部	优秀公务员、优秀党员	2020年	中共昂仁县委员会、昂仁县人民政府
拉巴普尺	女	藏族	昂仁县脱贫攻坚指挥部	优秀党员	2020年	中共昂仁县委员会、昂仁县人民政府
扎西尼玛	男	藏族	昂仁县脱贫攻坚指挥部	优秀公务员	2020年	中共昂仁县委员会、昂仁县人民政府
扎西普尺	女	藏族	昂仁县脱贫攻坚指挥部	优秀党员	2020年	中共昂仁县委员会、昂仁县人民政府
卓　嘎	女	藏族	昂仁县脱贫攻坚指挥部	优秀党员	2020年	中共昂仁县委员会、昂仁县人民政府
赤列群培	男	藏族	昂仁县脱贫攻坚指挥部	优秀公务员	2020年	中共昂仁县委员会、昂仁县人民政府
艾增保	男	藏族	昂仁县脱贫攻坚指挥部	优秀公务员	2020年	中共昂仁县委员会、昂仁县人民政府
洛桑尼玛	男	藏族	昂仁县卡嘎镇人民政府	优秀公务员	2020年	中共昂仁县委员会、昂仁县人民政府
琼　达	女	藏族	昂仁县卡嘎镇人民政府	优秀公务员	2020年	中共昂仁县委员会、昂仁县人民政府
多吉(小)	男	藏族	昂仁县卡嘎镇人民政府	优秀公务员	2020年	中共昂仁县委员会、昂仁县人民政府

续表3

姓名	性别	民族	工作单位	荣获名称	表彰时间	授予单位
白玛次仁	男	藏族	昂仁县卡嘎镇人民政府	优秀公务员	2020年	中共昂仁县委员会、昂仁县人民政府
张智伟	男	汉族	昂仁县卡嘎镇人民政府	优秀公务员	2020年	中共昂仁县委员会、昂仁县人民政府
陈亚梅	女	汉族	昂仁县卡嘎镇人民政府	优秀公务员	2020年	中共昂仁县委员会、昂仁县人民政府
王维寿	男	汉族	昂仁县卡嘎镇人民政府	2020年征兵工作先进个人	2020年	中共昂仁县委员会、昂仁县人民政府
费牛来	男	汉族	昂仁县秋窝乡人民政府	优秀公务员	2020年	中共昂仁县委员会、昂仁县人民政府
边巴卓玛	女	藏族	昂仁县秋窝乡人民政府	优秀公务员	2020年	中共昂仁县委员会、昂仁县人民政府
丹增央金	女	藏族	昂仁县秋窝乡人民政府	优秀事业人员	2020年	中共昂仁县委员会、昂仁县人民政府
次仁多吉	男	藏族	昂仁县秋窝乡人民政府	优秀事业人员	2020年	中共昂仁县委员会、昂仁县人民政府
朱林森	男	汉族	昂仁县秋窝乡人民政府	优秀公务员	2020年	中共昂仁县委员会、昂仁县人民政府
边巴次仁	男	藏族	昂仁县秋窝乡人民政府	优秀公务员	2020年	中共昂仁县委员会、昂仁县人民政府
扎西多吉	男	汉族	昂仁县贡久布乡人民政府	优秀公务员	2020年	中共昂仁县委员会、昂仁县人民政府
旦巴次仁	男	藏族	昂仁县贡久布乡人民政府	优秀公务员	2020年	中共昂仁县委员会、昂仁县人民政府
熊小帅	女	藏族	昂仁县贡久布乡人民政府	优秀公务员	2020年	中共昂仁县委员会、昂仁县人民政府
巴桑卓嘎	女	藏族	昂仁县贡久布乡人民政府	年度优秀事业单位工作人员	2020年	中共昂仁县委员会、昂仁县人民政府
索朗次仁	男	藏族	昂仁县贡久布乡人民政府	年度优秀事业单位工作人员	2020年	中共昂仁县委员会、昂仁县人民政府
云旦	男	藏族	昂仁县达若乡人民政府	优秀公务员	2020年	中共昂仁县委员会、昂仁县人民政府
旦增	男	藏族	昂仁县达若乡人民政府	优秀公务员	2020年	中共昂仁县委员会、昂仁县人民政府
周施旭	男	汉族	昂仁县达若乡人民政府	优秀公务员	2020年	中共昂仁县委员会、昂仁县人民政府
文佳星	男	汉族	昂仁县宁果乡人民政府	优秀公务员	2020年	中共昂仁县委员会、昂仁县人民政府
杨波	男	汉族	昂仁县宁果乡人民政府	优秀公务员	2020年	中共昂仁县委员会、昂仁县人民政府

续表3

姓名	性别	民族	工作单位	荣获名称	表彰时间	授予单位
罗　布	男	藏族	昂仁县宁果乡人民政府	优秀公务员	2020年	中共昂仁县委员会、昂仁县人民政府
边巴扎西	男	藏族	昂仁县宁果乡人民政府	优秀共产党员	2020年	中共昂仁县委员会、昂仁县人民政府
次仁多不拉	男	藏族	昂仁县宁果乡人民政府	优秀共产党员	2020年	中共昂仁县委员会、昂仁县人民政府
索朗次仁	男	藏族	昂仁县宁果乡人民政府	优秀共产党员	2020年	中共昂仁县委员会、昂仁县人民政府
曹　阳	男	汉族	昂仁县宁果乡人民政府	优秀共产党员	2020年	中共昂仁县委员会、昂仁县人民政府
唐　桥	男	汉族	昂仁县如萨乡人民政府	优秀公务员	2020年	中共昂仁县委员会、昂仁县人民政府
多　吉	男	藏族	昂仁县如萨乡人民政府	优秀公务员	2020年	中共昂仁县委员会、昂仁县人民政府
蒋尚谕	男	瑶族	昂仁县如萨乡人民政府	优秀公务员	2020年	中共昂仁县委员会、昂仁县人民政府
白玛卓嘎	女	藏族	昂仁县如萨乡人民政府	优秀公务员	2020年	中共昂仁县委员会、昂仁县人民政府
扎西次仁	男	藏族	昂仁县阿木雄乡人民政府	优秀公务员	2020年	中共昂仁县委员会、昂仁县人民政府
巴桑次仁	男	藏族	昂仁县阿木雄乡人民政府	优秀公务员	2020年	中共昂仁县委员会、昂仁县人民政府
曲　珍	女	藏族	昂仁县阿木雄乡人民政府	优秀公务员	2020年	中共昂仁县委员会、昂仁县人民政府
代林丹	男	汉族	昂仁县阿木雄乡人民政府	优秀公务员	2020年	中共昂仁县委员会、昂仁县人民政府
次旦卓嘎	女	藏族	昂仁县阿木雄乡人民政府	优秀共青团干部	2020年	中共昂仁县委员会、昂仁县人民政府
牛健刚	男	汉族	昂仁县查孜乡人民政府	优秀公务员	2020年	中共昂仁县委员会、昂仁县人民政府
罗珠尼玛	男	藏族	昂仁县查孜乡人民政府	优秀公务员	2020年	中共昂仁县委员会、昂仁县人民政府
米　玛	男	藏族	昂仁县查孜乡人民政府	优秀事业人员	2020年	中共昂仁县委员会、昂仁县人民政府
达　瓦	男	藏族	昂仁县查孜乡人民政府	优秀公务员	2020年	中共昂仁县委员会、昂仁县人民政府
巴旦罗布	男	藏族	昂仁县查孜乡人民政府	优秀党员	2020年	中共昂仁县委员会、昂仁县人民政府
国　杰	男	藏族	昂仁县查孜乡人民政府	优秀党员	2020年	中共昂仁县委员会、昂仁县人民政府

续表3

姓名	性别	民族	工作单位	荣获名称	表彰时间	授予单位
李　伟	男	汉族	昂仁县雄巴乡人民政府	2019年度昂仁县优秀共青团干部	2020年	中共昂仁县委员会、昂仁县人民政府
德　央	女	藏族	昂仁县多白乡人民政府	2020年度优秀党务工作者	2020年	中共昂仁县委员会
仁　旺	女	藏族	昂仁县如萨乡人民政府	优秀共产党员	2020年	中共昂仁县委员会
边　巴	男	藏族	昂仁县公安局	优秀驻村队员	2020年	中共昂仁县委员会
白玛卓嘎	女	藏族	昂仁县双语幼儿园	优秀党务工作者	2020年	中共昂仁县委员会
格桑占堆	男	藏族	昂仁县如萨乡小学	优秀党务工作者	2020年	中共昂仁县委员会
拉巴石达	男	藏族	昂仁县达局乡第一小学	优秀共产党员	2020年	中共昂仁县委员会
桑巴伦珠	男	藏族	昂仁县日吾其乡小学	优秀共产党员	2020年	中共昂仁县委员会
王　仁	男	汉族	昂仁县孔隆乡人民政府	各行业领域优秀公务员	2020年	中共昂仁县委员会
廖龙俊	男	汉族	昂仁县孔隆乡人民政府	各行业领域优秀公务员	2020年	中共昂仁县委员会
多吉次旦	男	藏族	昂仁县孔隆乡人民政府	优秀事业工作人员	2020年	中共昂仁县委员会
曲　扎	男	藏族	昂仁县孔隆乡人民政府	优秀事业工作人员	2020年	中共昂仁县委员会
彭家信	男	汉族	昂仁县孔隆乡人民政府	优秀事业工作人员	2020年	中共昂仁县委员会
加　措	男	藏族	昂仁县如萨乡卫生院	优秀共产党员	2020年	中共昂仁县委员会

说明：由于各单位资料提供不全，可能有遗漏

附 录

昂仁县人民代表大会常务委员会工作报告（节选）

——在昂仁县第十三届人民代表大会第八次会议上

昂仁县人民代表大会常务委员会主任 旦木真

（2021 年 3 月 17 日）

2020 年工作回顾

2020 年是全面贯彻落实党的十九大精神的重要一年，也是全面建设小康社会的决战之年。一年来在县委的坚强领导和市人大常委会的有力指导下，县人大常委会深入学习贯彻习近平新时代中国特色社会主义思想，特别是习近平总书记关于坚持和完善人民代表大会制度的重要思想和关于治边稳藏的重要论述，全面贯彻落实党的十九大，十九届二中、三中、四中、五中全会和中央第七次西藏工作座谈会精神，积极适应新时代人大工作新形势新任务新要求，坚持党的领导、人民当家做主、依法治国有机统一，紧紧围绕县委中心工作，全力推动县人大常委会“1234”工作举措，认真履行宪法法律赋予的职责，各项工作取得新进展新成效，为昂仁长足发展和长治久安做出了积极贡献。

一年来，共召开人大常委会党组会 6 次、常委会 8 次、主任会 8 次、人代会 1 次，听取审议工作报告 12 个，开展执法检查 5 次、调研视察 10 次，作出决议决定 15 项，依法任免地方国家机关工作人员 27 人，91 件建议、批评和意见全部办理并答复代表，较好地完成了县十三届人民代表大会第六次会议确定的各项工作任务。

这一年，我们始终坚持党的领导，不断坚定制度自信

党的领导是人大工作沿着正确方向前进的根本保障。一年来，县人大常委会自觉提高政治站位，坚持把学习贯彻习近平新时代中国特色社会主义思想和党的十九届五中全会精神作为首要政治任务，把坚持党的领导、人民当家做主、依法治国有机统一作为依法履职的根本政治原则，始终牢固树立“四个意识”、坚定“四个自信”、做到“两个维护”，切实增强了在县委领导下做好全县人大工作的政治自觉、思想自觉和行动自觉。我们严格落实重大事项向县委请示报告制度，县委常委会定期专题听取县人大常委会党组工作汇报，研究解决人大工作中的困难和薄弱环节，做出工作部署，提出明确要求，全面支持和保障县人大常委会依法行使职权。县人大常委会党组发挥把方向、管大局、保落实作用，认真贯彻落实县委决策部署和指示要求，统筹研究和推进人大工作。全年来县人大常委会紧紧围绕我县改革发展稳定大局，切实依法履行职责，确保人大行动与县委决策同频共振。年内，县人大常委会重点听取审议“一府一委两院”相关专项工作汇报，开展昂仁县人大历史上的首次专题询问，召开县十三届人大七次会议，成功选举我县出席日喀则市第二届人民代表大会第一次会议代表16名，出了《关于改进作风巩固提升脱贫攻坚成果加强人大监督工作的决定》《昂仁县2020年盘活存量资金使用的决议》《昂仁县国民经济与社会发展第“十四五”规划纲要》等各项决定决议，组织县人大常委会组成人员、相关部门负责人、四级人大代表对区市两级人大常委会出台的相关法律法规在我县范围内执行情况开展执法检查，聚焦巩固脱贫攻坚、生态环保、合作社等全县各项重点工作领域进行监督检查，有效发挥了县人大常委会职能作用，切实做到了履职尽责。

这一年，我们坚持依法监督，做到监督与支持有机统一

人大监督是党的领导下，代表国家和人民进行的具有法律效力的监督。我们牢牢把握人大监督的政治定位、法律定位，严格遵循“依法”二字，实行正确监督、有效监督。全年里围绕推动县委决策部署的贯彻落实，把事关全县改革发展稳定和直接关系人民群众切身利益的民生等重大事项列入常委会监督议题。

——聚焦依法行政公正司法开展监督。为促使“一府两院”部门依法行政、公正司法，提高工作效率，县人大围绕“监督就是支持、监督就是关心、监督就是推动工作”的评议思路，完成对县审计局、县城管局、县民宗局等7个部门的工作评议、测评，帮助有关部门查找自身工作存在的问题，提出整改建议，真正履行人大监督职责。听取审议县人民法院切实解决“执行难”专项工作报告和县人民检察院公益诉讼专项工作报告及县监察委员会专项工作报告，支持推动司法机关不断改进工作，维护社会公平正义。审议县财政局2020年全县国有资产管理工作情况的报告，做到依法履职管好用好全县国有资产。

——聚焦脱贫攻坚继续开展监督。一年来组织70多名县级人大代表深入县建材市场、县扶贫商业街以及农区6个乡镇25个村，对全县重点扶贫产业项目发展情况进行了专题调研，充分听取意见，力求把情况摸透，把矛盾和问题找准。深入进行专项监督检查与调研，常委会领导带队，深入17个乡（镇）50余个村，走访了70余户群众，紧紧围绕脱贫攻坚“20个紧盯”工作要求，开展了脱贫攻坚自查自纠工作专题调研。截至目前，已完成对重点扶贫领域的大型监督检查（调研视察）3次，形成报告3篇，为县委决策部署提供科学依据。开展了昂仁人大历史上的首次专题询问，以联组会议形式对全县脱贫攻坚产业发展进行询问，9名常委会组成人员就12个问题进行提问，7名县政府和有关部门负责人到场应询，问答双方良性互动，在询问过程中坚持聚焦主要矛盾，以分析解决问题为主导，形成了加强和改进工作的合力，取得了实实在在的监督效果。

——聚焦环境整治开展视察活动。组织我县四级人大代表、县人民检察院、县市场监督管理局等相关单位负责人对县中学周边环境治理工作进行了集中视察，召开座谈会听取了县中学校长专题汇报，对校园周边的8家商店进行了实地视察，提出了意见建议，形成了视察报告。

——聚焦法律法规实施情况开展执法检查活动。全年组织四级人大代表、政府有关部门负责人对区市两级人大出台的《日喀则市市容和环境卫生管理条例》《日喀则市犬只管理条例》《中华人民共和国野生动物保护法》《中华人民共和国工会法》等相关法律法规实施情况进行执法检查，及时将执法检查活动中存在的问题向区市两级人大汇报。

——聚焦县委中心工作大局深化监督工作。县人大积极参与全县重点工作，在参与中强化监督，以监督推动发展。围绕县委中心工作，县人大常委会各位主任全面参与全县脱贫攻坚国家级普查、三农工作、发展合作社、生态环保等工作，通过参与具体工作，进一步深入了解全县中心工作的推进情况，并在监督工作中有的放矢，既深化了监督，又为推动全县发展提供保障和支持。

这一年，我们坚持加强代表工作，发挥代表作用

人大代表是国家权力机关组成人员，代表人民意志行使职权。我们不断创新举措、完善机制、拓展平台，支持和保障代表依法履职，更好发挥代表作用。全年县人大常委会把充分发挥代表作用作为增强人大工作活力的重要抓手，密切人大常委会机关同代表、代表同人民群众的联系，大力支持和保障代表充分发挥作用，提高代表工作整体水平。

——坚持发挥代表主体作用。完善县人大常委会组成人员联系代表和人民群众制度，积极组织代表参加常委会会议和各项监督活动，认真听取代表对人大工作的意见建议，为代表知情知政、行权履职创造了条件。全年邀请代表参加执法检查、调研视察等活动共计 90 余人次，同时组织代表积极参加区市两级人大立法征求意见座谈会 23 人次，参加全县重大活动 50 余人次，列席常委会会议 22 人次。

——坚持加强代表履职培训。常委会制定全年“培训计划”，召开了一次县级人大代表履职培训会，我从代表履职、脱贫攻坚自查自纠等方面作了讲解，促使代表明确自身责任，认真行权履职。全年组织 2 批人大常委会委员和基层人大代表共 23 人分别前往山东淄博市、山南市、林芝市考察学习，组织 17 名人大常委会委员前往日喀则市参加市人大举办的全市人大系统业务培训班，3 名县人大常委会委员分别参加了自治区人大常委会举办的自治区人大干部综合培训班和自治区人大财经业务培训班，2 名自治区人大代表分别列席自治区十一届人大常委会第十六次会议和第二十一次会议，1 名自治区人大代表特邀列席全国人大组织的视察活动，开阔了视野、借鉴了经验、提升了代表和人大干部的履职能力，推动工作高效发展。

——坚持扎实督办代表意见建议。县人大常委会高度重视人大代表提交的意见建议，年初专题召开人大代表意见建议交办会，第一时间把 91 件代表议案建议转交给所涉及单位，并加大对代表意见建议办理的跟踪督办力度，常委会领导多次深入实地，及时了解承办单位对代表的意见建议办理情况，并年内召开代表意见建议办理情况座谈会听取县教体局、水利局、交运局、公安局等 7 个部门的代表意见建议办理情况，指出了办理过程中存在的问题。年内成功督办了我县个别乡镇辖区内清理流浪狗，维修牧区乡镇光伏站等意见建议，目前为止县十三届人大六次会议上代表所提出的 91 个意见建议的答复已收集完成，并下发到代表手中，答复率 100%；已经解决和基本解决的占意见建议总数的 60%；因条件不成熟、职责权限等原因暂时无法解决的占意见总数 40%。

这一年，我们坚持法治引领，助推法治昂仁建设

一年来，县人大常委会积极协助配合区市两级人大法治体系建设工作，认真做好相关法律法规立法征求意见工作，做到高度重视、认真办理、周密组织、确保质量，一年来向各乡镇和县直部门分别征求对市人大《五年立法规划 2020--2024 立法建议项目库》《日喀则市城市管理条例》《日喀则市非物质文化遗产条例》等 7 部法律法规条例的意见，共收集 23 件书面意见建议，特别是在《西藏自治区国家生态文明高地建设条例（草案修改稿）》立法征求意见时，我们努力把征求意见过程同加强生态文明建设宣传教育紧密结合起来，分别从四级人大代表、生态环保、农业农村、水利等企事业单位、多个层面征求意见，凝聚生态环保的共识，筑牢环保思想基础，为依法治藏，贡献昂仁智慧。

这一年，我们坚持抓牢自身建设，提升人大工作效能

常委会始终把自身建设摆在突出位置，注重思想、作风和制度建设，努力探索人大工作新方法。

——突出加强政治建设。深入学习贯彻习近平新时代中国特色社会主义思想，以新思想引领前行的步伐。全面贯彻党的十九届五中全会、中央第七次西藏工作座谈会精神，坚决维护党中央权威和集中统一领导，以党的基本理论、基本路线、基本方略指引人大工作。认真落实党风廉政责任制，制定党风廉政建设工作方案，深入学习《中国共产党廉洁自律准则》《中国共产党纪律处分条例》，努力建设一支勤政、廉洁、务实、高效的人大干部队伍。

——突出加强乡镇人大调研力度。常委会组织四个调研组对全县17个乡镇人大工作情况进行了深入细致地调研考察,重点对落实中共中央、全国人大常委会、区党委、市委、县委关于加强人大工作和建设的意见落实情况,乡规民约制定、执行情况,乡镇人大规范化建设情况,四级人大代表闭会期间活动开展情况进行检查打分,总结好经验好做法,掌握工作中存在的问题和困难,为下一步加强和改进县乡人大工作奠定了良好的基础。

——突出加强制度建设。不断健全完善人大工作制度,今年新制定了《昂仁县人民代表大会常务委员会任命国家工作人员任前法律知识考试办法》《昂仁县人大常委会议事规则》《昂仁县人大常委会组成人员联系县人大代表办法》《昂仁县人大代表联系人民群众工作的办法》。

——突出加强作风建设。认真落实联系群众、结对帮扶等工作,县人大常委会领导多次到挂包联系的乡(镇)、部门指导工作,结合脱贫攻坚自查自纠,深入走访贫困户,积极开展慰问帮扶,主动为贫困户脱贫出谋划策,努力为群众解难事、办实事、做好事。

——突出加强能力建设。紧紧围绕自身职能定位,积极组织人大常委会成员、乡镇人大主席、人大工作人员参加自治区人大、市人大各种会议、培训班、跟班学习等,同时组织17个乡镇人大专干开展有关人大业务培训,提升人大专干业务水平,全面加强能力建设,为适应新时代人大新形势新任务提供有效保障。

各位代表,一年来县人大常委会各项工作取得的成绩,根本在于有习近平新时代中国特色社会主义思想的科学指引,是县委高度重视、坚强领导的结果,是县人民政府、县监察委员会、县人民检察院、县人民法院密切配合、鼎力支持的结果,是全体人大代表常委会组成人员及常委会办公室、各专委会工作人员履职尽责的结果,是全县各族人民大力支持、积极参与的结果。在此,我代表县人大常委会向大家表示崇高的敬意和衷心的感谢!

在肯定成绩的同时,我们也清醒地认识到县人大常委会的工作同党对人大工作的新要求、时代赋予人大工作的新使命、人民对美好生活的新向往还有差距,监督工作的针对性实效性有待进一步增强,代表的履职能力、综合素质有待进一步强化,代表调研视察培训成果转化率不高,常委会办事机构服务保障能力和水平有待进一步提高,等等。我们将高度重视,虚心听取代表及各方意见,采取切实有效措施,认真加以改进。

中国人民政治协商会议第二届昂仁县委员会常务委员会工作报告（节选）

——在政协第二届昂仁县委员会第八次会议上

政协昂仁县委员会副主席 次仁群培

（2021 年 3 月 16 日）

2020 年工作回顾

2020 年是决胜全面建成小康社会、打赢精准脱贫攻坚战、实现“十三五”规划收官之年，是人民政协踏上新征程、践行新使命的全新一年。一年来，在县委的坚强领导和县政府的大力支持下，在日喀则市政协的关怀指导下，县政协及常委会坚持以习近平新时代中国特色社会主义思想为指导，深入学习中共十九大和十九届历次全会精神以及中央第七次西藏工作座谈会精神，学习贯彻习近平总书记关于人民政协的一系列新思想新部署新要求，坚持发扬民主与增进团结相贯通、建言资政和凝聚共识双向发力，充分发挥专门协商机构作用，带领全县政协委员和各界人士，勤履职促发展、惠民生促和谐，按照时间节点较好地完成了年初制定的各项工作任务，为加快昂仁经济发展做出了积极贡献。

一、突出政治引领，思想政治基础进一步夯实

强化学习教育。坚持把思想政治引领贯穿到履职全过程和各方面，以党组中心组带头学习为引领，统筹推进常委会、界别小组和政协机关各个层次的学习，自觉增强“四个意识”、坚定“四个自信”、做到“两个维护”。全年党组中心组（扩大）集体学习 24 次，举办委员专题培训班 1 期，组织各层次学习研讨 80 余次，全面学习领悟习近平总书记系列重要讲话精神，加强爱国主义和理想信念教育，不断巩固思想政治基础。注重学思用贯通、知信行统一，努力把学习成果转化为提高政协工作质量的强大动力和实际行动。

注重思想引领。牢牢把握政协的性质定位，坚持团结和民主两大主题。在政协委员和干部职工中深入持久地开展反分裂斗争思想教育工作，组织学习党史、新中国史和西藏地方史，围绕开展反分裂斗争、民族团结教育、“3 · 28”百万农奴解放纪念日和“团结稳定是福、分裂动乱是祸”等活动深入讨论，教育引导政协委员和干部职工由“要我稳定”向“我要稳定”转变，夯实维护社会和谐稳定的思想基础，筑牢防线。

筑牢党建根基。按照新时代党的建设总要求，充分发挥县政协党组领导核心作用，以党的建设引领新时代人民政协事业发展，把党的领导贯穿到政协工作的方方面面。完善政协党组成员联系党员委员、党员委员联系党外委员机制，深化推进党的组织对党员委员的全覆盖、党的工作对政协委员的全覆盖，从“有形覆盖”向“有效覆盖”提升，确保政协工作始终在党的领导下阔步前行。

二、突出服务大局，助推发展作用进一步彰显

加强组织领导。一年来，常委会坚持围绕中心，服务大局，按照县委县政府的总体要求，统筹谋划部署推进政协工作。一年来共召开主席会议 7 次、常委会会议 5 次、专题会议 24 次，研究部署政协重

点工作，保证党的理论和路线方针政策在政协工作中的贯彻落实。年初围绕县委县政府2020年中心工作结合县政协自身工作实际研究制定了《政协第二届昂仁县委员会常务委员会2020年工作要点和协商计划》，并以此为指引较好地完成了全年的工作任务，助推发展作用进一步彰显。

主动承担责任。认真落实县级领导干部包乡责任制，特别是重要节点和中央第七次西藏工作座谈会、国庆节等重大节庆节点，县政协领导班子成员深入包乡调研和督导维稳安保工作，看望慰问基层干部群众、驻寺干部、基层政协委员，确保了社会局势持续稳定、长期稳定、全面稳定，为全县社会和谐稳定做出了应有贡献。同时，县政协班子成员主动作为，在达若乡高海拔生态搬迁中积极作为，做通群众思想工作，确保了搬迁顺利进行；在全县廉租房、周转房清理工作中从严落实，确保了贫困群众和干部职工的切身利益得到维护。

助力脱贫攻坚。为保证全县顺利通过国家脱贫攻坚普查验收、如期全面建成小康社会，县政协领导班子成员坚决贯彻落实中央、区党委、市委和县委关于脱贫攻坚决策部署和工作要求，按照《日喀则市2020年脱贫攻坚自查自纠工作实施方案》要求以及县级干部包乡要求，县政协领导班子成员自3月起奔赴包乡点开展脱贫攻坚自查自纠工作，全面排查解决扶贫领域存在的问题，巩固拓展脱贫攻坚成果，扎实做好定点扶贫帮扶工作，帮助理清工作思路，制定发展规划，协调解决项目、资金、物资缺口问题，为巩固全县脱贫攻坚成果发挥了应有作用。农牧界委员积极开展助学助农行动，扎西委员为布热村小学捐款捐物10000余元，罗布桑布委员为达局乡二小修缮围墙、仓库并捐款2000余元，平措委员自费出动机械无偿修建、维护村农田灌溉水渠；经济界陈小强等委员结合自身优势，为贫困户提供稳定就业岗位、带动外出务工增加贫困户收入。

重视提案办理。充分发挥提案办理协商在协商民主中的重要作用，加强提案选题指导，改进提案审查方式，健全提案办理机制，促进提案的办理落实。二届六次会议以来，共收到委员提案72件，立案50件，4月26日召开提案交办会议向政府移交提案，明确提案办复、办理情况调查、结果反馈等要求，办理过程中，会同县政府办积极为承办单位与委员牵线搭桥，做到办前了解委员初衷，办中及时交流沟通、办后跟踪成果转化等形式，不断提高提案办理实效。截至年底，已办复47件，办复率94%，委员满意度100%。

三、突出履职为民，服务民生成效进一步提升

多角度调研资政。一年来，县政协充分发挥人才荟萃、智力集聚的独特优势，按照“求精品、重实效”的要求，围绕县委县政府关注和群众关心的问题，切实加强调查研究工作，积极为党委政府建言献策。围绕县委县政府年度工作安排，紧扣全县发展大局，结合政协重点提案内容，紧紧围绕“全县产业发展”“巩固脱贫攻坚成果自查自纠工作开展情况”“践行四条标准，争做先进僧尼”“提高教育教学管理和质量水平”等课题认真开展视察调研活动。9月份，围绕“提高教育教学管理和质量水平”课题，组织学习考察小组赴江孜县、康马县、桑珠孜区、谢通门县考察学习，全面考察了校园环境、学生教室、宿舍和食堂等学校的建设情况。通过听取各校基本情况介绍，详细了解学校提升教育教学质量和管理方面的经验做法，其中各校文化建设及文化留人的理念、教育教学管理及质量重实、教研重效、课堂重变、成长重爱的理念等为我县教育教学质量和管理工作提供诸多有益参考。全年共组织开展政协委员视察调研工作12余次，参与委员人数达85余人次，提出意见建议25条，25条建议全部转交各相关单位。

多层面视察献策。近年来我县对于民生工程的重视和投入力度越来越大，开始逐步引入蔬菜水果大棚种植、新型工业化养鸡场等技术，并取得不错成果。为加强群众观念的引导，县政协组织政协委员对秋窝蔬菜水果大棚种植基地、卡嘎镇养鸡场开展视察调研，提出了与当地群众加深交流加大种植规模、聘请专业科技人员减少成本增加产出等建议。

多方位民主监督。按照“监督就是支持，监督就是服务”的理念，今年4月，政协领导班子在多白

乡重点围绕张延清副主席在昂仁县脱贫攻坚自查自纠工作推进会上提出的“二十个紧盯”要求，查看多白乡扶贫产业发展情况，村合作社运行情况，脱贫攻坚自查自纠工作开展情况以及学习贯彻张延清副主席在昂仁县脱贫攻坚自查自纠工作推进会议上的讲话精神等工作。6月中旬，组织政协委员赴卡嘎镇、亚木乡和达局乡围绕贫困户和帮扶干部“十三个说得清”情况，“两不愁三保障”“十项提升工程”等内容开展视察调研。通过走村入户实地访谈、现场摸排，以“望、闻、问、切”的方式，务求摸准、摸细、摸实全脱贫攻坚实际进展情况，并将发现的问题及时反馈给乡（镇）党委政府。

多渠道宣传引导。进一步创新工作方式方法，以政协委员为引领，带头组织委员深入17个乡镇、各寺庙宣讲脱贫攻坚相关政策、《中华人民共和国民法典》、“四讲四爱”、中央第七次西藏工作座谈会精神以及党的十九届五中全会精神等多项内容，宣讲次数达12次，组织委员56人次，覆盖人数达36000余人次；在“3·28”西藏百万农奴解放纪念日开展“中国梦·委员行，庆祝西藏百万农奴解放61周年”活动，通过国旗前宣誓、唱红歌，参观百万农奴纪念馆网上展馆等方式，政协委员们更加深刻地感受到了旧西藏的黑暗落后和新西藏人民群众幸福美好生活的来之不易，坚定了全身心做好政协委员履职工作的决心；以庆祝第四个“民族团结进步日”为契机，县政协开展“守望相助，同心筑梦”政协委员助推民族团结系列活动，进一步强化政协委员和干部职工“三个离不开思想”，让民族团结意识入脑入心，使各民族干部群众认识到了加强民族团结、维护社会稳定的重要性，增强了建设美好家园的决心和信心。同时县政协班子成员积极宣传《藏传佛教活佛转世管理办法》积极促进宗教与社会主义社会相适应。

四、突出团结合作，各界智慧力量进一步凝聚

增进与社会各界的团结合作。坚持民主协商、平等议事、求同存异、体谅包容的原则，加强与工商联、无党派人士的合作共事。通过安排会议发言、联合开展调研等，为他们履行职责、发挥作用搭建平台，鼓励他们踊跃发表见解和主张，不断增进共同政治基础上的团结合作。推动界别活动的经常化、制度化，广泛组织委员深入开展学习、调研、视察、座谈等工作，呈现出规范有序、生动活泼的良好局面。

加强与基层群众的紧密联系。坚持以调查研究、开展扶贫帮困活动为抓手，进一步加强与人民群众的经常性联系，在深入基层中增进乡亲乡情，在解忧纾困中送去党和政府的温暖。按照县委县政府统一部署，严格落实“4321”结对帮扶和“321”大学生未就业结对帮扶工作机制，多次深入结对户了解生产生活情况和存在困难，宣传就业政策，充分发挥政协自身优势，提供就业信息，积极协调政协委员和社会各方，全力以赴解决贫困群众实际困难。

助力打赢新冠肺炎疫情防控阻击战。为应对突如其来新冠肺炎疫情，坚决打赢疫情防控阻击战，县政协积极号召，各界别政协委员“不忘初心、牢记使命”主动作为，发扬“八方驰援，同舟共济，同心同德，众志成城”的精神，用真情义举驰援防疫一线，广泛汇聚起打赢疫情防控阻击战的正能量。经济界委员索加、达瓦、格桑、平平、普布顿珠、扎西旺堆、陈小强等心怀大爱，慷慨解囊，先后代表各自企业捐款110余万元；宗教界委员，日喀则市政协副主席、县政协副主席洛桑索巴充分发挥带头作用，捐款6万元；其余各界别委员及政协机关捐款约15万元，共计130余万元用于疫情防控工作，用实际行动彰显了政协委员为国履职、服务人民的风采。

认真做好文史资料征集工作。县政协坚持文史工作的统战特色和地方特色，充分发挥“存史、资政、团结、育人”的独特功能，注重“亲历、亲见、亲闻”原则，通过座谈会、征文、实地搜集资料等方式，积极配合市政协完成了对《日喀则名胜古迹》《脱贫攻坚中的政协力量》等文史资料的编辑出版，为有效发挥文史资料的作用奠定了基础。

五、突出改革创新，专门协商机构作用进一步发挥

创新委员联络管理形式。指导各乡镇政协委员联络办公室的科学化、规范化建设，做好委员联

络服务与管理、发挥委员主体作用、拓展政协履职触角向基层延伸奠定了组织基础，同时县政协在市政协的精心指导和大力支持下，建立健全政协领导班子成员联系界别委员、政协委员联系普通委员、党内委员联系党外委员等工作制度，有效增强了委员的履职合力。全年，各乡镇政协委员联络办组织委员围绕脱贫攻坚、教育教学、医疗卫生、食品安全等内容开展视察活动28场次、参与委员158人次。同时，为了学习其他兄弟省市政协工作好的经验做法，年中组织乡镇政协委员联络办工作人员赴山东淄博考察学习，通过学习交流，为下一步加强自身乡镇政协委员联络办工作建设打下了坚实基础。

六、突出固本强基，政协自身建设进一步加强

建章立制规范干部队伍建设。立足人民政协发展规律特征和西藏政协工作特殊性，按照市政协相关指导意见，研究制定了《昂仁县政协党组议事规则》《昂仁县政协委员暂行管理办法》《昂仁县政协提案工作条例》《昂仁县政协专门委员会工作职责》等一系列规章制度，有力推进了政协工作制度化建设。

加强学习推动干部队伍思想建设。常委会始终坚持解放思想、实事求是、与时俱进，主动适应新形势新任务的要求，广泛开展学习活动，不断强化理论武装，夯实履职尽责基础。在第25个“世界读书日”上，县政协机关开展“建设学习型党组织，打造‘书香政协’”读书活动；在日常工作中深入扎实推进“两学一做”学习教育常态化制度化和“不忘初心，牢记使命”主题教育活动继续走深走实，不断夯实共同团结奋斗的思想政治基础，增强中国特色社会主义道路自信、理论自信、制度自信，凝聚起全面深化改革、全面推进依法治国的思想共识。

考察视察完善委员队伍素质建设。县政协多方面考察政协委员发挥自身界别优势履职尽责情况，把不履职、不干事的委员清理出来，坚决杜绝“挂名委员”。政协通过召集委员召开座谈会、组织委员视察调研、邀请委员一同观看全国政协会议开幕式等多种方式积极引导委员听党话、跟党走。此外，高度重视乡镇政协委员联络办联系委员纽带的作用，检查指导联络办工作26余次，反馈问题12条，整改到位问10条，为委员履职提供更好的条件。

各位委员，过去一年我们取得的成绩，是中共昂仁县委的坚强领导、高度重视的结果，是县政府和社会各界热情帮助、大力支持的结果，也是人民政协各参加单位、广大政协委员、乡镇政协委员联络办公室和县政协机关团结协作、共同奋斗的结果。在这里，我代表县政协常委会表示衷心的感谢！

在肯定成绩的同时，我们也清醒看到，政协工作还有一些有待加强和改进的地方，主要表现：有的协商议政活动实效性还不够明显；民主监督的方法还需进一步探索；多层次协商机制还有待进一步完善；政协机关效能还有待进一步增强；有的委员履职主动性、履职能力还有待进一步提高。这些都需要我们认真研究，并在今后的工作中切实加以改进。

昂仁县 2020 年国民经济和社会发展执行情况与 2021 年国民经济和社会发展计划报告（节选）

——在昂仁县第十三届人民代表大会第八次会议上

昂仁县发展和改革委员会

（2021 年 3 月 17 日）

2020 年，在区、市、县委、县政府的正确领导下，在山东省淄博市人民的无私援助下，县委、县政府团结带领全县各族干部群众，深入贯彻落实中央、自治区、市关于改革发展稳定的一系列部署和要求，建设和谐文明幸福美丽昂仁，特别是 2019 年市政府工作报告提出的各项目标任务，坚持稳中求进工作总基调，自觉践行新发展理念，全力推进经济社会高质量发展，社会大局和谐稳定、生态文明提质增效，脱贫攻坚成效显著，民生福祉稳步提升，各项工作取得长足发展，全县经济社会发展总体呈现质量平稳提升、后劲明显增强、民生大幅改善的态势。

据统计，2020 年全县实现生产总值 12.15 亿元，同比增长 8.0%（其中，第一产业增加值 3.08 亿元，同比增长 6.735%；第二产业增加值 3.83 亿元，同比增长 13.0%；第三产业增加值 5.24 亿元，同比增长 4.1%）；完成全社会固定资产投资 11.23 亿元，完成年初计划的 63%，较去年同比下降 27%；完成社会消费品零售总额 3.17 亿元，同比增长 21.9%；完成地方财政收入 3028 万元，同比增长 6%；农村居民人均可支配收入达 10856 元，同比增长 12.9%。

（一）坚持高质量发展，推动产业结构转型

一是高质量推进农业发展。全县落实农作物播种面积 7.91 万亩，其中：粮食作物 6.71 万亩、经济作物 0.6 万亩、饲料作物 0.55 万亩，经济作物占比进一步减少，饲料作物占比有所增加，粮经饲比例调整为 85∶8∶7。继续创建高质量高效创建示范田建设 5 万亩，二级种子田 0.25 万亩。年内落实高标准农田建设 0.28 万亩，推广青稞高产高效良种喜拉 22 号为重点青稞新品种 5.5 万亩，建立二级种子田 0.25 万亩，落实高产创建示范田 5 万亩、“百亩千斤”高产栽培示范点 4 个，并调运化肥 1003.5 吨、商品有机肥 2947 吨、农药 9.62 吨，调运青稞“藏青 2000”0.875 万公斤、“喜拉 22 号”3.5 万公斤，内部调剂“喜拉 22 号”11 万余公斤，实施深松整地作业面积达 4500 亩。2020 年粮油总产量达 2355.395 万公斤，其中粮食作物产量达 2316.59 万公斤，油菜产量达 38.805 万公斤，蔬菜出纳量达 800.17 万公斤，饲草作物产量达 1469.735 万公斤。二是高质量推进牧业发展。依托我县特色产业，大力发展和引进优良种畜，牲畜存栏达 42.07 万只，适龄母畜 31.25 万只，新生仔畜成活 20.36 万头。肉产量达 7518.09 吨，奶产量达 8032.75 吨。继续发展和完善“公司+基地+政府+合作社+农牧户”产销对接模式，发展和培育绵羊、牦牛短期育肥示范基地 2 家，121 家牛羊养殖专合组织，藏鸡养殖专业合作社 25 家，引进鸡苗 1.28 万羽，投入资金 111.94 万元。农畜产品加工专业合作社 22 家，并积极建设养殖（牛，羊）

专业合作社棚圈 423 座，牲畜出栏 27.96 万头，纯收入达 1.53 亿元。兑现草补政策资金 6502.57 万元，人均增收 1233.55 元。三是高质量推动产业发展。投资 29852.3 万元建设了 30 个产业项目，完成资金拨付 28454.94 万元，支出进度达 98.11% 以上，30 个扶贫产业项目对接 185 个行政村、8282 人的贫困利益链接机制，发挥产业项目带贫益贫作用，通过产业项目分红和安排就业等方式，带动了 327 人就业，分红 734.92 万元，促进群众长期稳定增收。

（二）二产、三产总体呈现上升趋势

2020 年，因受疫情影响，旅游业发展大幅度降低。全县范围内旅游景点景区的国内外游客人次和各宾馆、旅馆的游客接待数为 7.3 万人次，同比下降 71.9%，实现旅游收入为 0.28 亿元，同比下降 87.1%。目前我县共有各类宾馆 19 家，餐馆、饭店 76 家，各类日用百货卖场商店 92 家。我县成品油和液化气市场供应充足，成品油销售数量 10179.95 吨，同比增长 18.2%，其中汽油销售 3227.18 吨，柴油销售 6952.74 吨。液化气共销售 75 吨，同比增长 21.9%，其中居民销售 26 吨，餐饮销售 49 吨，全县实现社会消费品零售总额达 3.17 亿元，同比增长 14.8%。

（三）加强固定资产投资，稳步推进重点项目

一是全社会固定资产完成情况。2020 年，我县储备项目共计 103 项，计划完成投资 17.82 亿元，已完成全社会固定资产投资 11.23 亿元。其中：新建项目 58 项，完成投资 7.17 亿元；续建项目 45 项，完成投资 10.65 亿元。以县政府为法人单位的项目 81 个，计划完成投资任务 5.07 亿元，实际完成 5.57 亿元，完成年度计划的 109.86%。履行属地管理责任，计划完成投资任务 12.75 亿元，目前已完成 5.66 亿元，完成年度计划的 44.4%。二是重点项目有序推进。提前抓早谋划项目复工复产，把重点项目作为我县头等大事来抓，总投资 1.775 亿元的县城供暖项目已建成投入使用，总覆盖面积 88661.28 平方米，适用于太阳能作为热源供热，采暖费用对比传统电采暖节省 70% 以上；总投资 11721.73 万元的 103 个村级组织活动场所也已建成，极大地丰富了干部群众日常生活，发挥民主决策、民主管理、民主监督等作用更加明显；总投资 3700 万元昂仁县第二小学项目，已完成 90% 的建设任务，目前处于内部装修阶段。三是招商引资高位前进。抢抓“西部大开发”、“十四五”规划发展机遇，年初实施 6 个招商引资项目，拉动投资 5.9 亿元，其中全年计划投资任务 2 亿元，截至年底，到位资金 1.4 亿元，完成年度目标任务的 70%。10 月中旬，在援藏主要领导的带领下，昂仁县签约合作项目 3 个，分别为不锈钢餐具加工生产项目、藏鸡规模化养殖项目、肉制品加工项目，协议金额达 1.35 亿元。

（四）公共服务对经济社会贡献的运行动态

一是着力推进教育均衡发展。加快补齐教育短板，持续推进中小学、幼儿园新建、改扩建，年内我县实施了县第二小学等 5 个教育基建项目，投资总额 5850 万元，作为重点项目的县第二小学已完成 90% 的投资，目前正处于内部装修阶段。在援藏干部大力支持下，对学校基础建设投资 700 万元，其中亚木乡小学塑胶跑场 344 万元，日吾其乡小学塑胶跑场 356 万元；对 23 所中小学捐赠价值 50 万元共计 28000 余册图书，对秋窝乡二小、达若乡小学、日吾其小学捐赠价值 16 万元的衣物、学习用具等。全年落实“三包”经费 2166.9728 万元、惠及“三包”生 10391 人，落实营改资金 322.5014 万元、惠及学生 8273 人。积极发挥育才教育基金作用，对我县籍今年考入大学 342 名学生落实奖励金 62.1 万元，其中建档立卡大学生 84 人，兑现教学质量奖励等资金 15 万多元。二是医疗卫生方面。自 1 月份以来，昂仁县未发生本土新增确诊病例及疑似病例，对 10 名疑似发热症状的返藏人员开展了流行病调查及隔离式医学观察工作，对 3 名高度疑似症状者第一时间采取咽拭子样本，检测结果均为阴性。同时新建新冠肺炎核酸检测实验楼，并组织相关专业的 2 名精干医务人员前往日喀则市进行核酸检测实验知识培训，共投资 625 万元，自建成起，共核酸检测 473 人次，其中物表 8 份，食品冻肉类 9 份，水果类 2 份，住院病人 175 人次，门诊 279 人次。截至目前对参加疫防一线工作人员及各类人群共发放一次性医用口罩 31946 张，民用口罩 19300 张，N95 口罩 729 张，九味防瘟香囊 2578 颗等。县域内目前有“二级乙等”县卫生服务中心综合医院和

藏医院，县直两家医院及 17 个乡镇卫生院正在推进公立医院改革制度。县卫健委组织 17 个乡（镇）卫生院对建档立卡贫困户开展入户物理体检暨 2020 年家庭医生签约服务，覆盖全县建档立卡贫困 4180 户，16751 人，家庭医生签约率达 100%，其中慢病签约 358 人，大病签约 94 人，坚持每月随访一次，随访率 100%。三是民生事业持续改善。就业和增收稳步推进，成立劳务输出派遣公司，建立劳务输出协作机制，全年昂仁县实现劳务输出 15714 人，实现劳务总创收 14509.98 万元，完成年初目标任务的 112.24%。其中建档立卡贫困户 6554 人，实现劳务总创收 4568.59 万元，完成年初目标任务的 119.98%；实现区外就业 100 人，完成年初目标任务的 142.86%。精准实施“以工代训”技能培训，年内完成我县籍 310 名农牧民钢筋混凝土工“以工代训”技能培训工作，其中建档立卡贫困户 103 人，培训后就业率 100%。截至 2020 年底，昂仁县共有序开展 29 期技能培训工作，其中两期“以工代训”，涉及农牧民群众 1584 人，其中建档立卡贫困户 462 人，目前已结业 891 人，其中 794 人已就业，就业率达 89.1%，结业后建档立卡贫困户就业 230 人，实现总创收 472.47 万元，人均增收 5950 元。对接仲巴县边境小康示范村建设项目，先后输送 653 人，人均月收入 6500 元，就业率达 100%；依法依规将 400 万以下工程项目交给本地施工企业和专合组织实施，保证吸纳农牧民务工达到用工总量的 80% 以上，47 个已开工项目吸纳就业 2457 人。

（五）脱贫攻坚稳步前行

2020 年作为脱贫攻坚“收官之年”，我县紧紧围绕“零返贫、零致贫”的工作目标，严格落实“四个不摘”工作要求，加大政策保障，按照“脱贫不脱政策”的要求，对已脱贫的 4157 户 16938 人和边缘户 131 户 567 人，通过草补、种植业、生态岗位、产业、政策补助、务工补贴等人均可支配收入达到 8200 以上。自脱贫攻坚以来，全县累计实现劳务输出 86699 人，累计实现总收入 5.32 亿元，其中建档立卡贫困户累计输出 10707 人，实现总收入 6634.92 万元。2020 年全年全县劳务输出实现 15576 人，其中区外就业 94 人，实现创收 13199.94 万元，其中建档立卡贫困人员转移就业 6495 人，创收 4288.92 万元。自 2016 年以来，以党建促脱贫攻坚成效显著，投资 16161.66 万元完成 124 个村村级活动场所标准化建设，扎实开展驻村帮扶工作，选派 711 人驻村帮扶 186 个村（居），安排全县（含区市）3036 干部职工结对帮扶 4180 户 16751 人建档立卡户。今年已累计开展结对帮扶 10156 人次，落实帮扶物资折合现金 257.21 万元。全年累计宣讲 418 次，受教育群众达 3.9 万人次，群众脱贫致富意识明显增强。

（六）极高海拔生态搬迁工作有序进行

为更好地完成高海拔搬迁工作任务，我县在搬迁前做了充分的准备工作，一是加强对极高海拔生态搬迁的数据统计工作，切实做到了精准识别到户到人；二是 8 月 11 日至 15 日，由县主要领导带队，实地对搬迁安置点进行了考察观摩。并于 10 月 29 日开始了群众抽签分房工作，10 月 30 日开展群众搬迁入住工作，截至 11 月 23 日完成了对切热乡 6 个行政村、达若乡 4 个行政村、孔隆乡 3 个行政村、阿木雄 13 户 21 人、达局乡 1 户 2 人共计 553 户 2159 人搬迁工作，建档立卡户人均可支配收入达 9427 元。

（七）做好“十四五”规划编制工作

昂仁县“十四五”规划编制工作于 2020 年 3 月初开始启动。我县充分酝酿，多次研究比选，最终确定邀请四川大学对《昂仁县“十四五”规划》进行编制。规划编制工作开展以来，经过多方收集资料，对相关单位和乡镇进行实地调研，于 5 月形成了《昂仁县“十四五”规划（初稿）》，同时对规划初稿在全县范围内进行多次征求意见，征求到相关建议意见 28 条，根据提出的意见建议规划编制单位进行了多次修改。6 月 2 日，县人民政府组织县直相关单位和规划编制单位召开了昂仁县“十四五”规划编制工作座谈会，县政府主要领导和相关单位负责人再次对规划提出修改意见，根据相关单位提出的建议座谈会后，规划编制单位分别对住建、自然资源、农村农业、生态环境等相关单位进行了分别座谈，再次深入征求意见，历经 10 余次修改，编制出了具有代表性、针对性、特色性及可持续发展性的《昂仁县“十四五”规划》。

（八）牢固树立生态环保理念

2020年，昂仁县第二次污染源普查工作已圆满完成，顺利通过市普查办验收。为解决我县医疗废物集中处置的困难局面，申请新建1座医疗废物集中处置站，总投资893.07万元。投资323万元完成了我县2020年所有监测项目、乡镇以下集中式饮用水源地保护区划分项目、县城声环境质量划分项目、乡镇及以下集中式饮用水源地隔离保护设施建设与标志标识等4个项目的招投标及采购配发工作。为加强农村人居环境整治，采购并发放2019年农村环境综合整治环卫设施设备涉及5个乡镇76个村垃圾车80辆，配套垃圾箱331个；2020年农村环境综合整治项目环卫设施设备2个乡镇23个行政村垃圾车5辆、垃圾箱35个、垃圾桶622个。

（九）安全生产扎实推进

全年对各领域共检查次数58次，下发执法文书114份，排查安全隐患227项、已整改218项，未整改9项，整改率达96%。一是加强对非煤矿山（尾矿库）的监管工作，针对同泰嘎日尾矿及查孜乡中翔矿山做出安全监管及整改要求，前期对矿山炸药库、道路、储油点及经营文件等提出具体整改要求，并邀请非煤矿山专家实地进行检查，确保安全隐患及时排除，不留死角。多次深入相关企业对同泰嘎日尾矿坡脚多点渗水问题、查孜乡中翔矿山塌方问题等隐患进行整改。二是邀请第三方对9座独柱墩桥梁进行检测、修缮道路152公里、道路保通205公里、出动挖机16余次、装载38余次、人员965余人次。9月汛期之后县交运局对县域管辖范围279公里道路进行全面的养护维修。三是扫黑除恶专项斗争纵深推进，食品药品安全有效监督，安全生产形势总体向好，安全事故、死亡人数“双下降”，有力保障重大活动、重大节日期间的社会安全稳定。

总体上看，2020年全县国民经济和社会发展计划执行情况总体良好，但在计划执行中也遇到了一些新问题新挑战。国内外风险挑战明显上升，经济下行压力持续加大。目前我县传统产业转型不快，仍以传统产业为主，桑桑牦牛、霍尔巴羊等特色产业因引进时间短，新增长点尚在孕育。服务业经济发展不快，消费品市场运行放缓，市场活力有待增强。教育、卫生、养老等公共服务供给仍不充分。受资金等方面的影响，我县部分项目未能按时开工，如投资840万元的昂仁县高标准农田建设项目，目前资金未到；投资3243.84万元的昂仁县城区防洪堤工程，因资金到位晚，目前未开工，已发公告；投资1.1亿元的招商引资项目西藏唐东杰布文化旅游园区第二期工程、投资6500万元昂仁县商业综合体项目及投资500万元昂仁县亚木乡加油站项目等三个项目均资金未到。金融、安全等领域风险不容忽视，社会治理能力仍需加强。

昂仁县关于2020年财政预算执行情况和2021年财政预算的报告(节选)

——在昂仁县第十三届人民代表大会第八次会议上

(2021年3月15日)

2020年,县财政局坚持以习近平新时代中国特色社会主义思想为指导,紧紧围绕县委、县政府中心工作和“保工资、保运转、保民生”的业务要求,严格执行同级人民代表大会审议通过的2020年度财政预算, 在县委、县政府的坚强领导下,在县人大的依法监督和县政协的民主监督下,以及上级财政部门的业务指导和全县各部门的大力支持下, 按照稳中求进的工作总基调,主动适应经济发展新常态,积极创新财政调控新思路的方式,全面深化预算管理制度改革,扎实做好“六稳”工作、全面落实“六保”任务,坚定信心,攻坚克难,开拓进取,财政运行呈现总体平稳增长趋势,为促进全县经济发展与社会和谐稳定提供强有力的财力保障。

(一)一般公共预算执行情况

1. 一般公共预算财力情况:2020年,全县一般公共预算总财力达153781万元,同比增长5.52%。其中:地方一般公共预算收入3028万元,同比增收5.21%;上级补助收入142327万元;上年结转2878万元。

2. 一般公共预算收入执行情况:2020年,全县一般公共预算收入完成3028万元,比年初预算增长7%。其中:税收收入1135万元;非税收入1893万元。

3. 一般公共预算支出执行情况:2020年,全县一般公共预算支出计153781万元,同比增长7.24%。按功能科目划分:一般公共服务支出33009万元;国防支出17万元;公共安全支出12773万元;教育支出26011万元;科学技术支出288万元;文化旅游体育与传媒支出2239万元;社会保障和就业支出8568万元;卫生健康支出7316万元;节能环保支出1577万元;城乡社区支出1157万元;农林水支出48757万元;交通运输支出6776万元;自然资源海洋气象等支出874万元;住房保障支出3284万元;粮油物资储备支出9万元;灾害防治及应急管理支出611万元;其他支出48万元;债务付息支出467万元。

(二)政府性基金预算执行情况

1. 政府性基金预算收入情况:2020年,全县政府性基金预算总财力1581万元,同比增长2.68%. 其中:地方政府性基金收入199万元;上级补助收入1382万元。

2. 政府性基金预算支出情况:2020年,全县地方政府性基金预算支出1360万元,同比增长2.16% 其中:抗疫特别国债安排的支出1294万元;其他支出66万元。

(三)扶贫涉农整合资金及中央直达资金统筹使用情况

1. 扶贫资金使用情况:2020年,共整合财政涉农资金 17459万元,其中:本级财政安排345.36万元。扶贫资金当年支出率达92%以上。

2. 中央直达资金使用情况:2020年,我县中央直达资金共计12878.14万元,其中:安排1294万元用于统筹推进新冠肺炎疫情防控和经济社会发展工作、安排11484.14万元用于民生领域、划拨

100万元保障政府运转工作。

（三）工作成效及存在困难

2020年，县财政局按照“稳增长、促改革、调结构、惠民生”的总要求，坚持“科学生财、合理聚财、依法理财”的工作原则，狠抓收入征管、优化支出结构，严格控制一般性支出，认真履行财政职能，使财政工作迈上了新的台阶，一是民生得到了重点保障，财政资金全力巩固脱贫攻坚成果、加强生态环境保护、保障村级组织活动场所标准化建设等重点支出，继续加大教育、科技、医疗等民生领域资金保障，民生福祉有了进一步提高。二是财政改革实现新突破，绩效评价工作稳步向前，政府投资基金工作不断推进，优化政府投资基金举措，财政改革有了进一步深化。三是财政管理不断强化，加大地方政府债务管理，继续强化“三公”经费管理和个人借用公款清理工作，进一步优化财政支出结构，大力压缩一般性支出，不断提高财政管理水平。严格执行日喀则市“十条严禁”要求。四是保障工作更加有力，坚持新发展理念、推动高质量发展、全面推进民生财政体系建设、切实增强政府公共服务保障能力，聚焦“六稳”“六保”工作这一总体目标，全面落实资金保障，切实做到应保尽保。五是资金整合使用力度不断加大，全面盘活存量资金统筹使用，发挥财政资金在抗击疫情工作中的主导作用和聚集效应，全力支持抗疫相关工作。六是直达资金加力提效作用得到有效发挥，准确把握抗疫特别国债资金使用要求，坚持发生一笔、记录一笔、公示一笔的原则，全力支持地方抗疫相关体系建设及基础设施建设。

在肯定成绩的同时，我们也清醒地认识到，财政工作任务依然十分艰巨。还存在一些困难和问题：一是财政可持续发展基础不强，增收动力不足。地方财政自给率低，非税收入占比较大，财政收入结构不合理，收入质量不高，财政收入增长动力不足。二是防范风险意识不强，抵御风险能力不足，政府债务管理有待进一步提高。财政压力来自风险意识不强，依赖性强，县自身财力有限，财政自给水平低下；同时随着地方政府债券累计数额的不断增加，还本付息的压力逐年增大，化债难度越来越大。三是预算绩效工作开展情况与上级行业部门要求还存在一定差距。四是财政监管能力有待进一步强化。根据实行“纵向、横向”财政管理体制要求，虽然明确了层级政府财政收支范围和责任，规范了同级政府部门之间支出边界和支出责任，但由于人员配备以及职权划分等因素，财政的监管体制机制建设有待完善，监管能力有待进一步强化。五是财政专业干部队伍人才短缺，人才流动和激励机制方面还有待加强，高素质人才缺乏、复合型人才紧缺，依法理财达不到预期效果。

中共昂仁县委员会重要文件一览表

表 4

序号	文号	文件名称	印发日期	签发人
1	昂党发〔2020〕1号	中共昂仁县委员会关于印发《中共昂仁县委员会关于落实中央第三巡视组脱贫攻坚专项巡视“回头看”反馈意见的整改实施方案》的通知	4月22日	李有平
2	昂党发〔2020〕2号	中共昂仁县委员会昂仁县人民政府关于表彰第八批创先争优强基础惠民生活动先进驻村工作队、先进驻村工作队员和优秀组织单位的决定	4月26日	李有平
3	昂党发〔2020〕3号	中共昂仁县委员会关于表彰先进基层党组织、优秀共产党员、优秀党务工作者的决定	6月3日	李有平
4	昂党发〔2020〕4号	中共昂仁县委员会 昂仁县人民政府关于印发《昂仁县农村集体产权制度改革实施方案》的通知	7月8日	李有平
5	昂党发〔2020〕5号	中共昂仁县委员会 昂仁县人民政府关于表彰2020年上半年“遵行四条标准 争做先进僧尼”教育实践活动模范寺庙、优秀僧尼、优秀组织单位、先进寺管干部的决定	7月28日	李有平
6	昂党发〔2020〕6号	中共昂仁县委员会昂仁县人民政府关于表彰援藏医疗先进集体及个人的决定	10月19日	李有平
7	昂党发〔2020〕7号	中共昂仁县委员会 昂仁县人民政府关于表彰2020年下半年“遵行四条标准 争做先进僧尼”教育实践活动模范寺庙、优秀僧尼、优秀组织单位、先进寺管干部的决定	12月1日	李有平
8	昂党发〔2020〕8号	中共昂仁县委员会 昂仁县人民政府关于表彰2020年度先进双联户创建活动、先进集体和县级先进双联户的决定	12月9日	李有平
9	昂党办发〔2020〕1号	中共昂仁县委办公室昂仁县人民政府办公室转发《日喀则市脱贫攻坚自查自纠“20个紧盯”细化意见》的通知	3月26日	李有平
10	昂党办发〔2020〕2号	中共昂仁县委办公室 昂仁县人民政府办公室关于印发《昂仁县庆祝2020年“民族团结进步日”活动实施方案》的通知	5月27日	李有平
11	昂党办发〔2020〕3号	中共昂仁县委办公室 昂仁县人民政府办公室关于印发昂仁县首届农牧民运动会的方案	8月28日	李有平
12	昂党办发〔2020〕4号	中共昂仁县委办公室 昂仁县人民政府关于印发《昂仁县2020年“民族团结月”宣传活动实施方案》的通知	8月31日	李有平
13	昂党办发〔2020〕5号	中共昂仁县委办公室 昂仁县人民政府办公室 关于印发《昂仁县实施西藏中长期青年发展规划（2018—2025）联系机制》的通知	10月20日	李有平
14	昂党办发〔2020〕6号	九届昂仁县委第十轮巡察“回头看”组长授权任职及任务分工的决定	10月29日	李有平

续表4

序号	文号	文件名称	印发日期	签发人
15	昂党办发〔2020〕7号	中共昂仁县委办公室昂仁县人民政府办公室关于印发《〈自治区纪委监委关于仁布县宗教领域稳定、脱贫攻坚及政治生态情况的调研报告反馈问题的整改落实方案〉涉及昂仁县任务分解方案》的通知	10月20日	李有平
16	昂党办发〔2020〕8号	中共昂仁县委办公室关于印发《中共昂仁县委常委会会议第一议题学习制度》的通知	11月30日	李有平
17	昂党办发〔2020〕9号	中共昂仁县委办公室关于印发《昂仁县贯彻落实习近平总书记对西藏工作重要指示批示督查工作暂行办法》的通知	12月7日	李有平
18	昂委〔2020〕2号	中共昂仁县委员会关于设立县委审计委员会领导小组的通知	2月17日	李有平
19	昂委〔2020〕3号	中共昂仁委关于昂仁县村级组织活动场所标准化建设项目复工准备情况的报告	3月5日	李有平
20	昂委〔2020〕4号	李有平同志在全县脱贫攻坚工作动员部署会议上的讲话	3月6日	李有平
21	昂委〔2020〕5号	中共昂仁县委关于印发《张延清同志在昂仁县脱贫攻坚自查自纠工作推进会上的讲话》的通知	3月13日	李有平
22	昂委〔2020〕6号	中共昂仁县委关于推动昂仁县供电有限公司党组织关系划转工作的通知	3月18日	李有平
23	昂委〔2020〕9号	中共昂仁县委 昂仁县人民政府关于充实昂仁县农牧民专业合作社发展工作领导小组的通知	4月13日	李有平
24	昂委〔2020〕10号	中共昂仁县委关于调整充实第三批村党支部第一书记任职的通知	4月13日	李有平
25	昂委〔2020〕11号	中共昂仁县委员会 昂仁县人民政府关于对全县农牧民增收工作实行“以奖代补”的决定	4月14日	李有平
26	昂委〔2020〕14号	中共昂仁县委关于选派市、县驻村工作队队长在驻地乡镇挂职锻炼的通知	5月16日	李有平
27	昂委〔2020〕15号	中共昂仁县委关于整改落实中央第三巡视组脱贫攻坚专项巡视“回头看”反馈意见情况的报告	5月28日	李有平
28	昂委〔2020〕16号	中共昂仁委员会关于新时代加强和改进人民政协工作的实施意见	6月3日	李有平
29	昂委〔2020〕21号	昂仁县各级党组织分级认领2020年市委基层党建“十二项任务”量化表(乡镇党委)	7月16日	李有平
30	昂委〔2020〕22号	昂仁县委员会关于印发昂仁县县级领导基层党建工作联系点的方案	7月16日	李有平
31	昂委〔2020〕23号	昂仁县委员会关于印发基层党建“十二项任务”工作实施方案	7月16日	李有平
32	昂委〔2020〕24号	中共昂仁县委员会关于印发党员“三包”工作实施方案	7月16日	李有平
33	昂委〔2020〕25号	昂仁县委关于推进全县党支部建设的实施方案	7月16日	李有平
34	昂委〔2020〕37号	中共昂仁县委员会关于成立昂仁县宣传思想工作领导小组的通知	9月2日	李有平
35	昂委〔2020〕38号	中共昂仁县委委员会关于调整充实昂仁县精神文明建设委员会组成人员的通知	9月2日	李有平
36	昂委〔2020〕39号	中共昂仁县委员会关于印发《昂仁县学习宣传中央第七次西藏工作座谈会精神工作安排》的通知	10月10日	李有平

续表4

序号	文号	文件名称	印发日期	签发人
37	昂委〔2020〕40号	中共昂仁县委员会关于印发《昂仁县宣讲中央第七次西藏工作座谈会精神实施方案》的通知	10月10日	李有平
38	昂委〔2020〕49号	中共昂仁县委员会关于落实区党委第四巡视组巡视反馈意见的整改方案的通知	10月28日	李有平
39	昂委〔2020〕52号	中共昂仁县委员会关于成立村“两委”换届工作领导小组的通知	11月19日	李有平
40	昂委〔2020〕54号	中共昂仁县委员会关于印发《昂仁县定期分析研判意识形态形势和通报工作制度》的通知	11月25日	李有平
41	昂委〔2020〕56号	中共昂仁县委关于严明政治纪律和政治规矩严禁党员干部搞小圈子、小帮派的通知	11月25日	李有平
42	昂委〔2020〕59号	中共昂仁县委员会关于印发《昂仁县委落实全面从严治党主体责任明细表》的通知	12月1日	李有平
43	昂委〔2020〕65号	中共昂仁县委员会关于调整机构编制委员会成员的通知	12月2日	李有平

2020年昂仁县国民经济和社会发展统计公报

2020年，全县上下深入贯彻习近平新时代中国特色社会主义思想，全面贯彻落实区党委、政府、市委、市政府各项决策部署，坚持稳中求进工作总基调，保态势、创优势，迎难而上，拼搏进取，全县经济保持稳中有进、稳中向好发展态势，为决胜全面建成小康社会奠定坚实基础。

2020年，全县完成地区生产总值12.15亿元，按可比价格计算8.0%。其中：第一产业增加值3.08亿元，增长6.735%；第二产业增加值3.83亿元，增长13.0%；第三产业增加值5.24亿元，增长4.1%；三项产业结构比为25：32：43。地方财政一般公共预算收入3028万元，同比增长6%；全社会固定资产投资完成11.23亿元，同比负增长27.4%；社会消费品零售总额3.17亿元，同比增长21.9%；农村居民人均可支配收入10856元，同比增长12.9%；城镇登记失业率控制在2.6%以内。

2020年，农牧业持续发展，结构不断优化，粮经饲比例调整为85：8：7，农作物播种面积达5294.14公顷，其中粮食作物4505.64公顷，油料作物134.2公顷，蔬菜282.14公顷，饲草料366.67公顷。全年粮食产量23165.85吨，油料作物产量388吨，蔬菜产量8505.43吨。年末牲畜存栏数42.663头（只、匹），其中牛存栏119502头、羊存栏298549只。全年肉产7518.1吨，其中牛肉4078.28吨，羊肉1625.83吨。

2020年，全县辖17个乡镇、186个行政村、485个村民小组（自然村），地域面积3.96万平方千米，12347户，总人口60669人，其中农村人口56825人、城镇人口3844人。全年新生人口1013人，死亡人口358人，人口自然增长率10.8‰，出生率16.8‰，死亡率5.9‰。

2020年，全县共有各级各类学校63所，在校学生11557人，其中中学1所，在校生2763人，毛入学率123.35%；小学22所，小学在校生5631人，小学净入学率100%；双语幼儿园40所（县直1所、乡镇小学附设19所、村级20所），在校生3163人，学前三年毛入园率88.48%；在职教职工622人，其中学前87人、小学326人、初中203人、教育局教研员6人。

2020年，全县共有卫生机构211个，其中，医院2个、卫生院17个、疾控中心1个、私人诊所4个、村卫生室183个，床位270张，卫生技术人员603人，全年门诊次数173507人次。

索　引

说　明

一、本索引采用主题分析法编制。索引范围包括篇目、类目、部(门)目、条目等。
二、本索引按主题词首字汉语拼音音序(同音按音调)排列,若首字拼音相同则按第二字音序排列,以此类推。
三、索引款目后的数字表示内容所在的页码,数字后的拉丁字母(a、b、c)表示栏别(从左至右)。
四、篇目、类目、部(门)目用黑体字。

D

E

F

K

L

M

S

Y

Z